LIBRO DE LA SABIDURÍA

{VOLUMEN UNO}

- ESCRITO POR -

HARRY B. JOSEPH
{ REVIVAL OF WISDOM }

INTRODUCCIÓN

EL LIBRO DE La SaBIDURía SIRvE COMO DEPÓSITO DE ESOTERISMO, OCULTISMO, SIMBOLISMO Y, MáS NOTaBLEMENTE, SINCRETISMO. EL SINCRETISMO, EL MéTODO EMPLEaDO POR MÍ; "THE REVIVAL OF WISDOM", aCTÚa COMO La fUERZa UNIfICaDORa qUE fUSIONa TODOS LOS CaMPOS DEL CONOCIMIENTO. ENTRELaZa CaDa TEMa DE La MaTERIa EN UNa CIENCIa SaNTa SINGULaR. AL RECONOCER qUE TODaS LaS COSaS SE ORIGINaN EN EL UNO, EL LIBRO afIRMa qUE TODO ESTá fUNDaMENTaLMENTE INTERCONECTaDO. NUESTRa EXISTENCIa MUNDaNa SE DESaRROLLa DENTRO DE UN áMBITO fRaCCIONaL DONDE CaDa ENTIDaD ENCaPSULa La TOTaLIDaD DE La EXISTENCIa DESDE PERSPECTIvaS MICROSCÓPICaS Y MaCROSCÓPICaS.

EN La ERa CONTEMPORáNEa, EL INDIvIDUO PROMEDIO OPERa PREDOMINaNTEMENTE CON UNa MENTaLIDaD DOMINaNTE EN EL HEMISfERIO IzqUIERDO. EL HEMISfERIO IzqUIERDO DEL CEREBRO DISECCIONa Y SEPaRa La PERCEPCIÓN UNIfICaDa DE La REaLIDaD DEL HEMISfERIO DERECHO EN fRaGMENTOS DISCRETOS, LO qUE PERMITE UNa MaNIPULaCIÓN LÓGICa Y UNa COMPRENSIÓN DE LOS fENÓMENOS. PaRa COMPRENDER PLENaMENTE LaS IDEaS PRESENTaDaS EN ESTE LIBRO, UNO DEBE EMaNCIPaR SU MENTE DEL aDOCTRINaMIENTO IMPUESTO POR LOS SISTEMaS EDUCaTIvOS Y, EN SEGUNDO LUGaR, ESfORZaRSE POR PERCIBIR La REaLIDaD COMO UNa CREaCIÓN INDIvISIBLE Y HOLíSTICa.

GENESIS 1:3 "QUE SE HAGA LA LUZ" VIVIMOS DENTRO DE UN UNIVERSO DE ONDAS DE LUZ DONDE TODAS LAS COSAS SON CREADAS A PARTIR DE LA LUZ. LA LUZ DE BAJA VIBRACIÓN SE CONVIERTE EN MATERIA, LA MATERIA DE ALTA VIBRACIÓN SE CONVIERTE DE NUEVO EN LUZ. UNIVERSAL POR WALTER RUSSEL: "DIOS ES LA MENTE PENSANTE. LA SUSTANCIA O CUERPO DE DIOS ES LUZ". "LA SUSTANCIA ÚNICA UNIVERSAL, SUSTANCIA PENSANTE, INTEGRAL Y DESCRIPTIBLE Y POSEE DE PRINCIPIOS QUE SON FAMILIARES AL HOMBRE A TRAVÉS DE LA OBSERVACIÓN DEL HOMBRE DE LA SUSTANCIA ÚNICA UNIVERSAL EN LAS COSAS CREADAS. LA SUSTANCIA DE TODAS LAS COSAS CREADAS ES LUZ. LA ÚNICA SUSTANCIA DE LA MENTE PENSANTE ES TODO LO QUE EXISTE." "LA MENTE SE EXPRESA EN LUZ".

HUMANO
HUE MANO

¿Cuando hablamos del Hue en el color nos referimos a?

HUE. Se traduce como "tono", "tonalidad", "matiz". Representa los colores primarios (rojo, verde, azul) con todos los matices intermedios que podemos percibir cuando los situamos en el círculo cromático (naranjas, amarillos, morados...).

COMO HOMBRE DE TONALIDAD, SOMOS UN ATRIBUTO DE UN COLOR QUE PERMITE SER CLASIFICADOS EN ESE COLOR ESPECÍFICO. CADA INDIVIDUO ES LA MENTE, NO EL CUERPO FÍSICO. SIN LA MENTE EL CUERPO/MUNDO FÍSICO DEJARÍA DE EXISTIR. LA MENTE ES ESPÍRITU. LA MENTE ES EL INTELECTO QUE MANIPULA EL CUERPO FÍSICO Y EL MUNDO QUE NOS RODEA. LA MENTE ES COMO UN SINTONIZADOR DE FRECUENCIAS, QUE SE SINTONIZA CON DIFERENTES FRECUENCIAS. LA MENTE EXISTE DENTRO DEL PLANO MENTAL, EL CUAL ES COMPARTIDO ENTRE TODAS LAS MENTES DEL UNIVERSO. LOS PENSAMIENTOS NO SON CREADOS POR EL INDIVIDUO; SE RECIBEN EN FUNCIÓN DE LA FRECUENCIA EN LA QUE ESTÁ CONFIGURADA NUESTRA MENTE. SI FIJAMOS NUESTRA MENTE EN UN TEMA ESPECÍFICO, COMO GENERAR RIQUEZA, POR EJEMPLO, SINTONIZAMOS ESA FRECUENCIA EN EL PLANO MENTAL, Y RECIBIREMOS PENSAMIENTOS SOBRE CÓMO GENERAR RIQUEZA.

NUESTRA MENTE GENERALMENTE OPERA CON UNA FRECUENCIA ESPECÍFICA BASADA EN NUESTROS PATRONES DE PENSAMIENTO DIARIO. CADA FRECUENCIA ES UN COLOR. POR LO TANTO, NUESTRA MENTE ESTÁ MANIFESTANDO COLORES DENTRO DEL PLANO ASTRAL EN BASE A LA FRECUENCIA EN QUE NUESTRA MENTE ESTÁ FUNCIONANDO GENERALMENTE. SI LLEVAMOS ODIO EN NUESTRA MENTE, ESTAREMOS GENERANDO COLORES ROJICOS. POR ESO LA PALABRA HUMANO SIGNIFICA ATRIBUTO DE UN COLOR. DEBEMOS ATENTAR A SER VIOLETA, EL COLOR DE MAYOR VIBRACIÓN DENTRO DEL ESPECTRO DE LUZ. SOMOS SERES DE LUZ MANFESTADOS EN FORMA FÍSICA.

TÚ NO VES EN LA REALIDAD

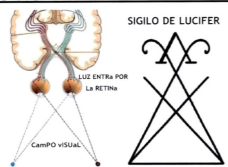

SIGILO DE LUCIFER

LUZ ENTRa POR La RETINa

CamPO vISUaL

LUCIFER EL PORTaDOR DE LUZ
LUCIFER=LUCI
LUCI EN LATÍN SIGNIFICa LUZ
EL SIGILO DE LUCIFER TE mUESTRa EL CamPO vISUaL DE LOS OJOS.

DERECHO   IZQUIERDO

ESCULTURa EGIPCIa

CORTEZa vISUaL

NO VEMOS AL MUNDO EXTERIOR. LAS ONDAS DE LUZ ENTRAN EN LAS RETINAS Y LUEGO LA IMAGEN QUE VEMOS SE PRODUCE EN LA CORTEX VISUAL UBICADA EN LA PARTE POSTERIOR DE NUESTRO CEREBRO.

.La CORTEZa vISUaL ES La REGIÓN CORTICaL PRImaRIa DEL CEREBRO QUE RECIBE, INTEGRa Y PROCESa La INFORmaCIÓN vISUaL TRaNSmITIDa DESDE LaS RETINaS. LOS ANTIGUOS KEMETIaNOS (EGIPCIOS) TENÍAN UN PROFUNDO ENTENDIMIENTO DE LA FUNCIÓN DE LA REALIDAD Y DEL CEREBRO; POR ESO SE REFLEJA EN SUS ESCULTURAS COMO SE MUESTRA ARRIBA.

ELEMENTO
ELE MENTO
MENTO=MENTE

EL=DIOS
ELEMENTO=mENTE DE DIOS

LOS ELEMENTOS SOLO EXISTEN DENTRO DE LA MENTE. LOS HUMANOS SON DIOS HECHO CARNE. SOMOS EL DIOS EN CUERPOS SEPARADOS. DIOS ES MENTE Y TODAS LAS COSAS EXISTEN EN LA MENTE UNIVERSAL., DIOS ESTÁ PENSANDO QUE TODAS LAS COSAS EXISTEN.

ESPECTRO ELECTROmaGNÉTICO

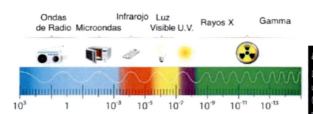

Ondas de Radio   Microondas   Infrarrojo   Luz Visible U.V.   Rayos X   Gamma

10^3 1 10^{-3} 10^{-5} 10^{-7} 10^{-9} 10^{-11} 10^{-13}

¿Qué porcentaje del espectro electromagnético podemos ver?

Detalle que los humanos solo pueden ver alrededor del 0,00035 por ciento de la realidad, una "minúscula fracción del espectro electromagnético (EM)". "Cosas como ultravioleta (UV), infrarrojos, rayos gamma, rayos X, microondas... están a nuestro alrededor, pero no podemos verlo", dijo en el video. 19 mar 2021

CUANDO LA LUNA ENTRA EN TU SIGNO SOLAR (TU SIGNO ZODIACAL DE NACIMIENTO), SE LIBERA UN ACEITE PSICOFÍSICO DESDE EL CEREBRO HACIA LA COLUMNA COLUMNA HASTA EL HUESO SACRO. ESTE FLUIDO SaGRaDO DEBE SER CUIDaDO Y NO DESTRUIDO POR aLImENTOS Y LíQUIDOS ácIDOS. NUESTRa ENERGÍa/FLUIDOS SEXUaLES DEBEN SER RETENIDOS SI DESEamOS ELEvaR ESTE aCEITE PSICOFÍSICO DE REGRESO a NUESTRO CEREBRO (CIELO). AL aBRIR NUESTROS CHaKRaS, PRESERvaR NUESTRa ENERGÍa SEXUaL Y maNTENER EL aCEITE CRÍSTICO, PODEmOS USaR EL PODER DETRáS DE La ENERGÍA SEXUaL (KUNDaLINI) PaRa ELEvaRLa DESDE La BaSE DE La COLUmNa HaSTa EL CHaKRa DE La CORONa EN EL CEREBRO. AL DESPERTAR LOS SIETE CHAKRAS Y ELEVAR EL KUNDALINI AL CHAKRA DE LA CORONA, SE ABRE NUEVAS VÍAS ENERGÉTICAS DENTRO DEL CEREBRO, QUE SIENTE COMO TU CABEZA SE VUELVE HUECA POR DENTRO. EL CEREBRO TIENE UN PROCESO DE REMODELACIÓN, AMPLIANDO SU CAPACIDAD APROXIMADAMENTE DEL 10% DE USO AL 100% COMPLETO. LAS ÁREAS DORmIDaS DEL CEREBRO SE DESPIERTaN, aDQUIRIENDO NUEVAS FORMAS DE FUNCIONAR EL CEREBRO Y EXPERIMENTAR EL MUNDO. EL KUNDALINI, CON EL TIEMPO, SE CONVIERTE EN UN CIRCUITO ENERGÉTICO AUTOSOSTENIDO, ALIMENTADO POR ALIMENTOS Y AGUA, QUE CRECE Y SE FORTALECE.

PROCESO DEL ACEITE:
1- EL CLaUSTRO (CLAUS = SANTA CLÁUS) PRODUCE EL PSICOFÍSICO LíQUIDO (CEFALORRAQUÍDEO) QUE LUEGO VA A LA GLÁNDULA PINEAL Y PITUITARIA.
2- LA GLÁNDULA PINEAL CARGA ELÉCTRICAMENTE EL LíQUIDO (MACHO/ JOSÉ)
3- LA GLANDULA PITUITARIA CARGA MAGNÉTICAMENTE EL LíQUIDO (HEMBRA/MARÍA)
4- ENTONCES EL LíQUIDO VIAJARÁ POR LOS DOS NERVIOS, EL IDA QUE ESTÁ CONECTADO A LA GLáNDULa PITUITaRIa, Y LUEGO EL PINGALA QUE ESTÁ CONECTADO A LA GLÁNDULA PINEAL.
5- EL ACEITE DESCANSA DURANTE 2/3 DÍAS SOBRE EL HUESO SACRO/PLEXO SOLAR
6- SI EL ACEITE SE GUaRDa Y NO SE DESTRUYE, EL ACEITE ACTIVARÁ LA ENERGÍA KHUNDALINI QUE CONVERTIRÁ EL ACEITE EN GAS Y SUBIRÁ DE NUEVO POR LAS 33 vERTEBRaS HASTA LA MÉDULA OBLONGaDA.
7- ESTE LUEGO PASARÁ A LA GLANDULA PINEAL Y LUEGO AL CEREBRO QUE RENaCERá / RESUCITARÁ TODAS LAS CÉLULAS DEL CEREBRO, ACTIVARÁ LA GLANDULA PINEAL Y REGENERARÁ TODAS LAS CÉLULAS DEL CUERPO; ESTE PROCESO SE SIMBOLIZA COMO "NACER DE NUEVO".

COmO aSCENDER EL aCEITE:
- CONSERVA TUS FLUIDOS SEXUALES
- CONSUMIR UNA DIETA ALCALINA
- EvITa LOS ALIMENTOS/FLUIDOS ÁCIDOS
- EvITa EL ALCHOHOL
- MEDITACIÓN KUNDALINI
- EQUILIBRA TODOS LOS CHAKRAS
- MANTENER LA LENGUA EN LA PARTE SUPERIOR DE LA BOCA
- RESPIRACIÓN ADECUADA

SALMOS 137:6

MI LENGUA SE aDHIERE AL PaLaDaR DE MI BOCA, SI NO TE RECUERDO, ENTONCES NO CONSIDERO A JERUSALÉN MI GRan ALEGRÍA.

CLAUSTRO=SaNTa CLaUS

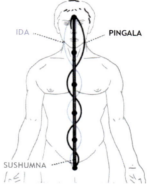

IDA — PINGALA

SUSHUMNA

EL CaNaL IDa (FEmENINO) ESTá CONECTaDO a La GLáNDULA PITUITaRIa.

EL CaNaL PINGaLa (MASCULINO) ESTá CONECTaDO a La GLáNDULa PINEaL.

EN La BIBLIa EL CEREBRO ES:
- La HaBITaCiÓN SUPERIOR DONDE JESÚS CONOCE A LOS 12 DISCÍPULOS/12 NERVIOS CRANEALES
- LA TIERRA SAGRADA
- La TIERRA QUE MANA LECHE Y MIEL
- La TIERRa PROmETIDa DE IS-Ra-EL
- LECHE= GLÁNDULA PITUITARIA
- MIEL= GLANDULA PINEAL
- CHRISTOS= DEL GRIEGO "aCEITE" ENTONCES LUEGO SE CONVIRTIÓ EN CRISTO
- 2 DE CORINTIOS 13:5
"¿NO SABES QUE JESÚS CRISTO EL mESIaS vIvE DENTRO DE TI?"
- ESTE ES EL UNGIDO EL aCEITE.

SÍMBOLO DE LA MEDICINA

SUSHUMNA

PINGALA   IDA

CIELO

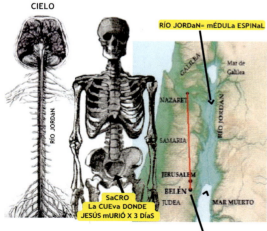

RÍO JORDaN= mÉDULa ESPINaL

SaCRO
La CUEva DONDE JESÚS mURIÓ X 3 DíaS

maR mUERTO= HUESO SaCRO/ PLEXO SOLaR

EL SISTEma CEREBROESPINaL ES UNa EXTENSIÓN DEL CEREBRO

JESÚS (EL ACEITE) ESTá EN NAZARET (LA CABEZA) CON JOSÉ Y MARÍA (LA GLáNDULA PINEAL Y PITUITARIA) Y EL REY HERODES . UIERE MATARLO. JESÚS (EL ACEITE) BAJA POR EL RÍO JORDáN (LA COLUMNA vERTEBRaL) HASTA BELÉN AL LADO DEL MAR MUERTO (HUESO SACRO). JOSÉ Y MARÍA (GLáNDULA PINEAL Y PITUITARIA) ESTáN ESPERANDO QUE JESÚS (EL ACEITE) REGRESE. EL PROCESO DEL ACEITE QUE BAJA DE LA CABEZA SIMBOLIZA A JESÚS BAJANDO DEL CIELO EN FORMA FÍSICA. JESÚS MURIÓ DURANTE 3 DÍAS Y LUEGO RESUCITÓ PARA SER CRUCIFICADO A LOS 33 añOS, ESTO ES UNA HISTORIA METAFÓRICA SOBRE EL PROCESO DEL ACEITE DE CRISTO DENTRO DEL CUERPO QUE ACTIVA EL 100% DEL CEREBRO.

La HISTORIa DE JESÚS ES UNa mETáFORa DEL vIaJE DEL aCEITE SaGRaDO QUE PRODUCE EL CEREBRO. EL aCEITE QUE DESCIENDE DEL CEREBRO ES DIOS QUE DESCIENDE DEL CIELO a La TIERRa. JESÚS mUERTO DURaNTE 3 DíaS EN La CUEva ES aLGO SImBÓLICO PaRa EL FLUIDO SaGRaDO QUE PERmaNECE EN ELLa; ES EL HUESO SaCRO UBICaDO EN La BaSE DE La COLUMNa vERTEBRaL (La CUEVa) DURaNTE ESTE TIEmPO. ENTONCES UNa vEZ QUE EL aCEITE RESUCITa, LO QUE SIGNIFICa ACTIVAR EL KHUNDALINI PARA ELEVAR EL ACEITE DE vUELTa POR La COLUMNA, ÉSTE vIaJa POR LaS 33 vERTEBRaS EN La PaRTE POSTERIOR DE La COLUMNa vERTEBRaL Y CRUZa EL NERvIO vaGO. EL aCEITE SAGRaDO QUE aTRavIESa EL NERvIO vaGO ES JESÚS SIENDO CRUCIFICaDO a LOS 33 añOS DE EDaD PORQUE HaY 33 vERTEBRaS EN La PARTE POSTERIOR DEL COLUMNa vERTEBRaL. La mUERTE DE JESÚS SImBOLIZa NaCER DE NUEvO Y CONvERTIR La maTERIa EN ESPÍRITU.

Jesús fue crucificado en el Gólgota, lo que se traduce como el lugar de la calavera (calvario), este es Jesús superpuesto en la parte media del cerebro

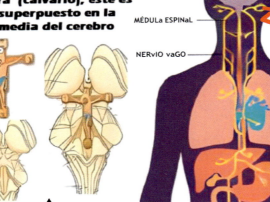

MÉDULa ESPINaL

NERvIO vaGO

EL ACEITE CRISMAL PASA POR LAS 33 VERTEBRAS DE LA COLUMNA vERTEBRaL Y LUEGO PASA POR EL NERVIO VAGO LLEGANDO AL DIENCÉFALO DONDE SE CRUCIFICa. POR ESO, JESÚS FUE CRUCIFICADO A LOS 33 años PORQUE FUÉ LA CRUCIFIXIÓN DE ESTE ACEITE PASANDO LAS 33 VERTEBRaS Y ATRAVEZANDO EL NERVIO VAGO.

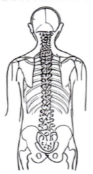

33 VÉRTEBRaS POR LOS 33 AÑOS DE CRISTO/ACEITE CRISMAL. JESÚS MURIENDO A LOS 33 AÑOS SIMBOLIZA TAMBIÉN CONVERTIR LA MATERIA EN ESPÍRITU AL SUBIR EL ACEITE MÁS ALLÁ DE LAS 33 VERTEBRaS. COMO HA SACRIFICADO SU CaRNE EN NATURALEZA/PERSONALIDAD Y AHORA HA MANIFESTADO SU vERDaDERO CaRáCTER COmO DIOS.

JUaN 3:3
"A MENOS QUE NaZCaS DE NUEvO, NO PODRáS VER EL REINO DE DIOS".

NO ES UNA COINCIDENCIA QUE EL VERSÍCULO DE JUAN 3:3 HABLE DEL RENACER. USTEDES NACERáN DE NUEVO CUANDO EL aCEITE CRISMAL VUELva A PASAR POR LAS 33 VÉRTEBRaS.

3 3

MATEO 6:22
"LA LUZ DEL CUERPO ES EL OJO; POR LO TANTO SI TU OJO ES UNO, TODO EL CUERPO ESTARÁ LLENO DE LUZ".

JACOBO NOMBRE EL LUGAR PENIEL, PORQUE DIJO EN:

GÉNESIS 32:30
"HE VISTO A DIOS CARA A CARA"
PENIEL ES LA GLÁNDULA PINEAL QUE ES EL ASIENTO DE LA CONCIENCIA (TRONO DE DIOS).
LUCaS 17:21
"EL REINO DE DIOS ESTa DENTRO DE TI" ES La FRaSE CLavE.

JACOBO SIMBOLIZA EL ACEITE EN ESTA PARÁBOLA. LA ROCA SOBRE La QUE SE DURmIÓ ES EL HUESO SaCRO, DONDE EL ACEITE CAE Y QUEDA POR UN TIEMPO.
"ENTONCES VIÓ UNA ESCALERA QUE LLEGÓ AL CIELO", QUE ES LA MÉDULA ESPINAL QUE CONDUCE AL CEREBRO (CIELO). LA MÉDULA ESPINAL ES LA ESCALERA A TU CABEZA (EL CIELO). LOS MASONES SIMBOLIZAN LA MÉDULA ESPINAL CON UNA ESCALERA.

La ESCaLERa DE JaCOBO

GENESIS 28:10-22 ERV

10 Y salió Jacob de Beerseba, y fue para Harán. 11 Y llegó a cierto lugar y pasó la noche allí, porque el sol se había puesto; ██████████ ar. 12 Y tuvo un sueño, y he aqui, ██████████ lo; y he aquí, ██████████ a. 13 Y he aqui, ██████████ la, y dijo: Yo soy el

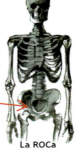

La ROCa

LA ESCaLERa

COLUMNA

COLUMNA

CUERPO TEMPLO

ACEITE CRISMAL

LOS CRISTIANOS HaN OÍDO QUE JESÚS FUE CRUCIFICaDO a LOS 33 añOS, ENTRE DOS LaDRONES EN EL GÓLGOTa, QUE SE TRADUCE COMO 'LUGaR DE La CaLaVERa/CRáNEO'. ESTa HISTORIa ES SImBÓLICa Y REPRESENTa EL ESPaCIO DENTRO DE SU Cráneo, ENTRE LOS HEmISFERIOS IZQUIERDO Y DERECHO DEL CEREBRO. La EDaD DE 33 añOS SImBOLIZa La COLUmNa vERTEBRaL CON 33 vÉRTEBRaS EN LA PARTE POSTERIOR DE LA COLUMNA HUMANA, COMO LA 'ESCALERA QUE VIÓ JACOB EN EL GÉNESIS'. La TERCERa CRUZ REPRESENTa EL CEREBRO mEDIO Y LOS vENTRÍCULOS CREaN UNa CavIDaD CON FORma DE SaNTO GRIaL DENTRO DEL CRÁNEO. ESTE ESPaCIO, a mODO DE PESEBRE Y POSTERIORmENTE TUmBa, aLBERGa La "PIa MaTER" O 'TIERNa maDRE' (maDRE MaRía), PRODUCTORa DEL LÍQUIDO CEFaLORRaQUÍDEO, mUCHaS vECES vINCULaDO a La "SaL DE La SaLvaCIÓN O SaLIvaCIÓN". ESTE FLUIDO, LLamaDO "CRISma", NaCE, BaUTIZaDO COmO RÍO JORDáN (MÉDULA ESPINAL) viaJa HACIA ABAJO POR EL SISTEma NERvIOSO, Y MÁS TARDE REGRESa PaRa SER CRUCIFICaDO SImBÓLICamENTE EN La vÉRTEBRa N° 33. ESTE PROCESO aTRavIESa EL áRBOL DE La vIDa DEL CEREBELO, LO QUE LLEva a UN REGRESO a La CUEva PaRa La SaNTIFICaCIÓN, UNa RESURRECCIÓN SImBÓLICa O "NaCER DE NUEvO" DESDE La CUEva DEL TERCER vENTRÍCULO.

EL TRONO DE DIOS

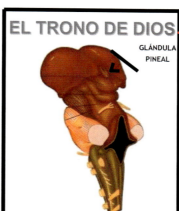

GLÁNDULA PINEAL

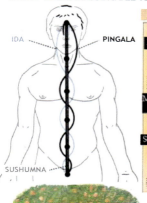

IDA — PINGALA

SUSHUMNA

Cielo

Eléctrico — Magnético

Masculino/Shiva — Femenino/Shakti

Sol (Horus) — Luna (Isis)

Infierno

EL SOL Y LA LUNA SON LOS DOS PRINCIPIOS MASCULINO Y FEMENINO QUE CORRESPONDEN CON TODAS LAS COSAS EN ESTA CREACIÓN. EL SOL ES POSITIVO, MASCULINO Y ELÉCTRICO. LA LUNA ES NEGATIVA, FEMENINA, MAGNÉTICA.

EL SOL Y LA LUNA CREAN LOS FLUIDOS SAGRADOS DENTRO DEL CEREBRO. LOS DOS FLUIDOS SAGRADOS SE MENCIONAN EN LA BIBLIA COMO mIEL Y LECHE. La TIERRa QUE EmaNa mIEL Y LECHE ES EL CEREBRO.

NÚmEROS 14:8
"Y SI EL SEñOR ESTá COmPLaCIDO CON NOSOTROS, NOS LLEvaRá SaNOS Y SaLvOS a ESa TIERRa Y NOS La DaRá. ES UNa TIERRa RICa QUE maNa LECHE Y mIEL, Y ÉL NOS La DaRá"

"SEñOR O DIOS" = YO SUPERIOR / INTERNO
TÚ /OBSERvaDOR / CRISTO
LECHE = LUNa = GLáNDULa PITUITaRIa
mIEL = SOL = GLáNDULa PINEaL

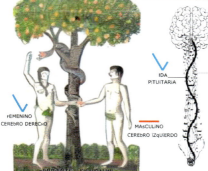

FEMENINO CEREbRO DERECHO

MAsCULINO CEREbRO IZQUIERDO

SERPIENTE – KHUNDALINI (IDA PINGALA)

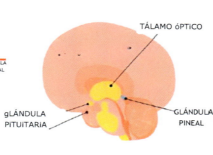

IDA PITUITaRIa — PINGALA PINEAL

TÁLAMO óPTICO

gLÁNDULA PITUITaRIa — GLÁNDULA PINEAL

"LOs TREs sAbiOs DEL EsTE"

"TRES HOmBRES SaBIOS DEL ESTE"

-TáLamO ÓPTICO
-GLáNDULa PINEaL
-GLáNDULa PITUITaRIa

ESCaLERa= COLUmNa
EL ESTE ES HaCIa aRRIBa HaCIa EL CEREBRO

ARTE MASÓNICO

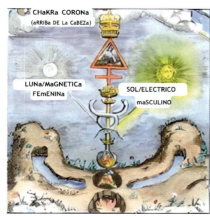

CHaKRa CORONa (aRRIBa DE La CaBEZa)

LUNa/MaGNÉTICa FEmENINa — SOL/ELECTRICO maSCULINO

DOS SERPIENTES PARA SIMBOLIZAR LOS DOS CANALES DE KUNDALINI QUE RODEAN LA COLUMNA VERTEBRAL. EL FUEGO EN LA PARTE INFERIOR DE LA OBRA SIMBOLIZA LA ENERGÍA KUNDALINI EN LA BASE DE LA COLUMNA VERTEBRAL. LA ACTIVACIÓN DE LA ENERGÍA KUNDALINI EN LA BASE DE LA COLUMNA VERTEBRAL ES LA FUERZA UTILIZADA PARA EMPUJAR EL LÍQUIDO CEFALORRAQUÍDEO POR LA COLUMNA VERTEBRAL HASTA ALCANZAR LA GLÁNDULA PINEAL.

SÍMBOLO DE LA MEDICINA

EN EL ámBITO mÉDICO SE EmPLEa ESTE SímBOLO DEBIDO a La CREENCIa DE QUE CUaNDO La ENERGía KUNDaLINI ELEva EL aCEITE CRISmaL aL CEREBRO, ÉSTE POSEE PROPIEDaDES CURaTIvaS. SE SUGIERE QUE aL ESTImULaR La SECRECIÓN SE aCTIvaN CÉLULaS CEREBRaLES LaTENTES, SE REGULa La PRESIÓN SaNGUíNEa Y SE FaCILITa La REGENERaCIÓN GENERaL DEL ORGaNISmO.

ARTE MASÓNICO

HaY TRES GLáNDULaS ImPORTaNTES EN EL CEREBRO: La GLáNDULa PINEaL, La GLáNDULa PITUITaRIa Y EL TáLamO. EL TáLamO FORma PaRTE INTEGRaL DE La PERCEPCIÓN SENSORIaL Y La CONCIENCIa, aDEmáS DE QUE TambIÉN PUEDE PRODUCIR DOPamINa.

TáLamO

La DOPamINa ES UN NEUROTRaNSmISOR, ES DECIR, UN mENSaJERO QUímICO QUE TRaNSmITE SEñaLES EN EL CEREBRO Y OTRaS ZONaS DEL SISTEma NERvIOSO. DESEmPEña UN PaPEL CRUCIaL EN vaRIaS FUNCIONES, ENTRE ELLaS:

- REGULaCIÓN DEL ESTaDO DE áNImO: A mENUDO SE HaCE REFERENCIa a La DOPamINa COmO EL NEUROTRaNSmISOR DEL "BIENESTaR" PORQUE SE aSOCIa CON EL PLaCER Y La RECOmPENSa. DESEmPEña UN PaPEL EN LaS SENSaCIONES DE mOTIvaCIÓN, PLaCER Y REFUERZO.
- CONTROL mOTOR: La DOPamINa INTERvIENE EN EL CONTROL DEL mOvImIENTO. La DEGENERaCIÓN DE LaS NEURONaS PRODUCTORaS DE DOPamINa ES UNa CaRaCTERÍSTICa CLavE EN ENFERmEDaDES COmO EL PaRKINSON, QUE SE CaRaCTERIZa POR TEmBLORES Y DIFICULTaDES DE mOvImIENTO.
- ATENCIÓN Y aPRENDIZaJE: La DOPamINa ES ESENCIaL PaRa FUNCIONES COGNITIvaS COmO La aTENCIÓN Y EL aPRENDIZaJE. INTERvIENE EN EL SISTEma DE RECOmPENSa DEL CEREBRO E INFLUYE EN EL COmPORTamIENTO Y La TOma DE DECISIONES.
- REGULaCIÓN DEL SUEñO: La DOPamINa TambIÉN INTERvIENE EN La REGULaCIÓN DEL SUEñO. LOS CamBIOS EN LOS NIvELES DE DOPamINa PUEDEN aFECTaR a LOS CICLOS DE SUEñO-vIGILIa.

LOS DESEQUILIBRIOS EN LOS NIvELES DE DOPamINa SE HaN RELaCIONaDO CON DIvERSOS TRaSTORNOS NEUROLÓGICOS Y PSIQUIáTRICOS. UN EXCESO DE aCTIvIDaD DOPamINÉRGICa SE aSOCIa a aFECCIONES COmO La ESQUIZOFRENIa, mIENTRaS QUE UN DÉFICIT DE DOPamINa SE RELaCIONa CON TRaSTORNOS COmO La ENFERmEDaD DE PaRKINSON Y La DEPRESIÓN. UN EXCESO Y UN DÉFICIT DE DOPamINa TambIÉN PUEDEN ESTaR RELaCIONaDOS CON La aNSIEDaD, La DEPRESIÓN, La aNOREXIa, LOS TRaSTORNOS mENTaLES, La aDICCIÓN, EL TEPT Y La DEmENCIa.

GLáNDULa PINEaL

La GLáNDULa PINEaL ES RESPONSaBLE DE La PRODUCCIÓN DE mELaTONINa, UNa HORmONa QUE PUEDE REJUvENECER LOS GLÓBULOS ROJOS Y CONTRaRRESTaR EL PROCESO DE ENvEJECImIENTO, aL TIEmPO QUE EvITa QUE LOS SISTEmaS DEL CUERPO SE aPaGUEN.

GLáNDULa PITUITaRIa

POR SU PaRTE, La GLáNDULa PITUITaRIa LIBERa SEROTONINa, UN ESTaBILIZaDOR NaTURaL DEL ESTaDO DE áNImO QUE INDUCE SENTImIENTOS DE FELICIDaD. aDEmáS, La SEROTONINa INTERvIENE EN La CICaTRIZaCIÓN DE HERIDaS, La REGULaCIÓN DE TOXINaS mEDIaNTE EL CONTROL INTESTINaL, EL maNTENImIENTO DE La vIGILIa, EL aLIvIO DE La DEPRESIÓN Y La REGULaCIÓN DEL aPETITO Y La DIGESTION.

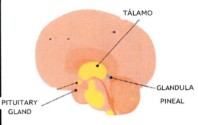

LOS TRES REYES MaGOS, CONOCIDOS TRaDICIONaLmENTE POR PRESENTaR REGaLOS a CRISTO EN SU NaCImIENTO, PUEDEN COmPaRaRSE mETaFÓRICamENTE CON LaS TRES GLáNDULaS CEREBRaLES ESENCIaLES - PINEaL, PITUITaRIa Y TáLamO - QUE aPORTaN mELaTONINa, SEROTONINa Y DOPamINa aL SISTEma NERvIOSO CENTRaL Y aL ORGaNISmO. La SaLUD DEL ORGaNISmO DEPENDE DEL FUNCIONamIENTO aRmONIOSO DE ESTaS GLáNDULaS.

EN LaS REFERENCIaS BÍBLICaS a La TIERRa PROmETIDa QUE maNa LECHE Y mIEL, La GLáNDULa PINEaL SEGREGa mELaTONINa, SImBOLIZaDa COmO mIEL, mIENTRaS QUE La PITUITaRIa PRODUCE SEROTONINa, SImBOLIZaDa COmO LECHE. La mEZCLa DE ESTOS DOS FLUIDOS FORma EL "CRISma", O aCEITE DE CRISTO, DENTRO DEL CEREBRO. ESTE FLUIDO SaGRaDO, QUE REPRESENTa La UNIÓN DE La mIEL Y La LECHE, SE LIBERa POR La COLUmNa vERTEBRaL PaRa REGULaR LaS FUNCIONES CORPORaLES. ESTE PROCESO TIENE UN ECO POÉTICO EN La NOCIÓN DE LOS REGaLOS QUE PaPá NOEL ENTREGa POR La CHImENEa, DONDE La CHImENEa SImBOLIZa La COLUmNa vERTEBRaL Y LOS REGaLOS SIRvEN COmO SÍmBOLOS DE LOS FLUIDOS vITaLES GENERaDOS EN EL CEREBRO.

SANTA CLAUS
SAINT CLAUSE
CLaUSTRO EN EL CEREBRO

GÉNESIS 3:24

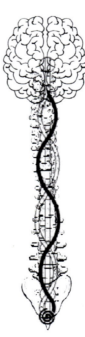

"aL ORIENTE DEL HUERTO DEL EDÉN, PUSO QUERUBINES Y UNa ESPaDa ENCENDIDa QUE QUE GIRaBa EN TODaS DIRECCIONES PaRa GUaRDaR EL CamINO DEL áRBOL DE La vIDa."

La ESPaDa ENCENDIDa ES La CONCIENCIa EN EL CENTRO DEL CEREBRO. EL áRBOL DE La vIDa ES EL SISTEma CaRDIOvaSCULaR QUE CONECTa SImBIÓTICamENTE CON EL CEREBRO Y LOS QUERUBINES ESTáN EN EL.

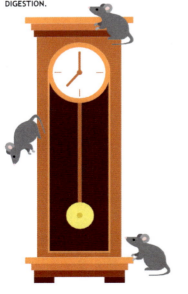

HICKORY HICKORY DOCK
SUBIÓ Y BAJÓ EL RELOJ

JUAN 3:14

ASI COmO MOISÉS LEvaNTÓ La SERPIENTE EN EL DESIERTO, aSÍ <u>EL HIJO DEL HOmBRE DEBE SER LEvaNTaDO.</u>

VÍBORA = SERPIENTE = KHUNDALINI.

ELEVAR LA SERPIENTE ES ELEVAR LA ENERGÍA KHUNDALINI.

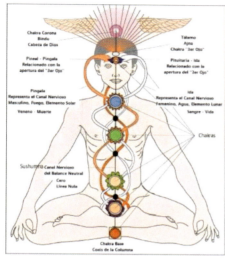

"EL HIJO DEL HOMBRE DEBE SER ELEVADO"
HIJO = SOL = ALMA
EL ALMA DEL HOMBRE DEBE SER ELEVADA A TRAVES DE KHUNDALINI ACTIVANDO LA GLANDULA PINEAL. LA ACTIVACION DE LA GLANDULA PINEAL TE DA LA CAPACIDAD DE DEJAR EL CUERPO Y EXPLORAR OTRAS REALIDADES.

MOISÉS ENSEÑÓ A LA GENTE A ELEVAR SU ENERGÍA KHUNDALINI PARA ACTIVAR LA GLÁNDULA PINEAL, LO QUE DARÍA AL SER HUMANO HABILIDADES FUERA DEL CUERPO. SALIR DEL CUERPO TE DA ACCESO A MUNDOS MÁS ALLÁ DEL TIEMPO Y EL ESPACIO.

LA HISTORIA DE JESÚS ES SIMBÓLICA DEL PROCESO ALQUÍMICO QUE OCURRE MENSUALMENTE DENTRO DEL CUERPO HUMANO. JESUS CAE DEL CIELO Y SE ENCARNA EN LA TIERRA, QUE ES SIMBÓLICO DEL ACEITE DE CRISTO VIAJANDO POR LA COLUMNA VERTEBRAL DESDE TU CEREBRO (CIELO). EL ACEITE SAGRADO PERMANECE QUIETO DENTRO DEL HUESO SACRO DURANTE 3 DIAS, LO QUE ES JESUS ESTANDO MUERTO EN LA CUEVA DURANTE TRES DIAS. UNA VEZ QUE JESUS RESUCITA (EL ACEITE SUBE POR LA COLUMNA VERTEBRAL) ES CRUCIFICADO A LOS 33 AÑOS DE EDAD. LA COLUMNA VERTEBRAL CONTIENE 33 VERTEBRAS, Y UNA VEZ QUE EL ACEITE PASA LAS 33 VÉRTEBRAS Y LLEGA AL TÁLAMO ÓPTICO, ES CRUCIFICADO EN LA CRUZ PORQUE EL TÁLAMO PARECE UNA CRUZ. LA MUERTE DE JESUS SIMBOLIZA LA TRANSFORMACION DE LA MATERIA EN ESPÍRITU, YA QUE EL RETORNO DEL ACEITE OTORGA AL HUMANO HABILIDADES SOBRENATURALES COMO EL VIAJE ASTRAL.

LOS PÁJAROS SIMBOLIZAN EL ESPÍRITU SANTO/ALMA.

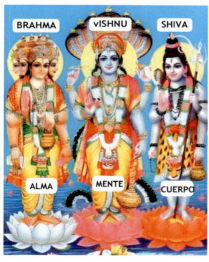

LA MENTE ES LA SERPIENTE PORQUE LAS SERPIENTES SIMBOLIZAN EL CONOCIMIENTO. LA MENTE ES EL INTELECTO QUE CONECTA EL ALMA CON EL CUERPO; POR ESO LA MENTE ESTÁ EN EL MEDIO; PROYECTA EL ALMA EN LA REALIDAD QUE ELEGIMOS EXPERIMENTAR.

EL ALMA (BRAHMA) TIENE MÚLTIPLES CARAS, SIMBOLIZANDO QUE EL ALMA TOMA DIFERENTES CUERPOS; ES DIMENSIONAL.

JESÚS CRISTO
JESÚS = CUERPO
CRISTO = CONCIENCIA DE CRISTO

LOS MASONES NO DICEN JESUS CRISTO DICEN CRISTO JESUS. LO HACEN PARA DECIR QUE LA CONCIENCIA ES LO PRIMERO. CRISTO SOBRE EL CUERPO O MENTE SOBRE MATERIA.

EL TERCER OJO TAMBIÉN SE CONOCE COMO GLÁNDULA PINEAL, OJO DE LA MENTE Y OJO ÚNICO. EL CENTRO DEL CEREBRO ES LA GLÁNDULA PINEAL, QUE ENCIERRA LA CONCIENCIA PURA. INTERPRETAR ERRÓNEAMENTE QUE LA GLÁNDULA PINEAL POSEE TODAS LAS CUALIDADES MÍSTICAS ES UN ERROR. LA GLÁNDULA NO ES LITERALMENTE EL TERCER OJO; SIRVE COMO REFLEJO O SÍMBOLO DE ESE ÓRGANO EN EL CUERPO. EL PODER GENUINO DE LA GLÁNDULA RESIDE EN SU CONTRAPARTE ESPIRITUAL, NO EN LA FÍSICA. EL VERDADERO TERCER OJO NO ES VISIBLE A LA VISTA NORMAL, PERO SE MUESTRA A LOS CLARIVIDENTES COMO UN AURA COLORIDA ALREDEDOR DE LA GLÁNDULA, BRILLANDO CON LUZ ELÉCTRICA.

H. P. BLavaTSKY DICE QUE EL ÓRGaNO PERCEPTIvO DEL CEREBRO ESTá EN EL aURa DE La GLáNDULa PINEaL. ESTa aURa RESPONDE a LaS vIBRaCIONES, PERO SÓLO PUEDE SENTIRSE, NO vERSE, EN LaS PERSONaS vIvaS. AL PENSaR, SE PRODUCE UNa vIBRaCIÓN CONSTaNTE EN ESTa aURa. UN CLaRIvIDENTE CaSI PUEDE vER SIETE ESCaLaS DE LUZ EN EL CEREBRO, DE TENUE a BRILLaNTE.

LA MENTE, QUE RESIDE EN LA GLÁNDULA PINEAL, ES UN CENTRO PSÍQUICO QUE ACTÚA COMO LA INTELIGENCIA QUE GOBIERNA EL CUERPO FÍSICO. EL CEREBRO SE ASEMEJA A UN ORDENADOR ELÉCTRICO ENCARGADO DE INTERPRETAR Y EJECUTAR LAS ÓRDENES E INSTRUCCIONES EMITIDAS POR LA MENTE. EL TERCER OJO/MENTE TIENE LA CAPACIDAD DE REPRESENTAR LOS PLANOS ESPIRITUALES QUE SE ENCUENTRAN MÁS ALLÁ DE LA PERCEPCIÓN DE LOS DOS OJOS FÍSICOS. ES LA PUERTA DE ENTRADA A LOS PLANOS ETÉREOS QUE SE ENCUENTRAN DENTRO DE LA MENTE DEL HOMBRE.

ACTIVANDO EL TERCER OJO

COmO HUmaNOS, ESTamOS COmPUESTOS DE ESPíRITU Y maTERIa. PaRa LOGRaR UNa aUTéNTICa CONEXIÓN CON NUESTRa mENTE Y NUESTRO ESPíRITU, ES CRUCIaL EQUILIBRaR LOS TRES aSPECTOS DE NOSOTROS mISmOS. POR EJEmPLO, SI EL CUERPO NO GOZa DE BUENa SaLUD, PUEDE REPERCUTIR EN EL ESPíRITU. PaRa CONECTaR CON NUESTRa vISIÓN INTERIOR, SE RECOmIENDa DESINTOXICaR La GLáNDULa PINEaL. UN méTODO CONSISTE EN CONSUmIR UNa SOLa FRUTa DE TU ELECCIÓN DURaNTE UNa SEmaNa, INCORPORaNDO aL mISmO TIEmPO HIERBaS DESINFECTaNTES COmO La PImIENTa DE CaYENa Y EL mUSGO maRINO ORGáNICO. LaS INvESTIGaCIONES INDICaN QUE EL FLÚOR PUEDE PROvOCaR La CaLCIFICaCIÓN DE La GLáNDULa PINEaL, DEBILITaNDO La CONEXIÓN CON EL vERDaDERO YO. EL FLÚOR SE ENCUENTRa COmÚNmENTE EN EL aGUa DEL GRIFO, La PaSTa DE DIENTES Y LOS aLImENTOS PROCESaDOS, POR LO QUE ES mEJOR maNTENERSE aLEJaDO DE ELLOS.

EL OBJETIvO PRINCIPaL DE La mEDITaCIÓN ES aCTIvaR La GLáNDULa PINEaL Y ESTaBLECER UNa CONEXIÓN CON EL aUTéNTICO SER CÓSmICO SITUaDO EN EL CENTRO DEL CEREBRO. UNa mEDITaCIÓN aDECUaDa PUEDE DaR LUGaR a EXPERIENCIaS mÍSTICaS, COmO SENSaCIONES DE HORmIGUEO EN La CaBEZa Y EN TODO EL CUERPO, SENSaCIÓN DE vaCÍO, LIGEREZa Y, POSIBLEmENTE, INCLUSO EXPERIENCIaS EXTRa CORPÓREaS.

A DONDE SE DIRIJa La aTENCIÓN, La ENERGía La SIGUE, Y La mENTE SIRvE DE GUÍa PaRa ESTa ENERGía. DURaNTE La mEDITaCIÓN, EL OBJETIvO ES DIRIGIR La aTENCIÓN aL CENTRO DE La mENTE. ESTO PUEDE LOGRaRSE mENTaLmENTE CONCENTRaNDO La mENTE Y FÍSICamENTE aLINEaNDO LOS OJOS CON EL CENTRO DE La FRENTE, COmO SE ILUSTRa EN La ImaGEN DE La DERECHa. AL PRaCTICaRLO, EL OBJETIvO ES CaNaLIZaR TODa La ENERGía Y La CONCIENCIa HaCIa EL CENTRO DEL CEREBRO mIENTRaS SE maNTIENE UNa RESPIRaCIÓN RÍTmICa Y La QUIETUD.

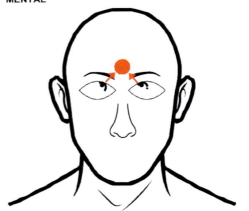

WALTER RUSSEL - "EL HOMBRE NO PUEDE COMPRENDER A DIOS PORQUE EL HOMBRE DEBE SER DIOS PARA COMPRENDERLO. EL HOMBRE ES DIOS Y POR LO TANTO DIOS ESTA DENTRO DE LA COMPRENSION DEL HOMBRE". "EL HOMBRE ES MENTE, EL HOMBRE ES MATERIA. MENTE Y MATERIA SON UNO. DIOS ES MENTE, ESTE ES UN UNIVERSO MENTAL"

(HÁZ ESTO CON LOS OJOS CERRADOS)

GaRaNTIZaR UNa POSTURa CÓmODa ES CRUCIaL, DaDOS LOS LaRGOS PERIODOS DE TIEmPO QUE SE PERmaNECE SENTaDO DURaNTE La mEDITaCIÓN. PaRa EmPEZaR, BUSCa UNa POSTURa CÓmODa, INHaLa POR La NaRIZ, EXHaLa POR La BOCa CON LOS OJOS CERRaDOS Y CONCENTRa TODa La aTENCIÓN EN EL CENTRO DEL CEREBRO, JUSTO ENTRE LaS CEJaS. PRaCTICa ESTO DURaNTE UNOS 10-30 mINUTOS; CUaNTO máS PROLONGaDa SEa La DURaCIÓN, máS PROFUNDa SERá La CONEXIÓN QUE PUEDaS ESTaBLECER.

EL SOL SE CORRESPONDE CON La GLáNDULa PINEaL, DE aHÍ QUE EXISTa UNa PRáCTICa aNCESTRaL LLamaDa "CONTEmPLaCIÓN DEL SOL". EL SOL ES La PRINCIPaL FUENTE DE ENERGía DE NUESTRO CEREBRO, Y ESTa ENERGía ENTRa EN NUESTRO CUERPO a TRavéS DE LOS OJOS. mIRaR aL SOL ES UN méTODO PaRa RECIBIR ESTa ENERGía ESENCIaL. CUaNDO SE CONTEmPLa EL SOL DURaNTE PERIODOS PROLONGaDOS, SE PUEDE EXPERImENTaR UNa SENSaCIÓN EN EL CENTRO DEL CEREBRO, QUE SE INTENSIFICa CUaNTO máS TIEmPO SE HaCE. LOS RaYOS DEL SOL PUEDEN aYUDaR a DESCaLCIFICaR Y aCTIvaR La GLáNDULa PINEaL. PaRa LOS PRINCIPIaNTES, SE RECOmIENDa EmPEZaR a mIRaR aL SOL CUaNDO LOS RaYOS SOLaRES SON DÉBILES, COmO aL aTaRDECER O aL amaNECER. A mEDIDa QUE SE aDQUIERE EXPERIENCIa, SE PUEDE PRaCTICaR CON SEGURIDaD EN CUaLQUIER mOmENTO.

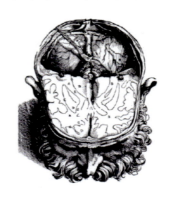

-LA GLÁNDULA PINEAL ES UN CUERPO CON FORMA DE CONO DE 6 mm DE ALTO Y 4 mm DE DIÁMETRO.
-LA MENTE HABITA LA GLÁNDULA PINEAL.
-ES EL ÓRGANO A TRAVÉS DEL CUAL ACTÚAN LAS FUERZAS ELÉCTRICAS DEL CUERPO
-ES LO QUE DEPOSITA LA ESENCIA/ALMA/CONCIENCIA UNIVERSAL
-ES LA LUZ DEL CUERPO QUE DA VIDA A TODO EL TEMPLO.
-LA PINEAL ES EL ÓRGANO ESPIRITUAL MASCULINO.
-LA GLÁNDULA PINEAL SE ABRE CUANDO LOS DOS OJOS SE CIERRAN POR PERIODOS.
-CUANTO MÁS TRABAJO ESPIRITUAL SE REALIZA MÁS ACTIVA SE VUELVE LA GLÁNDULA PINEAL
-LA GLÁNDULA PINEAL ESTÁ CUBIERTA DE MICROCRISTALES. LOS CRISTALES TIENEN LA CAPACIDAD DE RECIBIR Y EMITIR FRECUENCIAS.

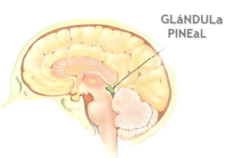

GLáNDULa PINEaL

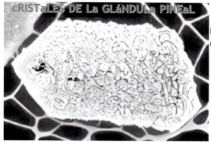

cRISTaLES DE La GLáNDULa PINEaL

LA GLÁNDULA PINEAL TIENE CÉLULAS PIZOLUMINISCENTES DE FORMA DENTADA CRISTALINA.
- LA RETINA DE LOS DOS OJOS TAMBIÉN TIENE ESTAS CÉLULAS
- LA PINEAL LAS TIENE PORQUE TOMA LA LUZ Y REFLEJA, REFRACTA Y EMITE LUZ.
- LA GLÁNDULA PINEAL EMITE LUZ POR ESO DECIMOS ILUMINACIÓN

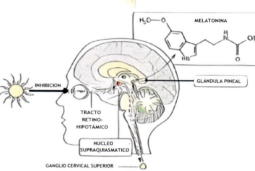

EL VATICANO SUPRIMIÓ LA INFORMACIÓN SOBRE LOS PODERES MISTICOS DE LAS GLANDULAS PINEALES. EL VATICANO (IGLESIA CATÓLICA) SE APODERÓ DE EUROPA Y DESTRUYÓ/ROBÓ TODO EL CONOCIMIENTO Y LAS BIBLIOTECAS qUE CONTENIAN TODOS LOS TEXTOS ANTIGUOS Y LA INFORMACION DE NUESTROS VERDADEROS PODERES. ENTONCES CREARON UNA BIBLIA CODIFICADA PARA MANTENER A LA GENTE BUSCANDO A DIOS FUERA DE ELLOS MISMOS.

La GLáNDULa PINEaL ES La SEDE DE La CONCIENCIa, TamBIÉN CONOCIDa COmO La SEDE DEL aLma/TRONO DE DIOS. La GLáNDULa PINEaL ES UNa CámaRa vaCía QUE CONTIENE La ESENCIa UNIvERSaL QUE ES INVISIBLE a SImPLE vISTa. NUESTRO vERDaDERO YO ESTá DENTRO DE La GLáNDULa PINEaL Y DESDE ESTE CENTRO CONTROLamOS EL CUERPO FíSICO. NUESTRO vERDaDERO YO ESTá DENTRO DE La GLáNDULa PINEaL Y DESDE ESTE CENTRO CONTROLamOS EL CUERPO FISICO.

OJOS DE HORUS

OJO DE Ra   OJO DE THOT

1/2 = OLFATO
1/4 = VISTA
1/8 = PENSAMIENTO
1/16 = OIDO
1/32 = GUSTO
1/64 = TACTO

PIÑA

EL vaTIcaNO SImBOLIZaNDO La GLáNDULa PINEaL

HUMANO DORMIDO   AVATAR DESPIERTO
DIOS SUMERIO SOSTENIENDO UNA PIÑA QUE SIMBOLIZA LA GLÁNDULA PINEAL

LOS ANTIGUOS EGIPCIOS CONOCIAN LA GLÁNDULA PINEAL

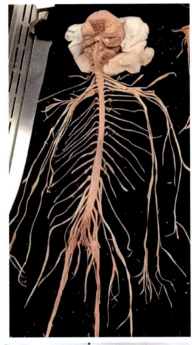

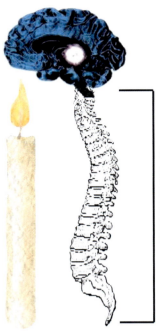

TODO EN EL CUERPO CONDUCE DE NUEVO A UN PUNTO DE ORIGEN, QUE ES EL CENTRO DEL CEREBRO. EL CENTRO DEL CEREBRO ES LA GLÁNDULA PINEAL, A LA QUE NOS REFERIMOS COMO "YO". CUANDO DECIMOS "YO" NOS REFERIMOS AL SER INTERIOR/OBSERVADOR/ENTIDAD QUE ESTÁ CONTROLANDO EL CUERPO. SI DECIMOS "MI CUERPO", ENTONCES SI ES MÍO, NO SOY YO. ESTE CUERPO ES EL VEHÍCULO PARA QUE NUESTRA ALMA/ENTIDAD PUEDA OPERAR DENTRO DE ESTE MUNDO FÍSICO DE TIEMPO Y ESPACIO.

33 VÉRTEBRAS

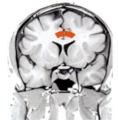

EL TRONO DE DIOS ESTA EN EL CENTRO DEL CEREBRO. LA CONCIENCIA ES DIOS Y TODOS SOMOS ESA MISMA CHISPA DE CONCIENCIA EN EL CENTRO DEL CEREBRO.

el Señor Jesús fue llevado al cielo y se sentó a la derecha de Dios.
Marcos 16:19

LA MANO DERECHA DE DIOS ES EL HEMISFERIO DERECHO DEL CEREBRO. EL HEMISFERIO DERECHO TIENE QUE VER CON LA CREATIVIDAD, LA INTUICIÓN Y LA PERSPICACIA, Y ESTÁ CONECTADO CON EL CEREBRO (EL CEREBRO SUPERIOR).

2 CRONICAS 3:10

EN EL LUGAR SANTÍSIMO HIZO TALLAR DOS QUERUBINES, Y LOS RECUBRIÓ DE ORO.

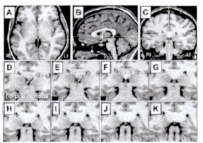

EL LUGAR SANTÍSIMO = LA GLÁNDULA PINEAL DEL CEREBRO.

DOS QUERUBINES = LOS DOS HEMISFERIOS DEL CEREBRO.

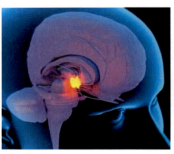

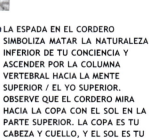

LA ESPADA EN EL CORDERO SIMBOLIZA MATAR LA NATURALEZA INFERIOR DE TU CONCIENCIA Y ASCENDER POR LA COLUMNA VERTEBRAL HACIA LA MENTE SUPERIOR / EL YO SUPERIOR. OBSERVE QUE EL CORDERO MIRA HACIA LA COPA CON EL SOL EN LA PARTE SUPERIOR. LA COPA ES TU CABEZA Y CUELLO, Y EL SOL ES TU CONCIENCIA EN EL CENTRO DEL CEREBRO EN LA PARTE SUPERIOR DE TU CUELLO.

EL PÁJARO ES UN ANIMAL AÉREO QUE SIMBOLIZA LA NATURALEZA SUPERIOR DEL HOMBRE. LOS ANIMALES DE TIERRA SIMBOLIZAN LA NATURALEZA INFERIOR DEL HOMBRE. EL TRONCO DEL ÁRBOL SIMBOLIZA TU COLUMNA VERTEBRAL.

aRTE maSÓNicO

aRTE SUmERIO

SANTO GRIAL = CUELLO Y CRÁNEO

LA RAZON POR LA QUE EL SANTO GRIAL ES UNA COPA ES PORQUE EL SOL Y LA LUNA CREAN EL FLUIDO SAGRADO (ACEITE DE CRISTO) Y LO LLENAN CADA MES.

ARTE MASÓNICO

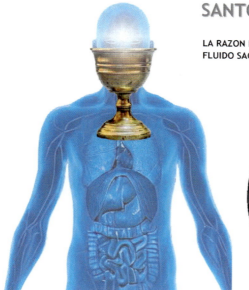

ESTE ARTE MASONICO SIMBOLIZA EL SOL Y LA LUNA CREANDO LA "LECHE Y MIEL" EN EL CEREBRO.

LA LECHE ES EL FLUIDO CREADO POR LA LUNA. LA MIEL ES EL FLUIDO CREADO POR EL SOL.

MAGNÉTICO   **ELECTRICO**

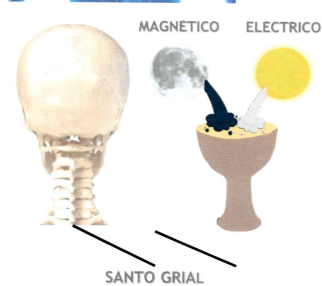

PITUITARIA
LECHE
LUNA
FEMENINA
MAGNÉTICA
−

IDA........   ....PINGALA

PINEAL
MIEL
SOL
MASCULINO
ELÉCTRICO
+

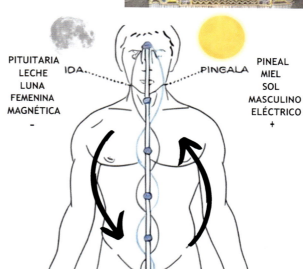

SANTO GRIAL

CORINTIOS 6:19-20

"¿O NO SaBÉIS QUE vUESTRO CUERPO ES TEmPLO DEL ESPÍRITU SaNTO QUE ESTá EN vOSOTROS, EL CUaL TENÉIS DE DIOS? NO SOIS vUESTROS, PORQUE HaBÉIS SIDO COmPRaDOS POR PRECIO. GLORIFICaD, PUES, a DIOS EN vUESTRO CUERPO".

GLORIFICAR A DIOS EN TU CUERPO ES ELEVAR EL CRISMA / ACEITE DE CRISTO POR LA COLUMNA VERTEBRAL Y CUIDAR EL CUERPO.

LAS ELITES EN EL PODER HAN EXTERNALIZADO TODAS LAS COSAS SAGRADAS COMO EL SANTO GRIAL, EL TEMPLO DE SALOMON, ETC. ESTO SE HACE PARA QUE NO DESCUBRAS EL HECHO DE QUE TU ERES LA ESENCIA DE TODAS LAS COSAS. EL HOMBRE ES VERDADERAMENTE CREADO A IMAGEN DE DIOS.

LA IGLESIA Y OTRAS RELIGIONES ESTÁN ENSEÑANDO A LAS MASAS LO EXOTÉRICO, ES DECIR, ENSEÑANZAS EXTERNAS. ESTO SE HACE A PROPÓSITO PARA MANTENER EL ESQUEMA PIRAMIDAL EN FUNCIONAMIENTO. MIENTRAS TANTO, A LA GENTE EN EL PODER SE LE ENSEÑA LO ESOTÉRICO, ES DECIR, LAS ENSEÑANZAS INTERNAS SOBRE EL CUERPO, LA CONCIENCIA Y LOS ASPECTOS METAFÍSICOS DE LA REALIDAD. LA BIBLIA ESTA ESCRITA DE TAL MANERA QUE RESONARÁ CON TU NIVEL DE ENTENDIMIENTO. PUEDES PERCIBIR LA BIBLIA FÍSICA, HISTÓRICA O METAFÓRICAMENTE, DEPENDIENDO DE LA AMPLITUD CON LA QUE HAYAS EXPANDIDO TU MENTE. TU REAL-IDAD (IDENTIDAD) ES TU NIVEL DE REAL-IZACIÓN (aSCENSION).

CUERPO TEMPLO

GÉNESIS 2:9

"EN mEDIO DEL HUERTO, HIZO BROTaR EL áRBOL DE La vIDa Y EL áRBOL DEL cONOcImIENTO (DE La cIENcIa) DEL BIEN Y DEL maL"

EL ÁRBOL DE LA CIENCIA DEL BIEN Y DEL MAL = SISTÉMA NERVIOSO

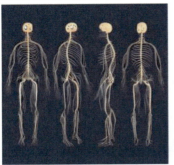 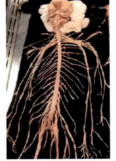

EL ARBOL DE La CIENCIa DEL BIEN Y DEL MAL ES EL SISTEMA NERVIOSO PORQUE DA A NUESTRA MENTE EL CONOCIMIENTO DEL BIEN Y DEL MAL. LA MENTE Y EL ALMA PROVIENEN DE LA DICHA ETERNA, Y LA MENTE PROYECTA EL ALMA EN ESTA SIMULACIÓN DUALISTA PARA OBTENER EL CONOCIMIENTO DEL DUALISMO.

EL SISTEMA NERVIOSO DESCODIFICA LOS IMPULSOS ELÉCTRICOS QUE LE ENVÍA EL MUNDO EXTERIOR E INFORMA AL CEREBRO. NUESTRA CONCIENCIA EXPERIMENTA EN GRAN MEDIDA UN PROGRAMA EJECUTADO POR EL SISTEMA NERVIOSO CENTRAL.

4 RIOS EN EL JARDIN DEL EDÉN

GÉNESIS 2:10

"DEL EDÉN SaLía UN RÍO PaRa REGaR EL HUERTO, Y DE aLLí SE DIvIDía Y SE CONvERTía EN OTROS CUaTRO RÍOS"

LOS 4 RIOS QUE FLUYEN EN EL JARDIN DEL EDÉN SON LOS 4 FLUIDOS SAGRADOS DEL CUERPO QUE SON:

1· SANGRE
2· SALIVA
3· ACEITE CRISMAL
4· SEMEN / FLUIDO VAGINAL

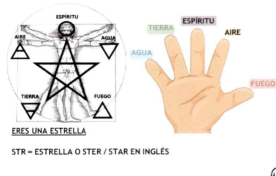

ERES UNA ESTRELLA

STR = ESTRELLA O STER / STAR EN INGLÉS

ASTRO, ASTRAL, MINISTRO, MONSTRUO, MAESTRE, SINIESTRO, TERRESTRE, CAMPESTRE, SASTRE, DESTREZA, ETC ...

EXISTES COMO UN FOTÓN CUÁNTICO, SIMILAR A UNA ENTIDAD CELESTIAL, QUE HABITA UNA FORMA FÍSICA. CON CONCIENCIA OMNISCIENTE, ESTÁS DIRECTAMENTE CONECTADO A LA FUENTE, ENCARNANDO ESENCIALMENTE COMO ESENCIA DE UNA ENTIDAD DIVINA. SIN EMBARGO, DURANTE NUESTRA ENCARNACIÓN EN ESTE REINO, SUFRIMOS UNA SEPARACIÓN DE LA FUENTE, EXPERIMENTANDO UNA FALTA DE CONCIENCIA RESPECTO A NUESTRAS VERDADERAS PERCEPCIONES DIVINAS DEBIDO AL PROGRAMA ORQUESTADO POR EL SISTEMA NERVIOSO CENTRAL.

EL ÁRBOL DE LA VIDA = SISTEMA CARDIOVASCULAR

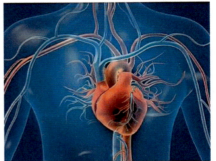

EL SISTEMA CARDIOVASCULAR ES EL ÁRBOL DE LA VIDA PORQUE PROPORCIONA VIDA AL CUERPO FÍSICO.

GÉNESIS 2:9 "EL ÁRBOL DE LA VIDA ESTABA EN MEDIO DEL JARDÍN". EL JARDÍN ES TU CUERPO, Y EL MEDIO ES EL CENTRO, QUE ES EL CORAZÓN.

EL CORAZÓN ES EL CENTRO DEL CAMPO ELECTROMAGNÉTICO DEL CUERPO, Y EN EL CENTRO DE TODO CAMPO TOROIDAL ESTÁ EL MAGNETISMO.

EL MAGNETISMO LATE / IRRADIA; POR ESO TIENE LATIDOS. ES LA RADIACIÓN DEL MAGNETISMO LA QUE CREA EL LATIDO DE TU CORAZÓN. EL CORAZÓN ES 5000 VECES MAS FUERTE MAGNETICAMENTE QUE EL CEREBRO; ES EL ÓRGANO MAS MAGNETICO DEL CUERPO. EL CORAZÓN ES EL LUGAR DE TUS EMOCIONES; LA EMOCIÓN ES EL LENGUAJE DEL UNIVERSO. TODAS LAS COSAS QUE VIVEN TIENEN QUE TENER UN PULSO; ES EL "ALIENTO" UNIVERSAL DE LA VIDA. RESPIRAMOS, IRRADIAMOS, PARPADEAMOS, DORMIMOS, VIVIMOS Y MORIMOS. TODO ESTO ES LA EXPRESIÓN DEL ÚNICO ALIENTO UNIVERSAL DE VIDA.

CUERPO

MENTE   ALMA

TIERRA   LUNA   SOL

CUERPO   MENTE   ALMA

CABEZA
CIELO

SOL = ALMA

EL TEMPLO DE SOLOMON ERES TU

EL CUERPO ES EL TEMPLO DEL ALMA Y LA MENTE

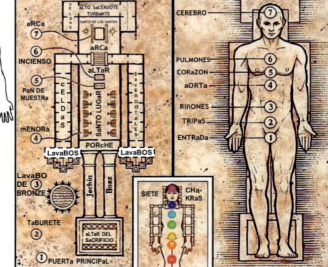

TALON

INFIERNO

AL IGUAL QUE EL AÑO TIENE SUS 4 ESTACIONES, TAMBIÉN HAY ESTACIONES EN LA VIDA DEL HOMBRE. NO SÓLO ESTÁ SUJETO AL INVIERNO QUE LE RODEA, SINO QUE EL INVIERNO ESTÁ DENTRO DE ÉL. NO SÓLO SE VE AFECTADO POR LOS GRANDES MOVIMIENTOS CÍCLICOS DE LA TIERRA, SINO POR CICLOS MÁS PEQUEÑOS BASADOS EN EL HECHO DE QUE EL PROPIO CUERPO ES UN MUNDO EN MINIATURA. UN MICROCOSMOS EN CUYAS CONSTITUCIONES SE REPRODUCEN EN MINIATURA TODOS LOS PROCESOS MÁS GRANDES. EXISTE UNA SIMPATÍA ENTRE LOS CICLOS MAYORES Y MENORES EN EL HOMBRE, DE MODO QUE TODA LA NATURALEZA ESTÁ UNIDA EN UN VASTO PATRÓN Y GOBERNADA POR REGLAS PARA LAS QUE NO HAYA EXCEPCIONES. CON LA EXALTACIÓN DEL SOL EN CÁNCER (VERANO HEMISFERIO NORTE), LOS INDIVIDUOS SUELEN EXPERIMENTAR UNA MAYOR CREATIVIDAD, FELICIDAD Y ENERGÍA. ESTA ALINEACIÓN ASTROLÓGICA SE ESTÁ PRODUCIENDO TANTO DENTRO COMO FUERA DE NOSOTROS. POR EL CONTRARIO, CUANDO EL SOL SE ENCUENTRA DEBILITADO EN CAPRICORNIO (INVIERNO HEMISFERIO NORTE), SE CREE QUE SU IMPACTO SE EXTIENDE A LOS ASPECTOS MENTALES, FÍSICOS Y ESPIRITUALES, LO QUE PUEDE PROVOCAR PROBLEMAS EN ESTAS ÁREAS.

SALMOS 82:6-7
YO DIJE: "USTEDES SON DIOSES, Y TODOS SON HIJOS DEL ALTÍSIMO. SIN EmBaRGO, cOmO HOmBRES mORIRán, Y caERán cOmO cUaLqUIERa DE LOS PRíncIPES." SOMOS UNA CHISPA DE DIOS LA PALABRA HECHA CARNE.

EL SISTEMA DEL ALMA ESTÁ DENTRO TUYO

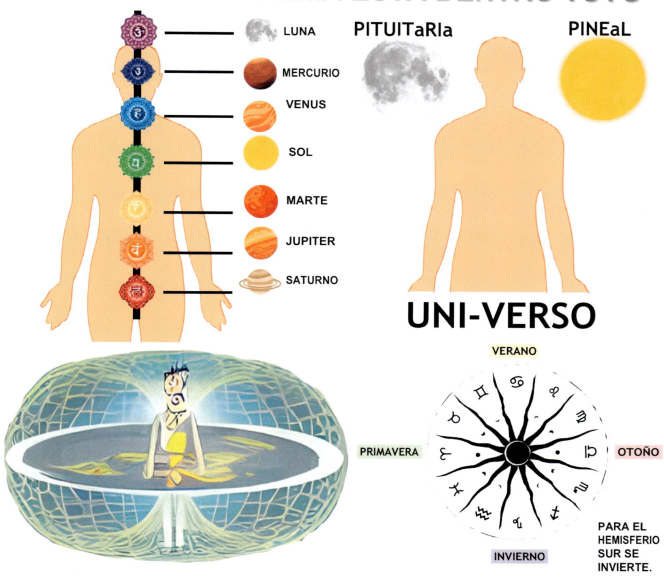

LUNA
MERCURIO
VENUS
SOL
MARTE
JUPITER
SATURNO

PITUITaRIa

PINEaL

UNI-VERSO

VERANO

PRIMAVERA

OTOÑO

INVIERNO

PARA EL HEMISFERIO SUR SE INVIERTE.

EXISTEN DIFERENTES PLANOS DE LA REALIDAD. NO ESTÁN SEPARADOS; SE FUNDEN EN EL PLANO QUE ESTÁ POR ENCIMA Y POR DEBAJO; EN OTRAS PALABRAS, CADA PLANO ES UN PRODUCTO DEL PLANO QUE ESTÁ POR ENCIMA. CUANTO MÁS ALTO ES EL PLANO, MÁS FLUIDO/INFORME SE VUELVE; CUANTO MÁS BAJO ES EL PLANO, MÁS MATERIAL Y SÓLIDO SE VUELVE.

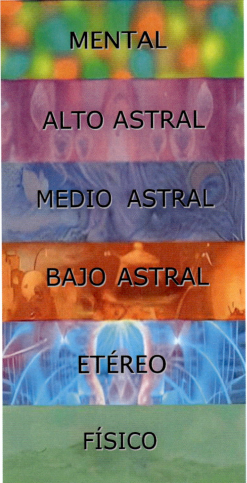

MENTAL

ALTO ASTRAL

MEDIO ASTRAL

BAJO ASTRAL

ETÉREO

FÍSICO

PLANO MENTAL

EL PLANO MENTAL ES LA DIMENSIÓN DE LA MENTE. LA MENTE FORMA PARTE DE LA MENTE UNIVERSAL. POR LO TANTO, EL PLANO MENTAL ES COMPARTIDO POR TODAS LAS MENTES QUE EXISTEN. ES EL MUNDO DE LOS PENSAMIENTOS. LOS PENSAMIENTOS NO SE CREAN; SE RECIBEN EN FUNCIÓN DE LA FRECUENCIA A LA QUE ESTÁ AJUSTADA NUESTRA MENTE. POR ESO LA LLAMAMOS MENTALIDAD. CADA PENSAMIENTO, TEMA Y ASUNTO ES UNA FRECUENCIA, Y CUANDO FIJAS TU MENTE EN ESTOS TEMAS, OBTIENES LOS PENSAMIENTOS QUE ESTÁN EN ESA FRECUENCIA SIMILAR. EL MUNDO DEL PENSAMIENTO ES COMPLETAMENTE INFORME. ES EL PLANO MÁS FLUIDO.

PLANO ASTRAL

EL PLANO ASTRAL ES DONDE LOS PENSAMIENTOS SE MANIFIESTAN EN FORMAS. POR EJEMPLO, EL PLANO MENTAL ES EL PENSAMIENTO DE LA SILLA, Y EL PLANO ASTRAL ES LA IMAGINACIÓN DE ESA SILLA. ES BÁSICAMENTE EL MUNDO DE LA IMAGINACIÓN Y DE LAS IMÁGENES MENTALES. LA PANTALLA QUE VEMOS EN NUESTRA MENTE CUANDO IMAGINAMOS ALGO ES EL PLANO ASTRAL. CREAMOS CON NUESTROS PENSAMIENTOS; POR ESO LOS PENSAMIENTOS SON COSAS.

EL PLANO ASTRAL SE CREA A PARTIR DE LOS PENSAMIENTOS QUE SE MANIFIESTAN, Y CADA PENSAMIENTO TIENE UNA FRECUENCIA VIBRATORIA. ESTO HACE QUE SE GENEREN 3 NIVELES PRINCIPALES EN ÉL: SUPERIOR, MEDIO E INFERIOR. DEPENDIENDO DE LA FRECUENCIA VIBRATORIA DEL PENSAMIENTO, LA MANIFESTACIÓN RESULTARÁ EN QUE LA FORMA DE PENSAMIENTO SE MANIFIESTE EN LOS PLANOS ASTRALES SUPERIOR, MEDIO O INFERIOR. LOS PLANOS SUPERIORES ENCARNARÁN PENSAMIENTOS DE ALTA VIBRACIÓN COMO EL AMOR Y LA ALEGRÍA, Y LOS PLANOS INFERIORES SERÁN PENSAMIENTOS DEMONÍACOS COMO EL ODIO, EL ASESINATO Y LA LUJURIA.

CUANDO NOS PROYECTAMOS ASTRALMENTE, ESTAMOS UTILIZANDO NUESTRA MENTE PARA PROYECTAR EL ALMA AL PLANO ASTRAL. SÓLO VERÁ Y SE ENCONTRARÁ CON SERES QUE ESTÉN EN UNA FRECUENCIA SIMILAR A LA SUYA. SI USTED OPERA EN UNA FRECUENCIA BAJA, SE ENCONTRARÁ CON DEMONIOS Y ENTIDADES NEGATIVAS.

LOS DEMONIOS, ÁNGELES, ESPÍRITUS Y GENIOS VIVEN EN EL PLANO ASTRAL. SON BASICAMENTE ENTIDADES QUE NO TIENEN CUERPO FISICO. LOS ELEMENTALES SON ESPÍRITUS DE LOS 4 ELEMENTOS; POR EJEMPLO, HAY ESPÍRITUS DE FUEGO, AGUA, TIERRA Y AIRE.

PLANO ETÉREO

EL PLANO ETÉREO ES EL MUNDO DE LA ENERGÍA, LA ELECTRICIDAD Y EL MAGNETISMO. ES EL QUINTO ELEMENTO, TAMBIÉN CONOCIDO COMO ESPÍRITU O ÉTER. EL ÉTER ES UNA SUSTANCIA QUE TIENE UN PIE EN EL MUNDO FÍSICO Y OTRO EN EL MUNDO ASTRAL. DEL ÉTER PROVIENE LA PALABRA EN INGLÉS "EITHER" QUE SIGNIFICA "SI BIEN". ÉSTa CONECTA DOS ESCENARIOS EN EL LENGUAJE, POR EJEMPLO, "SI BIEN APOYO aL MANCHESTER UNITED TAMBIÉN aL LIVERPOOL" EL ÉTER ES LO MISMO, CONECTA LOS DOS PLANOS EN UNO SOLO. LA PALABRA "EITHER" TIENE LA PALABRA ÉTER DENTRO DE ELLA. ES UNIR DOS PLANOS.

TAMBIÉN HAY ENTIDADES ETÉREAS QUE VIVEN ENTRE NOSOTROS, COMO LOS DUENDES, LOS GNOMOS Y LOS TROLLS. SON ENTIDADES QUE TIENEN LA CAPACIDAD DE MATERIALIZARSE O PERMANECER EN CUERPO ASTRAL A SU VOLUNTAD. PUEDEN ELEGIR SER FÍSICAS O NO FÍSICAS. DE AHÍ VIENEN LOS MITOS DE LOS TROLLS, HADAS, GNOMOS Y DUENDES. SON SERES MUY RESERVADOS Y NO LES GUSTA SER VISTOS POR LOS HUMANOS.

PLANO FÍSICO

EL PLANO FÍSICO ES EL MUNDO DE LA MATERIA. ES EL MUNDO GOBERNADO POR LOS 5 ELEMENTOS. ES EL MUNDO DE LOS EFECTOS. TODO LO QUE EXPERIMENTAMOS Y VEMOS VISUALMENTE CON LOS DOS OJOS ES EL EFECTO DE LOS PLANOS SUPERIORES DE ARRIBA. DE AQUI VIENE EL DICHO "aSI COmO ES aRRIBa, ES aBaJO". SI CAMBIAS LOS PLANOS SUPERIORES DE EXISTENCIA, CAMBIAS LOS PLANOS FISICOS. POR ESO LA MAGIA ES REAL. LOS MAGOS Y OCULTISTAS TIENEN MÉTODOS PARA TENER CONTACTO CON ESTAS ENTIDADES ASTRALES Y ETÉREAS, QUE LUEGO TIENEN LA CAPACIDAD DE MANIPULAR EL PLANO FÍSICO.

LEONARDO DA VINCI SIMBOLIZA "COMO ES ARRIBA ES ABAJO". MIRA HACIA ARRIBA PORQUE ESA ES LA CAUSA RAIZ. NO TIENE SENTIDO MIRAR AQUI ABAJO PORQUE EL PLANO FISICO ES EL MUNDO DEL EFECTO; TODO LO QUE VES Y EXPERIMENTAS ES EL EFECTO DE TU MENTE. ASI QUE MIRA HaCIa ARRIBA, A LA CAUSA. CAMBIA TU MENTE Y CAMBIARAS TU REALIDAD. COMO ES aDENTRO ES aFUERa.

LAS DOS COLUMNAS MASÓNICAS SIMBOLIZAN EL NÚMERO 11. ES EL REFLEJO DE LAS REALIDADES DENTRO DE LOS PLANOS DE EXISTENCIA. TODO LO QUE USTED HAGA EN EL PLANO ASTRAL SE MANIFESTARA EN EL MUNDO FISICO; ES COMO UN ESPEJO. ESTA ES LA RAZÓN POR LA QUE SIEMPRE SE VEN DOS COLUMNAS EN EL ARTE MASÓNICO.

PLaNO FÍSICO   PLaNO ETÉREO   PLaNO ETERNO

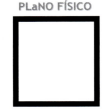
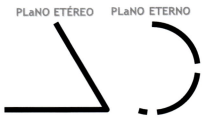

EL PLANO ETÉREO ESTÁ EN CONSTANTE ROTACIÓN CON EL PLANO FÍSICO A TRAVÉS DE LA RIMA, EL KARMA, LA POLARIDAD Y EL GÉNERO. EL CÍRCULO NO TIENE PRINCIPIO NI FIN, ES ETERNO. ES LA EXPANSIVIDAD DE TODAS LAS COSAS.

ASTRAL
|||
|||
STR

LAS ESTRELLAS NO SON LUGARES FÍSICOS, SON PORTALES AL PLANO ASTRAL. LAS ESTRELLAS SON EL INICIO DEL SISTEMA DE ALMAS. SOMOS UNA ESTRELLA ENVUELTA EN CARNE (ÁNGULO DE LUZ CAIDO/ÁNGEL CAIDO).

A<u>STRO</u> LOGÍA
A<u>STRO</u> = ASTRAL

EL ESPaCIO ES FaLSO

mENTaLISmO

PLaNO ETÉREO

CORRESPONDENCIa   ENERGÍa

EL PLANO ASTRAL EXISTE JUNTO AL REINO FÍSICO, Y COMPRENDE UN NIVEL DIVINO SOLAR Y UN NIVEL INFERIOR LUNAR. EL NIVEL DIVINO CONTIENE LOS PLANOS DE TODAS LAS COSAS, MIENTRAS QUE EL NIVEL INFERIOR ES LA ESFERA INICIAL A LA QUE LLEGA EL ALMA TRAS LA MUERTE. EL PLANO ASTRAL CARECE DE PAISAJE NATURAL, ES DE APARIENCIA BLANCA SIN FORma, Y ESTÁ FORMADO POR MATERIA ASTRAL. ESTA SUSTANCIA PUEDE MANIPULARSE MÁGICAMENTE, COMO LA PROTO-MATERIA, PARA CREAR FORMAS MENTALES. LOS OBJETOS CREADOS EN EL PLANO ASTRAL PUEDEN LLEGAR A MANIFESTARSE EN EL REINO FÍSICO.

EL PLANO ASTRAL ESTÁ FORMADO POR PENSAMIENTOS MENTALES QUE SE MANIFESTAN EN LA MATERIA ASTRAL. LOS PENSAMIENTOS QUE PENSAMOS SON EN REALIDAD COSAS, DE AHÍ EL FAMOSO DICHO "LOS PENSAMIENTOS SON COSAS". CUANTO MÁS PODER MENTAL LE DAMOS A UN PENSAMIENTO, MÁS SE MANIFIESTA EN EL PLANO ASTRAL.

SIGILOS Y SÍMBOLOS
UN SIGILO ES UN SÍMBOLO MÁGICO UTILIZADO EN PRÁCTICAS ESOTÉRICAS (MAGIA), QUE A MENUDO SIRVE COMO REPRESENTACIÓN PICTÓRICA O FIRMA DE UNA DEIDAD O ESPÍRITU, COMO UN ÁNGEL O DEMONIO. EL TÉRMINO "SIGILO" TIENE SU ORIGEN EN LA PALABRA LATINA "SIGILLUM", QUE SE TRADUCE COMO "SELLO".

LOS PENSAMIENTOS EN LOS QUE NOS CENTRAMOS PUEDEN MATERIALIZARSE EN LA CUARTA DIMENSIÓN. SI NOS AFERRAMOS CONSTANTEMENTE A UN PENSAMIENTO EN PARTICULAR, ÉSTE SE TRANSFORMA EN UNA FORMA ASTRAL. CUANTA MÁS ENERGÍA EMOCIONAL INVIRTAMOS, MÁS FUERTE SE HARÁ. ESTE PRINCIPIO TAMBIÉN SE APLICA A LOS SELLOS. POR EJEMPLO, LOS LOGOTIPOS CORPORATIVOS, COMO EL SWOOSH DE NIKE, POR EJEmPLO. DURANTE AÑOS, MILLONES DE MENTES LE HAN PRESTADO ATENCIÓN MENTAL Y ENERGÍA EMOCIONAL. EL SÍMBOLO ES PORTADOR DE UNA ENERGÍA ASTRAL CREADA POR LA PERCEPCIÓN COLECTIVA DE LAS MASAS, QUE PUEDE SER POSITIVA O NEGATIVA.

LLEVAR SELLOS PUEDE BENEFICIARNOS O AFECTARNOS NEGATIVAMENTE, DEPENDIENDO DE LOS SELLOS QUE LLEVEMOS Y MANTENGAMOS EN NUESTROS OJOS. LOS DIOSES PLANETARIOS NO SON PLANETAS. SON 7 ENERGÍAS CÓSMICAS QUE EMITEN SU ENERGÍA Y CUALIDADES ÚNICAS A TODO LO QUE ESTÁ SOBRE LA FAZ DE LA TIERRA. USA SUS SELLOS SI DESEAS OBTENER SUS VIRTUDES.

SaTURNO	SOL	LUNa	mERCURIO	JUPITER	maRTE	vENUS
		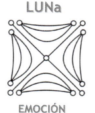				
ESTRUCTURA DISCIPLINA	DADOR DE VIDA	EMOCIÓN	INTELIGENCIA	REGALOS ESPIRITUALES	PROTECTOR DE SÍ MISMO	AMOR

RELIGIÓN, MENTES COLMENAS Y RECOLECCIÓN DE ENERGÍA
LA SAGRADA BIBLIA Y OTROS TEXTOS RELIGIOSOS ESTÁN ELABORADOS DE FORMA QUE RESUENEN EN INDIVIDUOS CON DISTINTOS NIVELES DE COMPRENSIÓN. UN NIÑO QUE LEA ESTAS ESCRITURAS PUEDE TENER UNA PERCEPCIÓN SIMPLE Y GENÉRICA, QUE HAGA HINCAPIÉ EN EL AMOR Y LA BONDAD. SIN EMBARGO, LOS VERSADOS EN ENSEÑANZAS OCULTAS O ASTROLOGÍA PUEDEN DISCERNIR CÓDIGOS METAFÍSICOS MÁS PROFUNDOS EN EL TEXTO, LO QUE PONE DE RELIEVE LA NATURALEZA SUBJETIVA DE LA INTERPRETACIÓN BASADA EN LA CONCIENCIA Y LA REALIZACIÓN DE CADA UNO.

DIRIGIR PENSAMIENTOS, ENERGÍA Y ATENCIÓN HACIA LA DEIDAD "JESUCRISTO" HACE SURGIR UNA ENTIDAD DENTRO DEL PLANO ASTRAL. LA RELIGIÓN ORGANIZADA FUNCIONA COMO UNA HERRAMIENTA DE RECOLECCIÓN DE ENERGÍA PARA ENTIDADES DENTRO DEL REINO ASTRAL. EN LUGAR DE PROMOVER LA ADORACIÓN, DEBERÍAMOS TRATAR DE ENCARNAR EN NUESTRA VIDA LAS CUALIDADES ASOCIADAS A JESÚS.

AQUELLOS EN POSICIONES DE PODER ESTÁN ORQUESTANDO UNA CONCIENCIA COLECTIVA O MENTE COLMENA PARA LAS MASAS. LA INTENCIÓN ES ESTABLECER UNA RELIGIÓN GLOBAL, UNIFICANDO LOS SISTEMAS DE CREENCIAS Y CONDUCIENDO A LA INVOCACIÓN DE UN DEMONIO DENTRO DEL PLANO ASTRAL. LOS MAGOS NEGROS A MENUDO SE CENTRAN EN EL PLANO ASTRAL EN SU TRABAJO, YA QUE ESTÁ VINCULADO AL PLANO FÍSICO A TRAVÉS DEL SUBCONSCIENTE Y LA INTUICIÓN.

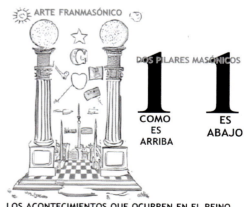

ARTE FRANMASÓNICO

DOS PILARES MASÓNICOS

11

COMO ES ARRIBA

11 ES ABAJO

LOS ACONTECIMIENTOS QUE OCURREN EN EL REINO ASTRAL TIENEN UN IMPACTO DIRECTO EN EL PLANO FÍSICO Y, A LA INVERSA, LAS ACCIONES EN EL MUNDO FÍSICO REVERBERAN EN EL ASTRAL. LA REPRESENTACIÓN NUMÉRICA DEL 11 SIMBOLIZA EL EFECTO ESPEJO, DESTACANDO LA INTERCONEXIÓN Y EL REFLEJO DE LA REALIDAD ENTRE ESTOS PLANOS DE EXISTENCIA.

INFORMACIÓN ADICIONAL ANTES DE PROYECTARSE ASTRALMENTE

- EL PLANO ASTRAL ES LA 4a DIMENSIÓN; ES LO INVISIBLE DE LO QUE VEMOS
- ES DONDE EXISTEN LAS FORMAS DE PENSAMIENTO (IMÁGENES MENTALES)
- SÓLO PUEDE SER VISTO POR EL OJO DE NUESTRA MENTE
- USTED EXPERIMENTARÁ SERES Y ENTIDADES QUE COINCIDEN CON SU FRECUENCIA, ASÍ QUE ASEGÚRESE DE ESTAR VIBRANDO LO MÁS ALTO POSIBLE ANTES DE INTENTAR PROYECTARSE.
- TODO LO QUE PIENSES SE MANIFESTARÁ INSTANTÁNEAMENTE EN EL PLANO ASTRAL (4a DIMENSIÓN)
- SU VISIÓN EN EL PLANO ASTRAL NO SERÁ MUY CLARA LA PRIMERA VEZ QUE SE PROYECTE ASTRALMENTE. TIENES QUE TRABAJAR PARA FORTALECERLA.

TU CREAS DEMONIOS

- LAS IDEAS QUE ENTRETENEMOS MENTALMENTE PUEDEN TOMAR FORMA EN EL PLANO DE LA 4a DIMENSIÓN. AL ENTRETENER FORMAS DE PENSAMIENTO NEGATIVAS POR LARGOS PERIODOS, EL PODER EMOCIONAL QUE LE DAMOS A ESTE PENSAMIENTO PUEDE MANIFESTARSE EN UN DEMONIO. CADA ADICCIÓN MENTAL QUE TIENES ES UN DEMONIO QUE HAS CREADO EN EL PLANO ASTRAL. CRECE CUANTA MÁS EMOCIÓN (ENERGÍA EN MOVIMIENTO) LE DAS.
- LA PALABRA DEMONIO TIENE MON, QUE SIGNIFICA LUNA. LUNA ES MENTE, CREAMOS DEMONIOS CON NUESTRAS MENTES.

CÓMO FUNCIONA LA PROYECCIÓN ASTRAL

- TU MENTE ES EL PROYECTOR DE TU ALMA. SU ALMA ES EL EXPERIMENTADOR (OBSERVADOR). CUANDO USTED SE PROYECTA ASTRALMENTE, ESTÁ UTILIZANDO SU MENTE PARA PROYECTAR EL ALMA FUERA DEL CUERPO FÍSICO (MUNDO FÍSICO) HACIA EL PLANO ASTRAL, DONDE NO EXISTEN LIMITACIONES DE TIEMPO Y ESPACIO.
- CUANDO USTED "SUEÑA", SU MENTE ESTÁ PROYECTANDO EL ALMA A OTRA REALIDAD MIENTRAS EL CUERPO FÍSICO ESTÁ DESCANSANDO.

PRÁCTICAS PARA LA PROYECCIÓN ASTRAL

- TUMBARSE EN HORIZONTAL SIN QUE NINGUNA PARTE DEL CUERPO SE TOQUE
- DESCANSA CADA MÚSCULO Y QUÉDATE LO MÁS QUIETO POSIBLE
- CIERRE LOS OJOS
- INSPIRE PROFUNDAMENTE POR LA NARIZ Y EXPIRE LENTAMENTE POR LA BOCA
- MEDITE HASTA QUE HAYA PERDIDO TODOS LOS DESEOS Y LA MENTE ESTÉ VACÍA DE PENSAMIENTOS
- ENTONCES CENTRE SU ATENCIÓN EN EL CENTRO DEL CEREBRO (GLÁNDULA PINEAL)
- HAZ ESTO HASTA QUE EMPIECES A SENTIR UN HORMIGUEO POR TODO EL CUERPO
- LA SENSACIÓN DE HORMIGUEO ES EL DESPERTAR DE TU CUERPO ENERGÉTICO (CUERPO ETÉREO)
- AHORA IMAGÍNESE TIRANDO DE UNA CUERDA HACIA EL CIELO
- PUEDE QUE SIENTA QUE LE SACAN DEL CUERPO; NO SE ASUSTE
- SIGA HACIENDO ESTE EJERCICIO HASTA QUE ADQUIERA LA CAPACIDAD DE SALIR DE TODO EL CUERPO Y DESCUBRIR EL PLANO ASTRAL

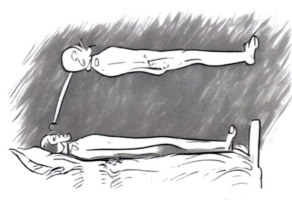

CUANDO SE PROYECTA ASTRALMENTE CON ÉXITO Y DESEA REGRESAR A SU CUERPO FÍSICO, EL PROCESO IMPLICA UN SIMPLE ACTO DE INTENCIÓN. AL DIRIGIR TUS PENSAMIENTOS HACIA LA REUNIÓN CON TU FORMA FÍSICA Y CONCENTRARTE EN LA IDEA DE REGRESAR, PUEDES INICIAR UNA TRANSICIÓN RÁPIDA, GUIÁNDOTE EFICAZMENTE DE VUELTA A TU CUERPO.

JESÚS NUNCA CAMINÓ SOBRE EL AGUA. ES SIMBÓLICO PARA SALIR DEL CUERPO FÍSICO. EL AGUA ES EL PLANO ETÉREO, QUE ES EL VELO ENTRE EL MUNDO FÍSICO Y EL MUNDO ASTRAL. JESUS CAMINABA SOBRE EL VELO DEL ETER (PROYECCIÓN ASTRAL).

CUANDO JESUS LE ENSEÑA A PEDRO A "CAMINAR SOBRE EL AGUA". LE ESTA ENSEÑANDO A NO TENER MIEDO O DE LO CONTRARIO VOLVERAS A CAER EN EL AGUA. ESTO ES SIMBOLICO DE CUANDO TE ESTAS PROYECTANDO ASTRALMENTE. CUANDO EMPIEZAS A TENER MIEDO CUANDO TE ESTAS PROYECTANDO, SERÁS SUCCIONADO DE VUELTA A TU CUERPO.

MATEO 14:29
"TUVO MIEDO Y, EMPEZANDO A HUNDIRSE, GRITÓ: "¡SEÑOR, SÁLVAME!""

MERKABA

MER=LUZ
KA=ESPÍRITU
BA=CUERPO

ESFERA CELESTE PARA REPRESENTAR DISTINTOS PLANOS DE LA REALIDAD

VEHÍCULO DE ASCENSIÓN

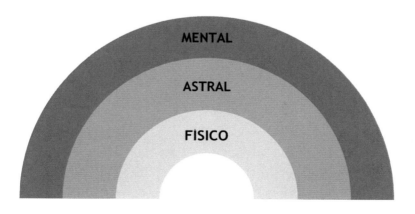

MENTAL

ASTRAL

FÍSICO

NEUTRALIZAR LA DUALIDAD DEL YO COMBINANDO EL YO SUPERIOR Y EL YO INFERIOR. ERES UN ALMA QUE EXPERIMENTA DIFERENTES REALIDADES DENTRO DEL MULTI VERSO. EN CADA PLANO TOMAS CUERPOS DIFERENTES. TU OBJETIVO ES CONVERTIRTE EN UNA CRIATURA MULTIDIMENSIONAL Y NO ESTAR ATADO A UNA SOLA REALIDAD.

CONCIENCIA

LOS HUMANOS POSEEN UNA CONCIENCIA MÁS AVANZADA QUE DIFIERE NOTABLEMENTE DE LA DE LOS ANIMALES. LOS ANIMALES OPERAN CON UNA CONCIENCIA UNIDIRECCIONAL, GUIADOS POR EL INSTINTO Y CARENTES DE AUTOCONCIENCIA. A DIFERENCIA DE LOS ANIMALES, LOS HUMANOS TENEMOS UNA CONCIENCIA BIDIRECCIONAL QUE NOS PERMITE SER CONSCIENTES DE NOSOTROS MISMOS Y REALIZAR UN ANÁLISIS INTROSPECTIVO DE NUESTROS ASPECTOS FÍSICOS, ESPIRITUALES Y MENTALES. ESTA CONCIENCIA DUAL SE CONSIDERA A MENUDO "DIVINA", DONDE LA ALTERACIÓN DE LA "N" Y LA "A" EN "DIVINA" AGREGANDOLE "DIR", FORMA LA PALABRA "DIVIDIR", SUBRAYANDO LA DUALIDAD INHERENTE A NUESTRA CONCIENCIA.

LA CONCIENCIA ES UN ESTADO DE UNIDAD, QUE TRASCIENDE EL GÉNERO Y LA FORMA, UNA CHISPA DIVINA DE LO DIVINO. ESTA CONCIENCIA CELESTIAL EXISTE MÁS ALLÁ DE LOS CONFINES DEL MUNDO FÍSICO, LA TIERRA. DENTRO DE CADA SER HUMANO, ES INHERENTE UNA NATURALEZA DUAL: UN YO SUPERIOR(ALMA) Y UN YO INFERIOR (EGO), QUE REPRESENTAN LOS ASPECTOS ESPIRITUAL Y FÍSICO, RESPECTIVAMENTE.

EL HOMBRE ES UNA COMPOSICIÓN DE MATERIA Y ESPÍRITU, Y LA BÚSQUEDA DEL EQUILIBRIO ES ESENCIAL; DE LO CONTRARIO, SOBREVIENE LA MANIFESTACIÓN DEL CAOS. EL EGO, LA PERSONALIDAD TERRENAL Y CORPORAL, ES LA NATURALEZA FÍSICA DEL YO. ES UNA IDENTIDAD MOLDEADA POR LA MENTE A TRAVÉS DE LAS EXPERIENCIAS Y EL CONOCIMIENTO ACUMULADO A LO LARGO DE LOS AÑOS. EL EGO, AUSENTE DURANTE LA INFANCIA, RECONOCE SUTILMENTE SU MORTALIDAD, LO QUE CONDUCE A LA IMPACIENCIA, LA CODICIA Y LA LUJURIA. PARA CONTEXTUALIZAR, EL CUERPO/EGO ES LA VOZ INTERNA QUE PRESIONA A FAVOR DE LA LIBERACIÓN DE LA ENERGÍA SEXUAL Y LA BÚSQUEDA DE SENSACIONES FUGACES, INCLUSO CUANDO EL YO SUPERIOR ABOGA POR LO CONTRARIO.

EN CAMBIO, EL YO SUPERIOR ES DIVINO, PIADOSO Y ETERNO. REFLEJA LA ESENCIA DEL INDIVIDUO DURANTE SUS PRIMEROS AÑOS, ANTES DE LA FORMACIÓN DEL EGO. EL YO SUPERIOR ENCARNA EL AMOR POR TODO Y POR TODOS. SIRVE COMO LA VOZ INTERIOR QUE NOS GUÍA, INSTÁNDONOS A HACER LO CORRECTO, COMO CONSERVAR LA ENERGÍA SEXUAL, ABSTENERSE DE HACER DAÑO Y FOMENTAR EL AMOR POR LOS DEMÁS.

EL CUERPO ES UN REFLEJO DE LOS ASPECTOS SUPERIOR E INFERIOR DEL SER. EL YO INFERIOR, ASOCIADO A DESEOS COMO LA LUJURIA, LA GULA Y LA BÚSQUEDA DE PODER, SE MANIFIESTA EN LA MITAD INFERIOR DEL CUERPO. POR EL CONTRARIO, EL YO SUPERIOR ESTÁ REPRESENTADO EN LA MITAD SUPERIOR DEL CUERPO, ESPECIALMENTE POR ENCIMA DEL CORAZÓN.

ASPIRAR A DIRIGIR NUESTRA VIDA CON LAS PARTES SUPERIORES DEL CUERPO IMPLICA DAR PRIORIDAD A LAS VIRTUDES ASOCIADAS CON EL YO SUPERIOR. ESTO IMPLICA TRASCENDER LOS DESEOS BÁSICOS Y ALINEAR NUESTRAS ACCIONES CON LAS CUALIDADES DEL YO SUPERIOR, COMO EL AMOR, LA COMPASIÓN Y LA ELEVACIÓN ESPIRITUAL. AL HACERLO, NOS ESFORZAMOS POR LOGRAR UN EQUILIBRIO ARMONIOSO QUE FOMENTE EL CRECIMIENTO PERSONAL Y ESPIRITUAL.

LA CONCIENCIA DE CADA INDIVIDUO ESTÁ ALINEADA CON EL YO INFERIOR (INFIERNO) O CON EL YO SUPERIOR (CIELO). EL OBJETIVO ES VOLVER A NUESTRO ESTADO DIVINO ORIGINAL, REMINISCENTE DE NUESTRA INOCENCIA INFANTIL. VIVIR EN ARMONÍA CON NUESTRA INTUICIÓN, ABRAZAR EL AMOR Y BUSCAR LA AUTÉNTICA SABIDURÍA DEBEN GUIAR NUESTRAS ACCIONES Y ELECCIONES EN LA VIDA.

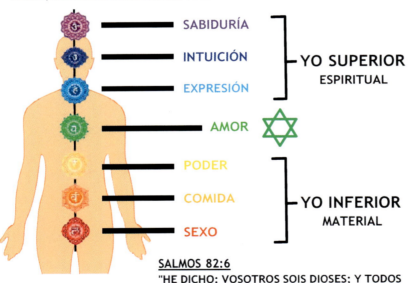

SABIDURÍA
INTUICIÓN
EXPRESIÓN — YO SUPERIOR ESPIRITUAL
AMOR
PODER
COMIDA
SEXO — YO INFERIOR MATERIAL

SALMOS 82:6
"HE DICHO: VOSOTROS SOIS DIOSES; Y TODOS VOSOTROS SOIS HIJOS DEL ALTÍSIMO".

JESÚS ESTÁ INDICANDO EL CHAKRA DEL CORAZÓN PORQUE EL CORAZÓN SIRVE COMO PUNTO DE EQUILIBRIO PARA LOS SIETE CHAKRAS. ALCANZAR LA CONCIENCIA DE CRISTO REQUIERE LA ARMONIZACIÓN DE TODOS LOS CHAKRAS Y VIVIR DESDE EL CORAZÓN.

EL TÉRMINO "CIELO" CONTIENE INHERENTEMENTE LA PALABRA "CIO", QUE EN ITALIANO SIGNIFICA "ESO ES". EL CIELO, POR LO TANTO, REPRESENTA UN ESTADO INTERNO DE EQUILIBRIO CON "EL"(DIOS). BUSCAR EL EQUILIBRIO IMPLICA ARMONIZAR LOS ASPECTOS FÍSICOS Y ESPIRITUALES DE NUESTRO SER. EN UN ESTADO DE EQUILIBRIO, UNO EXPERIMENTA LA UNIDAD Y NO SE INCLINA HACIA NINGUNO DE LOS EXTREMOS.

CIELO
CIOEL

CHAKRA EN SÁNSCRITO SIGNIFICA "CÍRCULO". LOS CHAKRAS SON 7 CIRCULOS DE ENERGÍA QUE FORMAN PARTE DEL CAMPO ELECTROMAGNÉTICO QUE LLAMAMOS NUESTRA AURA. LOS CHAKRAS SON COMO MINI-CEREBROS QUE CONTROLAN TODAS LAS CÉLULAS Y ÓRGANOS DENTRO DE ESA SECCION DEL CUERPO.

LOS 7 CHAKRAS SON LOS 7 SELLOS DE LA BIBLIA. LOS CHAKRAS SON UNA PARTE DEL CUERPO ETÉREO YA QUE SON 7 SELLOS QUE UNEN TU ALMA/ESPIRITU AL CUERPO FISICO. EL CHAKRA MAS BAJO (CHAKRA RAIZ) ES EL MAS DENSO/FISICO, Y EL MAS ALTO (CHAKRA CORONA) ES ESPIRITU/INFORME. DESCENDIMOS DEL ESPÍRITU A LA MATERIA; AHORA TENEMOS QUE VOLVER A NUESTRO SER ESPIRITUAL EN EL CHAKRA CORONARIO. EL CHAKRA DE LA CORONA ESTA LOCALIZADO JUSTO ENCIMA DE LA CABEZA, FUERA DEL CUERPO PORQUE ES ESPÍRITU PURO.

NUESTRO VERDADERO SER DIVINO SE OCULTA TRAS LOS 7 CHAKRAS, YA QUE SE PUEDE ABUSAR DE LOS CHAKRAS O EQUILIBRARLOS. CUANDO EQUILIBRAMOS LOS VICIOS DE LOS CHAKRAS, CONSTRUIMOS UNA FUERTE CONEXIÓN ENTRE MENTE Y ALMA, QUE LUEGO SE MANIFIESTA EN NUESTRO MUNDO EXTERNO. CUANDO LA MENTE Y EL CUERPO MANIFIESTAN LAS IDEAS DEL ALMA/SER SUPERIOR 24/7, NOS CONVERTIMOS EN NUESTRO VERDADERO SER DIVINO, Y NO HAY BLOQUEOS MENTALES O ETÉREOS DENTRO DE NUESTROS DIFERENTES CUERPOS DE CONCIENCIA.

LUNA
MERCURIO
VENUS
SOL — △ aIRE
MARTE — △ FUEGO
JUPITER — ▽ AGUA
SATURNO — ▽ TIERRA

ESPÍRITU

ESPIRITU
ORO
PLOMO
MATERIA

ESPIRITUALIDAD CONEXIÓN
INTUICIÓN HABILIDAD PSÍQUICA
COMMUNICACIÓN EXPRESIÓN PERSONAL
AMOR PAZ INTERNA
PODER AMOR PROPIO
SEXUALIDAD CREATIVIDAD
CONEXIÓN A TIERRA SUPERVIVENCIA

"144,000 VAN AL CIELO"

144,000
PRIMERO AÑADE 5 PETALOS
RAIZ=4
SaCRO=6
SOLaR=10
CORAZÓN=12 GARGANTA=16
--
4+6+10+12=48
--
TERCER OJO=2 PETaLOS --
48X2=96
96+48=144
--
CORONA=1000 PETaLOS --
1000X144=144,000HZ

LOS TESTIGOS DE JAHOVA CREEN QUE EXACTAMENTE 144.000 CRISTIANOS FIELES IRÁN AL CIELO. ESTA ES UNA FRECUENCIA QUE NECESITAS ALCANZAR PARA IR DE LA RAIZ AL CHAKRA DE LA CORONA (CABEZA = CIELO)

A 963hz
E 852hz
I 741hz
O 639hz
U 528hz
Y 417hz
M 396hz

EN REALIDAD HAY 7 VOCALES, Y CADA VOCAL SE CORRESPONDE CON UNO DE LOS CHAKRAS. CUANDO SE CANTAN LAS VOCALES CORRECTAMENTE, SE CREA EL SONIDO FONÉTICO DE "OHM". OHM ES CONOCIDO COmO EL SONIDO DE LA CREACIÓN, Y CUANDO LO CANTAMOS, ESTAMOS ALINEANDO LAS 7 ENERGÍAS CREACIONALES DENTRO DE NUESTRO CUERPO ETÉRICO. CADA CHAKRA VIBRA EN UNA FRECUENCIA DIFERENTE, Y PUEDES ESCUCHAR ESTAS FRECUENCIAS PARA AYUDAR A EQUILIBRAR CADA CHAKRA.

PLANO MENTAL = PENSAMIENTO
PLANO ASTRAL = IMAGINACIÓN
PLANO ETÉREO = ENERGIA
PLANO FÍSICO = MATERIA

EL ÉTER ES EL 5° ELEMENTO, TAMBIÉN CONOCIDO COMO ESPÍRITU. ES UNA SUSTANCIA QUE TIENE UN PIE EN EL PLANO ASTRAL Y OTRO EN EL PLANO FISICO. ÉTER ES LA PALABRA AMBOS PORQUE ESTÁ EN LOS DOS LADOS. LOS CHAKRAS ESTAN EN EL PLANO ETÉREO, Y CUANDO DESBLOQUEAMOS ESTOS CENTROS, DESBLOQUEAMOS NUESTRA VERDADERA FORMA ESPIRITUAL.

CHAKRA CORONA	YO SÉ
CHAKRA 3er OJO	YO VEO
CHAKRA GARGANTA	YO EXPRESO
CHAKRA CORAZÓN	YO AMO
CHAKRA PLEXO SOLAR	YO HAGO
CHAKRA SEXUAL	YO SIENTO
CHAKRA RAÍZ	YO SOY

CÓMO SABER TU PASO POR LOS CHAKRAS

RAÍZ = YA NO TENDRÁS MIEDO Y TE SENTIRÁS ESTABLE
SACRO = YA NO TENDRÁS LUJURIA/DESEO DE SEXO
SOLAR = YA NO DESEARÁS COMIDA
CORAZÓN = YA NO ODIARÁS A NADA/NADIE
GARGANTA = YA NO TE REPRIMIRAS PARA EXPRESARTE
TERCER OJO = TENDRAS LA HABILIDAD DE LEER LA ENERGIA DE LAS PERSONAS, INTUICION Y PROYECCION ASTRAL.
CORONA = UNO CON TODO, SIN TRATOS NEGATIVOS, SIN EGO, SIN ODIO, SIN DESEO DE COSAS MATERIALES, SIN APEGO A NADA.

Los Chakras

Septima Chakra
Ubicado en la coronilla
Color energético: VIOLETA Y ROSA DORADO
Órganos asociados: Glándula pituitaria, sistema nervioso central
Estado de conciencia: Ultra conciencia, sabiduría divina, iluminación
Distorsión mental y enfermedades: Confusión, miedo, egoísmo, depresión. Alzhéimer, enfermedades asociadas al cerebro.

Sexta Chakra
Ubicado en el tercer ojo
Color energético: AZUL Y DORADO
Órganos asociados: Glándula pineal, sistema endocrino
Estado de conciencia: Hiper conciencia. La conexión con el saber de la mente subconsciente, inquisición y percepción extrasensorial
Distorsión mental y enfermedades: Problemas en los oídos, ojos, cerebro.

Quinta Chakra
Ubicado en la garganta
Color energético: AZUL Y ROSA
Órganos asociados: Glándula tiroides y paratiroides
Estado de conciencia: La super conciencia, el poder del hablar con dualidad y distorsión, lealtad, conocimiento, confianza
Distorsión mental y enfermedades: Problemas de oído, garganta y Hormonales, afasia. Comunicación efectiva, asertividad, adaptación

Cuarta Chakra
Ubicado en el corazón
Color energético: VERDE Y AZUL ULTRAVIOLETA
Órganos asociados: Timo, corazón, sistema circulatorio y pulmonar
Estado de conciencia: Amor incondicional y universal, unificación
Distorsión mental y enfermedades: Falta de amor, autoestima, compasión, coherencia, dualidad, inestabilidad emocional, problemas cardíacos, circulatorios.

Tercer Chakra
Ubicado en el diafragma
Color energético: AMARILLO
Órganos asociados: Estómago, páncreas, vesícula biliar, metabolismo.
Estado de conciencia: Conciencia despierta. Autonomía, voluntad, poder
Distorsión mental y enfermedades: Victimismo, poder, tiranía, agresividad, inseguridad, control (Extreñimiento, flatulencias)

Segunda Chakra
Ubicado debajo del ombligo
Color energético: NARANJA
Órganos asociados: Gónadas, sistema urinario, sexo, próstata, testículos, ovarios, sistema nervioso
Estado de conciencia: Conciencia social, dar o recibir, creatividad, placer
Distorsión mental y enfermedades: dolor y sufrimiento, aislamiento, protección, miedo. Problemas urinarios, ansiedad, cansancio sexual.

Chakra Raíz
Ubicado en la zona genital, entre el ano y los órganos genitales
Color energético: ROJO
Órganos asociados: Riñones y columna vertebral, gónadas, colon inferior, piernas, y glándulas suprarrenales.
Estado de conciencia: El Subconsciente, supervivencia, instinto, fuerza vital
Distorsión mental y enfermedades: Incapacidad para reclamar lo propio, inapetencia sexual. Estreñimiento, hemorroides, fractura de cóccix.

LOS 3 CHAKRAS SUPERIORES SON LOS ESTADOS SUPERIORES DE CONCIENCIA DONDE TU MENTE YA NO MANIFIESTA LO QUE EL YO INFERIOR DESEA. LA MENTE SE HA DISCIPLINADO Y LLEVA A CABO DESEOS MÁS ESPIRITUALES COMO EL AYUNO, LA MEDITACIÓN, LA PROYECCIÓN ASTRAL, LA CURACIÓN ENERGÉTICA, EL DESPERTAR DEL TERCER OJO Y EL AHORRO DE ENERGÍA SEXUAL PARA ACTIVAR LA KUNDALINI. EL ALMA Y LA MENTE HAN ADQUIRIDO UNA FUERTE CONEXIÓN, Y LA MENTE MANIFIESTA LO QUE EL ALMA DESEA HACER.

LOS 3 CHAKRAS INFERIORES SON LOS ESTADOS DE CONCIENCIA MÁS BAJOS EN LOS QUE TE IDENTIFICAS COMO EL CUERPO FÍSICO (MATERIA SOBRE MENTE). LA MENTE Y EL CUERPO FUNCIONAN EN MODO DE SUPERVIVENCIA, LO QUE SIGNIFICA QUE ESTÁS HACIENDO LO QUE EL CUERPO DESEA. UN EJEMPLO DE ESTO ES COMER CUANDO EL ESTÓMAGO RUGE O LIBERA FLUIDOS SEXUALES CUANDO QUIERE, ETC. ESTE ESTADO DE CONCIENCIA ESTÁ MANIFESTANDO EL INFIERNO.

DEUTERONOMIO 20:17

"DESTRUYE POR COmPLETO a LOS HITITaS, amORREOS, CaNaNEOS, PERIZZITaS, HEvEOS Y JEBUSEOS, COmO EL SEÑOR TU DIOS TE Ha ORDENaDO"

- DIOS SUPUESTAMENTE ORDENÓ QUE LOS CANANITAS, AMORREOS E HITITaS FUERan "DESTRUIDOS" Y COMO BIEN SABEMOS ESO SERÍA UN ASESINATO, PERO EN REaLIDaD DIOS NO CONDENA A NINGÚN HOMBRE.
- LOS CANANEOS, AMORREOS E HITITaS SIMBOLIZAN LA NATURALEZA INFERIOR DEL HOMBRE PORQUE ERan CANIBALES Y ASESINOS.
- aSI QUE ESTO ES SIMBÓLICO PARA QUE DESTRUYaS TU NATURALEZA INFERIOR/ANIMAL Y ELEvaRTE A TU YO SUPERIOR/ESPÍRITU.

CHAKRAS DESEQUILIBRADOS

- EL USO EXCESIVO O INCORRECTO DE LOS CIRCULOS DE ENERGÍA RESULTARÁ EN CHAKRAS DESBaLaNCEADOS, QUE BLOQUEAN EL FLUJO DE ENERGÍA DENTRO DEL CAMPO ELECTROMAGNÉTICO DEL CUERPO. ESTO RESULTA EN UNA FRECUENCIA MÁS BAJA YA QUE ESTÁS SACANDO DEMASIADA ENERGÍA DE TU CAMPO.
- POR EJEMPLO, SI ERES SOBRESEXUAL, ABUSAS DE TU CHAKRA SACRO, LO CUAL ESTÁ DEBILITANDO TU CAMPO.

SIMBOLOGÍA DE BAPHOMET

EL BAPHOMET / DIABLO TIENE UNA CABEZA DE CABRA PARA SIMBOLIZAR LA NATURALEZA ANIMAL DEL HOMBRE. EL BaPHOmET SOSTIENE La MANO DERECHA ARRIBA PARA EL CAMINO DE LA MANO DERECHA (aSCENSIÓN) Y La maNO IZQUIERDa HaCla aBaJO PaRA EL DESCENSO. EL BAPHOmET NO ES UNA ENTIDAD REAL; SIMBOLIZA LA MENTALIDAD DE UN INDIVIDUO. EL BAPHOMET ES TANTO MASCULINO COMO FEMENINO, SIMBOLIZANDO LA DIVISIÓN E INVERSIÓN DE LA CREACIÓN DE DIOS.

maSCULINO   EL=DIOS   FEmENINO

DIOS ES UNIDAD, SIGNIFICANDO QUE NO TIENE GÉNERO. NUESTRA CONCIENCIA NO TIENE GÉNERO, ES DECIR QUE SOMOS UNA CHISPA DE DIOS; DIOS ES CONCIENCIA. VENIMOS DEL UNO Y ENCARNAMOS EN LA DUALIDAD PARA OBTENER EL CONOCIMIENTO DEL BIEN Y DEL MAL.

EL CHAKRA DE LA CORONA ES EL ÚNICO CHAKRA SITUADO FUERA DEL CUERPO FÍSICO. ESTO SE DEBE A QUE ES ESPÍRITU PURO, SIGNIFICA QUE NO ES PARTE DEL MUNDO DUALÍSTICO/FÍSICO; ES UNIDAD.

aLTa FRECUENCIa

BaJa FRECUENCIa

NOTA COMO LA MAYORÍA DE LOS SÍMBOLOS DE RESTAURANTES DE COMIDA RÁPIDA SON ROJOS, NARANJAS O AMARILLOS. ESTO SE DEBE A QUE ENTIENDEN QUE EL 80% DE LAS MENTES DE LAS PERSONAS MANIFESTAN LOS DESEOS DE LOS 3 CHAKRAS INFERIORES. LAS MENTES QUE OPERAN EN SUS FRECUENCIAS INFERIORES SERÁN ATRAIDAS POR LOS COLORES DE SUS FRECUENCIAS INFERIORES. ADEMÁS, LA "COMIDA" QUE OFRECEN LOS RESTAURANTES LOS MANTIENE ESTaNCaDOS EN LOS 3 CHAKRAS INFERIORES (MODO DE SUPERVIVENCIA).

LA PALABRA HUMANO PROVIENE DE LA PALABRA MATIZ/TONaLIDaD, QUE SIGNIFICA ATRIBUTO DE UN COLOR. CADA UNO DE NOSOTROS OPERA DENTRO DE UNA FRECUENCIA, Y ESA FRECUENCIA ES UN COLOR DENTRO DEL ESPECTRO DE LUZ ELECTROMAGNÉTICA. SOMOS UN ATRIBUTO DE UN COLOR ESPECÍFICO EN FUNCIÓN DE LO QUE NUESTRA MENTE ESTÁ AJUSTANDO NUESTRA FRECUENCIA. POR ESO LO LLAMAMOS MENTALIDAD: TU MENTE SE AJUSTA A VARIAS FRECUENCIAS.

LOS 3 CEREBROS CONTROLAN LAS 3 SECCIONES DEL CUERPO

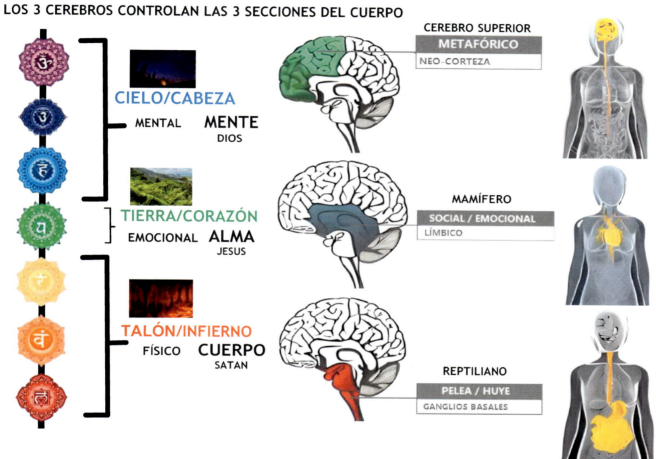

OBSERVE CÓMO EL PAISAJE DEL MUNDO EXTERIOR COINCIDE CON EL SISTEMA DE CHAKRAS. LA LAVA ESTÁ DEBAJO DE LA TIERRA QUE ES ROJA Y CORRESPONDE AL CHAKRA RAÍZ (INFIERNO). EL CIELO ES AZUL Y PUEDE VOLVERSE PÚRPURA POR LA NOCHE, LO QUE SE SINCRONIZA CON LOS TRES CHAKRAS SUPERIORES. LA TIERRA ES VERDE, Y EL CHAKRA DEL CORAZÓN ES VERDE, ASÍ COMO ES ARRIBA ES ABAJO.

EL DIABLO TIENE CARACTERÍSTICAS DE ANIMAL TERRESTRE QUE SIMBOLIZAN EL YO INFERIOR. EL ÁNGEL TIENE ALAS QUE SON CARACTERÍSTICAS DE PÁJARO QUE SIMBOLIZAN EL YO SUPERIOR. LAS ÉLITES EN CONTROL HAN EXTERNALIZADO ESTE CONCEPTO METAFÍSICO A JESÚS Y SATANÁS PARA HACER QUE LA GENTE MIRE FUERA DE SÍ MISMOS. ESTO RESULTA EN UNA FALTA DE CONCIENCIA DE SU PROPIA CONCIENCIA, LO QUE LUEGO CREA UNA SOCIEDAD QUE FUNCIONA LAS VIDAS DE NUESTROS CHAKRAS INFERIORES.

CHAKRA — SEÑALES DE BLOQUEO

CHAKRA	Física	Emocional
Raíz	Constipación / Fatiga	Alejamiento / Inseguridad
Sacro	Mestruación con dolor / Infertilidad	Falta de deseo sexual / Bloqueo creativo
Plexo Solar	Mala digestión / Nivel de azucar bajo	Baja auto estima / Falta de voluntad
Corazón	Mal cardiaco / Presión alta	Falta de empatía / Miedo a la intimidad
Garganta	Problemas de tiroides / Garganta adolorida	No poder expresar sentimientos / Mente y corazón desconectados
Tercer Ojo	Jaquecas / Depresión / Desbalance hormonal	Mala Intuición
Corona	Malos hábitos de sueño	Dificultad para meditar / Muy desconectado

TIENES BLOQUEO EN ALGÚN CHAKRA?

chequea estos síntomas!

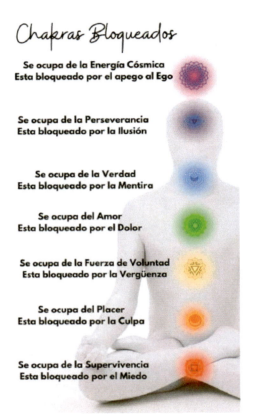

Chakras Bloqueados

Se ocupa de la Energía Cósmica
Esta bloqueado por el apego al Ego

Se ocupa de la Perseverancia
Esta bloqueado por la Ilusión

Se ocupa de la Verdad
Esta bloqueado por la Mentira

Se ocupa del Amor
Esta bloqueado por el Dolor

Se ocupa de la Fuerza de Voluntad
Esta bloqueado por la Vergüenza

Se ocupa del Placer
Esta bloqueado por la Culpa

Se ocupa de la Supervivencia
Esta bloqueado por el Miedo

PÁGINA 243 FIGURA 11:11 DEL LIBRO "CONVERTIRSE EN SOBRENATURAL"-AUTORÍA DEL DOCTOR JOE DISPENZA

DEL PENSAMIENTO A LA MATERIA ENERGÉTICA

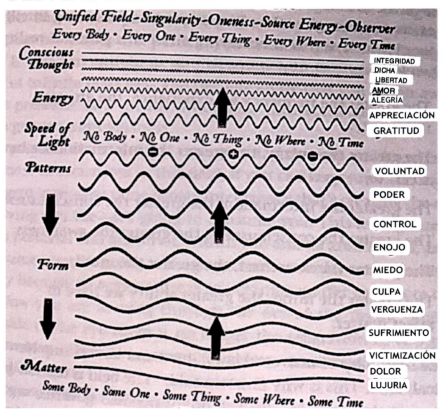

Unified Field-Singularity-Oneness-Source Energy-Observer
Every Body • Every One • Every Thing • Every Where • Every Time

Conscious Thought — INTEGRIDAD / DICHA / LIBERTAD / AMOR / ALEGRÍA
Energy — APPRECIACIÓN / GRATITUD
Speed of Light — No Body • No One • No Thing • No Where • No Time
Patterns — VOLUNTAD / PODER / CONTROL / ENOJO / MIEDO / CULPA / VERGUENZA
Form — SUFRIMIENTO / VICTIMIZACIÓN / DOLOR / LUJURIA
Matter — Some Body • Some One • Some Thing • Some Where • Some Time

SEVEN UP ES LA VERDAD A LA VISTA.

NOTA CÓMO LA LUJURIA ES LA EMOCIÓN VIBRACIONAL MÁS BAJA. POR ESO LA INDUSTRIA DE LA MÚSICA, ESPECIALMENTE LA MÚSICA RAP, IMPULSA SOBRE NOSOTROS LA LUJURIA POR EL SEXO. TODO LO QUE ES GRATIS, TÚ ERES EL PRODUCTO; POR ESO EL PORNO ES GRATIS PORQUE DESPERDICIA TU SEMILLA, MANTENIENDOTE EN EL ESTADO VIBRACIONAL MÁS BAJO DE LUJURIA.

LOS 7 CHAKRAS NO SE LIMITAN A LA COLUMNA VERTEBRAL, SINO QUE EXTIENDEN SU INFLUENCIA A LAS MANOS. SE MANIFIESTAN EN LAS SIGUIENTES ASOCIACIONES:

• MANIPURA (PLEXO SOLAR)= PULGAR
• ANAHATA (CORAZÓN) = DEDO ÍNDICE
• VISHUDDHI (GARGANTA) = DEDO CORAZÓN
• MULADHARA (RAÍZ) = DEDO ANULAR
• SWADHISTHANA (SACRO) = DEDO mEñIQUE
• SAHASRARA (CORONa) = PALMA
• AJNA CHAKRA (TERCER OJO) = PUNTO DE LA MUÑECA

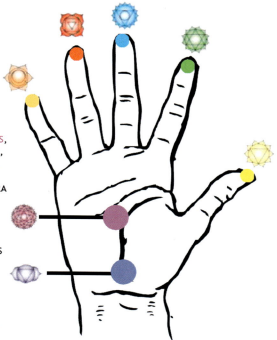

ESTA DISPOSICIÓN DA COMO RESULTADO UN EQUILIBRIO ARMONIOSO EN LA MANO, DONDE LOS DEDOS ANULAR Y MEÑIQUE ENCARNAN CUALIDADES FEMENINAS, MIENTRAS QUE EL PULGAR Y EL ÍNDICE EXUDAN ATRIBUTOS MASCULINOS. ADEMÁS, UN EJE CENTRAL SE EXTIENDE DESDE EL PUNTO DE LA MUÑECA, PASANDO POR EL CENTRO DE LA PALMA Y LLEGANDO HASTA EL DEDO CORAZÓN, SIMBOLIZANDO EL ELEMENTO ESPÍRITU. ESTE EJE CENTRAL SIRVE COMO FUERZA RECONCILIADORA PARA LOS PRINCIPIOS DE GÉNERO CONTRASTANTES.

LOS CHAKRAS DE LAS MANOS SIRVEN DE INTERFAZ VITAL ENTRE LAS DIMENSIONES FÍSICA Y ENERGÉTICA, PERMITIÉNDONOS RELACIONARNOS CON EL MUNDO EN AMBOS NIVELES. LOS DEDOS FUNCIONAN COMO RECEPTORES SENSIBLES, MIENTRAS QUE LAS PALMAS ACTÚAN COMO CONDUCTOS PARA CANALIZAR LA ENERGÍA CURATIVA. LA MANO DOMINANTE SIRVE COMO FUENTE DE EMISIÓN DE ENERGÍA, MIENTRAS QUE LA MANO NO DOMINANTE ACTÚA COMO RECEPTORA.

A DIFERENCIA DE LOS PIES, QUE ESTÁN ASOCIADOS AL ELEMENTO TIERRA Y AL CUERPO FÍSICO, LAS MANOS CORRESPONDEN AL ELEMENTO AIRE Y AL REINO DE LA MENTE, YA QUE ESTÁN SUSPENDIDAS EN EL AIRE ANTE NOSOTROS. EN CONSECUENCIA, LOS CHAKRAS DE LAS MANOS EJERCEN UNA INFLUENCIA SIGNIFICATIVA SOBRE LA INFORMACIÓN QUE ENTRA EN NUESTRA CONCIENCIA.

EXISTE UNA RED DE CENTROS DE ENERGÍA CONOCIDOS COMO CHAKRAS MENORES EN LOS PIES (COmO ES aRRIBa ES aBaJO). ESTOS CHAKRAS MENORES JUEGAN UN PAPEL ENORME EN FACILITAR UNA AMPLIA GAMA DE AFLUENCIA DE ENERGÍA EN EL CUERPO HUMANO Y LA CONCIENCIA.

CHaKRaS DE LOS PIES:

• MANIPURA (PLEXO SOLAR) = DEDO GORDO.
• ANAHATA (CORAZÓN) = DEDO ÍNDICE.
• VISHUDDHI (GARGANTA) = DEDO MEDIO.
• AJNA (TERCER OJO) = DEDO aNULaR.
• SWADHISTHANA (SACRO) = DEDO mEñIQUE.
• SAHASRARA (CORONA) = MITAD DE LA PLANTA DEL PIE.
• MULADHARA (RAÍZ) = PARTE POSTERIOR DEL TALÓN.

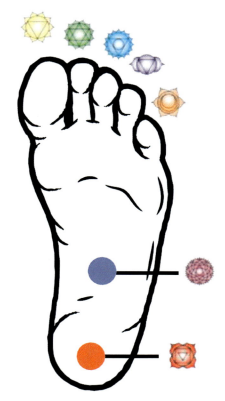

UNA DE LAS PRINCIPALES FUNCIONES DE LOS DEDOS DE LOS PIES ES LIBERAR Y DESCARGAR CUALQUIER EXCESO DE ENERGÍA QUE SE ACUMULE EN LOS CHAKRAS MAYORES A TRAVÉS DE NUESTRAS ACTIVIDADES COTIDIANAS Y FUNCIONES CORPORALES. ESTE EXCESO DE ENERGÍA SE CANALIZA HACIA LA TIERRA, FACILITANDO EL ENRAIZAMIENTO DE NUESTRA CONCIENCIA. CUANDO LOS CHAKRAS MENORES DE LOS PIES FUNCIONAN ARMONIOSAMENTE Y ESTÁN ALINEADOS CON LOS CHAKRAS MAYORES, SE ESTABLECE UNA CONEXIÓN CONTINUA Y UN FLUJO DE COMUNICACIÓN ENTRE LAS REDES ENERGÉTICAS DE LA TIERRA Y NUESTRAS PROPIAS ENERGÍAS.

EL CHAKRA RAIZ CORRESPONDE CON EL ELEMENTO TIERRA YA QUE ES EL CHAKRA MAS FÍSICO/MaTERIALISTA. POR ESO EL TALÓN ES EL INFIERNO PORQUE CUANDO NUESTRA MENTE OPERA FUERA DEL CHAKRA RAIZ, DESEAMOS, TEMEMOS Y CARECEMOS DE INSEGURIDAD. EN OTRAS PALABRAS, MANIFESTAMOS EL INFIERNO.

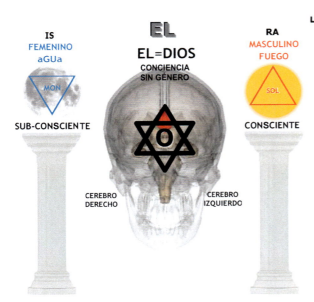

IS
FEMENINO
aGUa
MON
SUB-CONSCIENTE

EL
EL=DIOS
CONCIENCIA
SIN GÉNERO
CEREBRO DERECHO   CEREBRO IZQUIERDO

RA
MASCULINO
FUEGO
SOL
CONSCIENTE

LA HUMANIDAD ES DIOS HECHO CARNE
12 SIGNOS
TAURO · ARIES · PISCIS · ACUARIO · CAPRICORNIO
GEMINIS · TODOS = MENTE DE DIOS · SAGITARIO
CANCER · LEO · VIRGO · LIBRA · ESCORPIO

12 PARES CRANEALES
I. OLFATORIO
II. ÓPTICO
IV. PATÉTICO / TROCLEAR
III. MOTOR OCULAR COMÚN / OCULOMOTOR
VI. MOTOR OCULAR EXTERNO / ABDUCENS
V. TRIGÉMINO
VIII. AUDITIVO / VESTIBULOCOCLEAR
VII. FACIAL
IX. GLOSOFARÍNGEO
XII. HIPOGLOSO
X. VAGO / NEUMOGÁSTRICO
XI. ESPINAL / ACCESORIO

-EN LA BIBLIA SE HACE REFERENCIA A LA CABEZA COMO EL APOSENTO ALTO DONDE JESUS SE REUNIO CON LOS 12 DISCIPULOS. LOS 12 DISCIPULOS SON LOS 12 NERVIOS CRANEALES DEL CEREBRO QUE SON LOS 12 SIGNOS DEL ZODIACO.

-MOISÉS CRUZANDO EL MAR ROJO ESTÁ MOVIENDO TU PERCEPCIÓN/CONCIENCIA AL HEMISFERIO DERECHO DEL CEREBRO. EL MAR ROJO ES EL CUERPO CALLOSO, QUE CONECTA LOS DOS HEMISFERIOS DEL CEREBRO. EL HEMISFERIO DERECHO MUESTRA LA PERCEPCIÓN UNIFICADA DE LA REALIDAD. ES EL LUGAR DE TU "YO SUPERIOR".

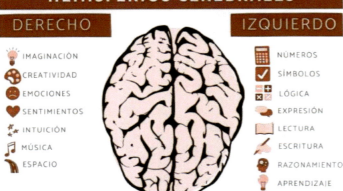

HEMISFERIOS CEREBRALES

DERECHO
- IMAGINACIÓN
- CREATIVIDAD
- EMOCIONES
- SENTIMIENTOS
- INTUICIÓN
- MÚSICA
- ESPACIO

IZQUIERDO
- NÚMEROS
- SÍMBOLOS
- LÓGICA
- EXPRESIÓN
- LECTURA
- ESCRITURA
- RAZONAMIENTO
- APRENDIZAJE

CEREBRO DERECHO
EL CEREBRO DERECHO ES EL ASPECTO FEMENINO DEL CEREBRO. CREA UNA PERCEPCIÓN HOLÍSTICA DE LA REALIDAD EN LA QUE TODAS LAS COSAS ESTÁN UNIDAS Y SON UNA UNIDAD. TAMBIÉN ES EL LUGAR DE NUESTRA INTUICIÓN, CREATIVIDAD Y PERSPICACIA. POR EJEMPLO, ESTE LADO DEL CEREBRO VE A LOS SERES HUMANOS COMO UNA CONCIENCIA UNIDA.

CEREBRO IZQUIERDO
EL HEMISFERIO IZQUIERDO ES EL LADO ANALÍTICO DEL CEREBRO. DESCOMPONE LA PERCEPCIÓN UNIDA DEL HEMISFERIO DERECHO EN SEGMENTOS SINGULARES. ESTO ES IMPORTANTE, YA QUE NOS DA LA CAPACIDAD DE DESCOMPONER LAS COSAS Y MANIPULARLAS. EL CEREBRO IZQUIERDO ES EL LADO MASCULINO Y ES EL LUGAR DEL EGO. EL CEREBRO IZQUIERDO VE A LA HUMANIDAD COMO INDIVIDUOS Y NO UNIFICADA COMO EL CEREBRO DERECHO.

"PECADO" EN LATÍN ES "SINIESTRO" QUE SIGNIFICA IZQUIERDA.

DERECHO = JUSTO

- SPOTIFY, RADIO, APPLE MUSIC, Y TODAS LAS PLATAFORMAS PRINCIPALES ESTÁN SINTONIZADAS A 440HZ. ESTA APAGA EL LADO DERECHO DEL CEREBRO, LO QUE RESULTA EN QUE USTED SEA DOMINANTE DEL CEREBRO IZQUIERDO.
- NO QUIEREN QUE ESTES EQUILIBRaDO O QUE DOmINE EL HEmISFERIO DERECHO DEL CEREBRO DEBIDO A QUE ES LA PARTE CREATIVA, INTUITIVA Y UNIFICADA DEL CEREBRO.
- LA FUNDACIÓN ROCKEFELLER EN LOS AÑOS 50 CamBIÓ La aFINaCIÓN mUSICaL ESTáNDaR DE 432HZ a 440HZ.
- LA FRECUENCIA ES LO ÚNICO QUE ENTRA EN TU TEMPLO SIN CONSENTIMIENTO, AFECTANDOTE SIN IMPORTAR QUE.
- POR ESO LA MÚSICA ES UNA DE SUS HERRAMIENTAS MÁS PODEROSAS.
- EN CAMBIO, USTED DEBERÍA ESCUCHAR MÚSICA/FRECUENCIAS EN 432HZ/528HZ/963HZ O CUALQUIERA DE LAS FRECUENCIAS DE LA ESCALA SOLFEGIO.

EL ARCA DE La ALIANZA = LOS DOS HEMISFERIOS DEL CERÉBRO

LOS DOS ÁNGELES QUE CUBREN EL PACTO SON LOS DOS HEMISFERIOS DEL CEREBRO QUE PROTEGEN EL CENTRO SAGRADO DEL CEREBRO. EL CENTRO DEL CEREBRO ES LA "CASA MÁS SANTA" EN LA BIBLIA. ESTE LUGAR ES EL TRONO DE DIOS/CONCIENCIA DENTRO DE LA GLáNDULA PINEAL.

LA ESCALA DEL SOLFEGIO

3+9+6=18=9
4+1+7=12=3
5+2+8=15=6
7+4+1=12=3

SI SUMAS ALGUNA DE LAS FRECUENCIAS DE LA ESCALA SOLFEGGIO DE ARRIBA TODOS SUMAN 3,6 O 9

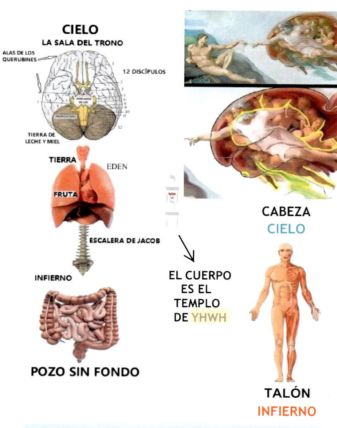

CIELO
LA SALA DEL TRONO

ALAS DE LOS QUERUBINES

12 DISCÍPULOS

TIERRA DE LECHE Y MIEL

TIERRA

EDEN

FRUTA

ESCALERA DE JACOB

INFIERNO

POZO SIN FONDO

CABEZA
CIELO

EL CUERPO ES EL TEMPLO DE YHWH

TALÓN
INFIERNO

CABEZA = CIELO = CIOEL = ESO ES DIOS

DIOS (YO SUPERIOR) SE ESTÁ ESTIRANDO PARA INTENTAR CONECTAR CON ADÁN (YO INFERIOR), Y ADÁN ESTÁ RELAJADO, SIN MOSTRAR NINGÚN ESFUERZO. ESTA PINTURA MUESTRA QUE TODO LO QUE TIENES QUE HACER ES MOVERTE HACIA LA MENTE SUPERIOR PARA ALCANZAR TU YO SUPERIOR. EL YO SUPERIOR SIEMPRE ESTÁ HABLANDO Y DANDO ÓRDENES, PERO EL YO INFERIOR DOMINA. TODO LO QUE TIENES QUE HACER ES SEGUIR LAS ÓRDENES DEL YO SUPERIOR (MENTE/PENSAMIENTOS SUPERIORES).

LA CABEZA ES EL CIELO PORQUE ES EL LUGAR DE LA CONCIENCIA EN EL CENTRO DEL CEREBRO. LA GLÁNDULA PINEAL ES EL LUGAR DE TU CONCIENCIA, Y TIENE ACCESO AL PLANO ASTRAL.

IZQUIERDa
CONCENTRaCIÓN

CONTEm PLa CION

DERECHa
mEDITaCIÓN

maSCULINO
SOLaR
YaNG

FEmENINO
LUNaR
YIN

ANTIGUO ARTE CRISTIANO

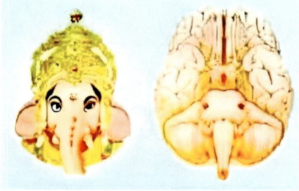

LA VISTA VENTRAL DEL CEREBRO (EL CEREBRO VISTO DESDE DEBAJO) MUESTRA LA CLARA CORRESPONDENCIA ENTRE GANESH EL PUENTE DE VAROLIO, LA MÉDULA Y EL CEREBELO. LA MÉDULA REPRESENTA EL TRONCO DE GANESH. LAS RAÍCES DE LOS NERVIOS TRIGÉMINOS REPRESENTAN LOS OJOS DE GANESH. UN GRUPO DE NERVIOS EN EL PUENTE DE VAROLIO REPRESENTA LOS COLMILLOS DE GANESH. EL CEREBELO CONSTITUYE LOS OÍDOS DE GANESH. LAS ESTRUCTURAS NO SÓLO SE PARECEN A GANESH, SINO QUE SUS FUNCIONES EN LA FISIOLOGÍA HUMANA CORRESPONDEN A LAS FUNCIONES Y ACTIVIDADES ASIGNADAS A GANESH.

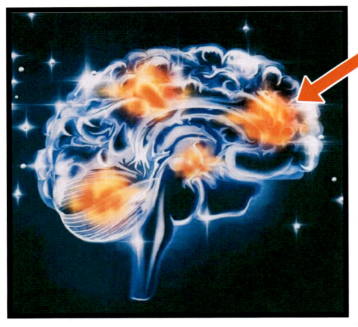

DIOS ESTÁ AQUI

EN AMBOS LADOS DE LA CABEZA ESTÁ LA SIEN Y SE DICE QUE UNO TIENE BUEN "TEMPLE" CUANDO SE ESTA BALANCEADO.

TEM = LUGAR DE CULTO
EL = ANTIGUO NOMBRE CAANANITA DE DIOS.

<u>LA CABEZA ES EL TEMPLO DE DIOS</u>

LUCAS 17:12 "EL REINO DE DIOS ESTA DENTRO DE TI"

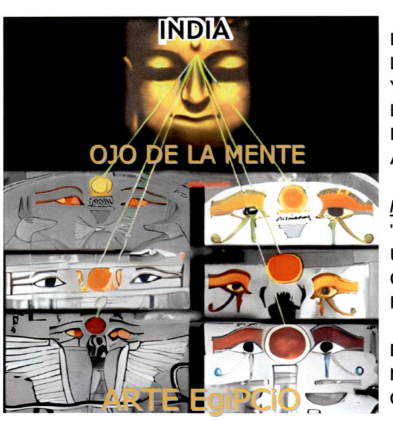

INDIA

OJO DE LA MENTE

ARTE EgiPCiO

LA MENTE TRASCIENDE LAS LIMITACIONES DEL TIEMPO, EL ESPACIO Y LA MATERIA. AL ADENTRARNOS EN LOS REINOS DE LA MENTE, ENTRAMOS EN UN DOMINIO SAGRADO SEMEJANTE AL REINO DE DIOS.

<u>MATEO 18:9</u>
"MÁS TE VALE ENTRAR EN LA VIDA CON UN SOLO OJO, QUE TENIENDO DOS OJOS SER ARROJADO AL INFIERNO DE FUEGO"

ESTE VERSO ES METAFÓRICO PARA QUE NOS VOLVAMOS UNO CON NUESTRA CONCIENCIA/MENTE.

REYES 6:7 - 6:8

Y LA CASA, CUANDO SE EDIFICABA, ERA DE PIEDRA PREPARADA ANTES DE SER LLEVADA ALLÍ; DE MANERA QUE NO SE OYÓ EN LA CASA MARTILLO, NI HACHA, NI HERRAMIENTA ALGUNA DE HIERRO, MIENTRAS SE EDIFICABA. LA PUERTA DE LA CÁMARA BAJA ESTABA AL LADO DERECHO DE LA CASA; Y SUBÍAN POR ESCALERAS DE CARACOL A LA CÁMARA DEL MEDIO, Y DE LA DEL MEDIO A LA TERCERA.

REYES 6:27

PUSO A LOS QUERUBINES EN MEDIO DE LA CASA INTERIOR, Y LAS ALAS DE LOS QUERUBINES ESTABAN EXTENDIDAS, DE MODO QUE EL ALA DE UNO TOCABA UNA PARED, Y EL ALA DEL OTRO QUERUBÍN TOCABA LA OTRA PARED.

ESCALERAS DE VIENTO

CEREBRO / TRONO DE DIOS

LLAMA INMORTAL DE LA MENTE

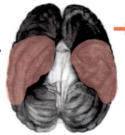

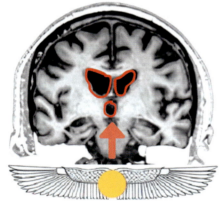

SOL ALADO EGIPCIO

LA GLÁNDULA PINEAL O TERCER OJO DESTACA COMO EL PRINCIPAL FOCO DE MANIPULACIÓN Y CONTAMINACIÓN DENTRO DEL CUERPO HUMANO. ESTO SE ATRIBUYE PRINCIPALMENTE A SU PROFUNDO IMPACTO EN LA CONCIENCIA HUMANA EN CONTEXTOS ESPIRITUALES. CUANDO LA GLÁNDULA PINEAL ESTÁ CERRADA, LA MENTE SE VUELVE VULNERABLE AL ENGAÑO, LUCHANDO POR PERCIBIR MÁS ALLÁ DE LA FACHADA INMEDIATA. A LA INVERSA, UNA GLÁNDULA PINEAL DESBLOQUEaDa FUNCIONA COMO UNA HERRAMIENTA DE DISCERNIMIENTO DE LA VERDAD, CAPAZ DE DETECTAR LAS IRREGULARIDADES MATIZADAS EN FALSEDADES O MENSAJES SUBLIMINALES QUE PUEDEN SERVIR PARA OCULTAR INTENCIONES GENUINAS.

EL PODER DE LA MENTE Y EL CEREBRO

SÍMBOLO DE ENCENDER

GLÁNDULA PINEAL CERRADA

GLÁNDULA PINEAL DESPIERTA

OBSERVADOR /
SER INTERIOR /
CONCIENCIA

HEMISFERIO IZQUIERDO   HEMISFERIO DERECHO

OBSERVADOR /
SER INTERIOR /
CONCIENCIA

ESTRELLA ARDIENTE

HEMISFERIO IZQUIERDO   HEMISFERIO DERECHO

TÁLAMO

GLÁNDULA PINEAL

GLÁNDULA PITUITARIA

PÁJARO INTERNO

ÁGUILA EGIPCIA DE HORUS

SANTO GRIAL

PILAR TEÑIDO EGIPCIO
SISTEMA NERVIOSO CENTRAL

DOS HEMISFERIOS

CONCIENCIA

COLUMNA

EL SABLE DE LUZ DE REY

CONÓCETE A TI MISMO

SOMOS CONCIENCIA INFINITA MULTIDIMENSIONAL ENCARNADA EN UN CUERPO FÍSICO PARA UN PERIODO DE EXPERIENCIA INTENSA EN EL CAMINO DE LA EVOLUCIÓN. NO 'MORIMOS' PORQUE NO PODEMOS MORIR. LA ENERGÍA ES CONCIENCIA Y LA ENERGÍA NO PUEDE SER DESTRUIDA, SÓLO TRANSFORMADA EN OTRA EXPRESIÓN DE SÍ MISMA. CUANDO TE DAS CUENTA DE QUE NO ERES TU CUERPO FÍSICO, SINO LA CONCIENCIA INFINITA Y ETERNA QUE DA VIDA A ESE CUERPO, TU VISIÓN DE TI MISMO Y DE TU POTENCIAL SE AMPLÍA SIN MEDIDA.

LA ESENCIA DE TU SER Y CADA CÉLULA DE TU CUERPO SON INTRÍNSECAMENTE MULTIDIMENSIONALES. SIN EMBARGO, TU CONCIENCIA HA SIDO CONDICIONADA A NAVEGAR DENTRO DE LOS CONFINES Y LIMITACIONES DE UNA MATRIZ TRIDIMENSIONAL.

2 CORINTIOS 4:18
"SIN MIRAR NOSOTROS LAS COSAS QUE SE VEN, SINO LAS QUE NO SE VEN; PORQUE LAS COSAS QUE SE VEN SON TEMPORALES, PERO LAS QUE NO SE VEN SON ETERNAS".

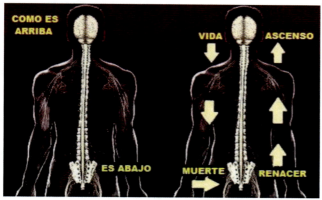

"EL ALIENTO ES LA ESENCIA DE LO DIVINO, AUNQUE ESQUIVA A NUESTRA VISTA, GUSTO Y TACTO. AL IGUAL QUE LOS PECES QUE IGNORAN EL AGUA EN LA QUE NADAN, A MENUDO NOS MOVEMOS A TRAVÉS DE LA RESPIRACIÓN COMO SI NO EXISTIERA. SIN SABERLO, ATRAVESAMOS UN OCÉANO DE "ESPÍRITU".

EL ESPÍRITU SANTO ESTÁ INTRINCADAMENTE ENTRETEJIDO EN CADA RESPIRACIÓN. ES LA FUERZA VITAL QUE ANIMA NUESTRA PERSONALIDAD Y DESPIERTA NUESTRAS EMOCIONES. AL INHALAR POR PRIMERA VEZ AL NACER, NOS HONRA, Y AL EXHALAR POR ÚLTIMA VEZ AL MORIR, SE VA CON GRACIA. EL TÉRMINO "ESPÍRITU" TIENE SU ORIGEN EN LA PALABRA LATINA "SPIRARE", QUE SIGNIFICA ALIENTO. POR LO TANTO, ES UNA VERDAD INNEGABLE QUE 'ALIENTO' Y 'ESPÍRITU' SON SINÓNIMOS".

GÉNESIS 2:7 "DIOS ALIENTA LA VIDA EN LAS NARICES DEL HOMBRE".

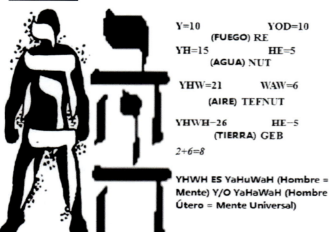

Y=10   YOD=10
              (FUEGO) RE
YH=15   HE=5
              (AGUA) NUT

YHW=21   WAW=6
              (AIRE) TEFNUT

YHWH=26   HE=5
              (TIERRA) GEB

2+6=8

YHWH ES YaHuWaH (Hombre = Mente) Y/O YaHaWaH (Hombre Útero = Mente Universal)

RESURRECIÓN
RES/RAS/ROSH/RS=CABEZA
ERECCIÓN=ESTIMULACIÓN SEXUAL
SUBIR LA ENERGIA SEXUAL DESDE EL CHAKRA RAÍZ HASTA LA CORONA

A MEDIDA QUE LA ENERGÍA KUNDALINI ASCIENDE A TRAVÉS DE SUSHUMNA, UN FLUJO SUSTANCIAL DE ENERGÍA POTENTE LLEGA AL CEREBRO. ESTE FLUJO SE EXTIENDE DESDE EL SISTEMA ACTIVADOR RETICULAR (RAS) Y EL TÁLAMO HASTA EL CÓRTEX, DESENCADENANDO LA ACTIVACIÓN DE REGIONES INACTIVAS E HIPOACTIVAS, ESPECIALMENTE EN LOS LÓBULOS FRONTALES. TODO EL CEREBRO SE SINCRONIZA, PULSANDO COHESIVAMENTE Y GENERANDO ONDAS CEREBRALES CONSISTENTES Y DE GRAN AMPLITUD A TRAVÉS DE VARIAS BANDAS DE FRECUENCIA. SI BIEN LA AMPLITUD MÁXIMA SUELE SITUARSE EN LA BANDA ALFA, EL AUMENTO DE LA ACTIVIDAD ES NOTABLEMENTE PRONUNCIADO EN LA ZONA FRONTAL, CON UN INCREMENTO DE LA ACTIVIDAD ELECTROENCEFALOGRÁFICA RÁPIDA EN LAS BANDAS BETA Y GAMMA.

ALCOHOL
ALCOHOL PROVIENE DEL TÉRMINO ÁRABE "AL-KUHL" Y "AL-GAWL", QUE SIGNIFICA "CUERPO QUE COME ESPÍRITU". QUIZÁS POR ESO LAS BEBIDAS ALCOHÓLICAS SE LLAMAN "LICORES" Y "BOO-ZE". BEBER ALCOHOL ES UNA DE LAS COSAS MÁS RÁPIDAS QUE PUEDES HACER PARA BAJAR TU VIBRACIÓN, YA QUE SE HA UTILIZADO COMO HERRAMIENTA PARA MANTENER LA CONCIENCIA HUMANA EN UN ESTADO BAJO DURANTE MILES DE AÑOS.

ALCOHOL = ENTIDAD ASTRAL
GINEBRA = ENTIDAD ASTRAL

EL OJO DE HORUS / ÁGUILA

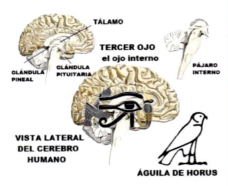

TÁLAMO

TERCER OJO
el ojo interno

GLÁNDULA PINEAL

GLÁNDULA PITUITARIA

PÁJARO INTERNO

VISTA LATERAL DEL CEREBRO HUMANO

ÁGUILA DE HORUS

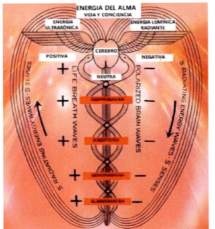

MERKABA

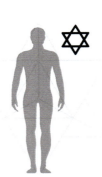

ESFERA
CELESTIAL
PARA RETRATAR
DIFERENTES
PLANOS
DE REALIDAD

MER=LUZ
KA=ESPÍRITU
BA=CUERPO

EL OJO DE HORUS (Ra)

1/2 = OLFATO
1/4 = VISTA
1/8 = PENSAMIENTO
1/16 = OIDO
1/32 = GUSTO
1/64 = TACTO

- HORUS ES EL SOL NACIENTE
- SUN=SOL=SOUL
- ERES UN ETERNO SOL/ALMA
- EL OJO ÚNICO ES EL SÍMBOLO DEL ALMA
- 5 SENTIDOS DEL SER + 1 DEL ALMA

VEHÍCULO DE ASCENSIÓN

NEUTRALIZANDO LA DUALIDAD DEL YO COMBINANDO EL YO SUPERIOR E INFERIOR. ERES UN ALMA QUE EXPERIMENTA DIFERENTES REALIDADES DENTRO DEL MULTIVERSO. EN CADA PLANO TOMAS CUERPOS DIFERENTES. TU OBJETIVO ES CONVERTIRTE EN UNA CRIATURA MULTIDIMENSIONAL Y NO ESTAR ATADO A UNA SOLA REALIDAD.

CONCIENCIA

EL CUERPO NO VIVE. SÓLO LO MANTIENE EL ESPÍRITU/CONCIENCIA INTERIOR. JESÚS DIJO: "EL HOMBRE NUNCA VERÁ LA MUERTE, PORQUE NO HAY MUERTE QUE VER O CONOCER". EL CUERPO MANIFIESTA EL ESPÍRITU; LO QUE PENSAMOS Y QUEREMOS HACER MANIFIESTA EL CUERPO PARA HACERLO. LAS ACCIONES DEL CUERPO ESTÁN BAJO EL MANDO DEL ALMA CENTRADORA. EL CUERPO ES UNA MÁQUINA ELÉCTRICA QUE RECIBE ÓRDENES DE LA INTELIGENCIA CÓSMICA OMNIPOTENTE.

PENSAR ES CREAR. CREAMOS CON LA LUZ; NADA NO ES LUZ. LA FORMA NACE A IMAGEN DEL PENSAMIENTO. SÓLO YO EXISTO; YO SOY EL TODO.

EL HOMBRE ES LA ÚNICA UNIDAD DE LA CREACIÓN QUE ES AUTOCONSCIENTE DE LA LUZ CÓSMICA QUE HAY EN ÉL. TODOS LOS DEMÁS SERES ACTÚAN ELÉCTRICAMENTE BASÁNDOSE EN EL INSTINTO.

VELOS

MENTAL
ASTRAL
ETÉREO
FÍSICO

DIABLO

LA "A" Y LA "E" SON INTERCAMBIABLES

DvEIL

vEIL ES vELO EN INGLéS

EL DIABLO EN REALIDAD ERES TU MISMO DEVELANDOTE EN LOS PLANOS INFERIORES DE LA EXISTENCIA POR LA IGNORANCIA DE LA VERDAD Y EL CONOCIMIENTO. CUANDO MUERES BAJO UNA FALSA IDENTIDAD DE TI MISMO AHORA HAS AÑADIDO OTRO VELO ENCIMA DE TU VERDADERO YO ALMA.

CORINTIOS 3:16-17

16 - ¿NO SABÉIS QUE SOIS TEMPLO DE DIOS, Y QUE EL ESPÍRITU DE DIOS MORA EN VOSOTROS?
17 - SI ALGUNO DESTRUYERE EL TEMPLO DE DIOS, DIOS LE DESTRUIRÁ; PORQUE EL TEMPLO DE DIOS, EL CUAL SOIS VOSOTROS, SANTO ES.

SALMO 82:6

YO HE DICHO: VOSOTROS SOIS DIOSES; Y TODOS VOSOTROS SOIS HIJOS DEL ALTÍSIMO.

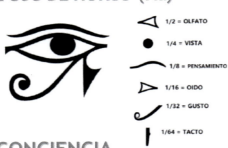

KOPH=K   KRANEO=

SÍMBOLO DEL ESPÍRITU
- EL ESPÍRITU ESTA EN LA CABEZA
- POR ESO LA CABEZA ES OVALADA O CIRCULAR

22 LETRAS HEBREAS=22 HUESOS EN EL CRÁNEO

א	ב	ג	ד	ה	ו	ז	ח	ט	י	כ
olef	vet / bet	gimmel	dolet	hey	vov	zoyin	chet	tet	yod	chof / kof
(silent)	v /b	g	d	h	v	z	ch	t	y	ch / k

ל	מ	נ	ס	ע	פ	צ	ק	ר	ש	ת
lomed	mem	nun	somech	oyin	fey /pey	tzode	koof	resh	shin	tov
l	m	n	s	(silent)	f / p	tz	k	r	s / sh	t

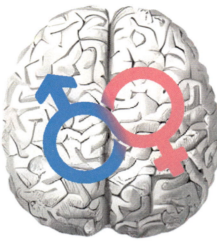

HEmISFERIO IZQUIERDO

vISTa POSTERIOR SUPERIOR

HEmISFERIO DERECHO

CIENTÍFICO
CONTROLA EL LADO DERECHO DEL CUERPO
LENGUAJE
LUGAR DEL EGO
PENSAMIENTO LÓGICO
SEQUENCIADOR
HECHOS
METERIALÍSTICO
LETRAS
ANALÍTICO
PERCIBE LA REALIDAD EN LOS DETALLES
DE UTILIDAD

ARTISTA
CONTROLA EL LADO IZQUIERDO DEL CUERPO
CREATIVIDAD
PERCEPCIÓN HOLÍSTICA UNIFICACIÓN
PISTAS NO VERBALES
INTUICIÓN
SENTImIENTO
VISUALIZACIÓN
PATRONES
SIN PALABRAS
METáFORAS
SÍMBOLOS
ACEPTA LA REALIDAD TAL COMO ES EL
CONTEXTO

AMBOS HEMISFERIOS PARTICIPAN Y CONTRIBUYEN A TODAS LAS ACTIVIDADES; SIN EMBARGO, REALIZAN LA ACTIVIDAD DE FORMAS DIFERENTES. EN OTRAS PALABRAS, AMBOS CEREBROS REALIZAN LAS MISMAS FUNCIONES PERO FUNCIONAN DE DOS MANERAS DISTINTAS Y DIFERENTES. AMBOS CEREBROS TIENEN VISIONES Y PERCEPCIONES SEPARADAS DEL MUNDO.

EL CEREBRO DERECHO PRESENTA LA REALIDAD COMO UN TODO UNIFICADO, LO QUE EXPLICA POR QUÉ LA GENTE EN EL PODER HA DIVIDIDO TODOS LOS CAMPOS DEL CONOCIMIENTO EN DIFERENTES CATEGORÍAS CUANDO EN REALIDAD TODO ES UNA CIENCIA UNIFICADA, LO QUE SE HACE INTENCIONADAMENTE PARA MANTENERNOS CON EL CEREBRO IZQUIERDO DOMINANTE. TODAS LAS COSAS VIENEN DEL UNO POR LO TANTO TODO ES UNO. POR ESO LOS EGIPCIOS DECÍAN "TODO ES ATUM", ES DECIR, TODO ES ÁTOMO, EL CAMPO TOROIDaL. POR EJEMPLO, EL CEREBRO DERECHO VERÍA UNA SELVA COMO UNA ENTIDAD UNIFICADA, PERO EL CEREBRO IZQUIERDO VERÍA LOS ÁRBOLES DE LA SELVA COMO SERES SEPARADOS.

EL PROPÓSITO DEL CEREBRO IZQUIERDO ES ANALIZAR Y DESCOMPONER EL TODO UNIFICADO PRESENTADO POR EL CEREBRO DERECHO. ESTE PROCESO LO REALIZA EL HEMISFERIO IZQUIERDO PARA QUE PODAMOS TENER FRAGMENTOS SINGULARES DISTINTOS DE LA REALIDAD, DE MODO QUE PUEDA MANIPULARLA, GESTIONARLA Y CONTROLARLA. AMBOS HEMISFERIOS SON NECESARIOS PARA QUE FUNCIONEMOS DENTRO DE ESTA CREACIÓN; SIN EMBARGO, DEBEMOS EQUILIBRAR ESTOS DOS ASPECTOS DEL CEREBRO PARA NO CONVERTIRNOS EN UN CEREBRO DOMINANTE IZQUIERDO O DERECHO.

EL CEREBRO IZQUIERDO MANTIENE UNA SENSACIÓN DE DISTANCIAMIENTO DE LA EXPERIENCIA DIRECTA PARA EJERCER CONTROL SOBRE ELLA, MIENTRAS QUE EL CEREBRO DERECHO PERMANECE EN EL MOMENTO PRESENTE Y LA EXPERIMENTA DESDE EL CORAZÓN. EL CEREBRO DERECHO DEPENDE DEL IZQUIERDO PORQUE SU PERCEPCIÓN HOLÍSTICA, AUNQUE CAPTA LA ESENCIA DEL TODO, PUEDE CARECER DE PRECISIÓN Y CLARIDAD. EL CEREBRO IZQUIERDO REQUIERE DEL CEREBRO DERECHO PORQUE, AUNQUE PRODUCE CLARIDAD MENTAL, PUEDE PERDER DE VISTA LA CONEXIÓN ENTRE TODAS LAS COSAS Y ATRAPAR AL INDIVIDUO EN UNA VISIÓN FRAGMENTADA DEL MUNDO.

JUAN 21:6
"ECHAD LA RED A LA DERECHA DE LA BARCA, Y HALLARÉIS PECES".
MUEVETE HACIA EL HEMISFERIO DERECHO DEL CEREBRO Y ENCONTRARAS A DIOS/ UNIFICACION/ YO SUPERIOR.

MARCOS 16:19
"ASI QUE DESPUES QUE EL SEÑOR LES HABLO, FUE RECIBIDO ARRIBA EN EL CIELO, Y SE SENTÓ A LA DERECHA DE DIOS"
La MANO DERECHA DE DIOS ES EL HEmISFERIO DERECHO. CABEZA ES CIELO, EN LaTÍN CaBEZa SE DICE "DELICIaE" DENÓTESE CIELa O CIELE; LaS vOCaLES SON INTERCamBIaBLES.

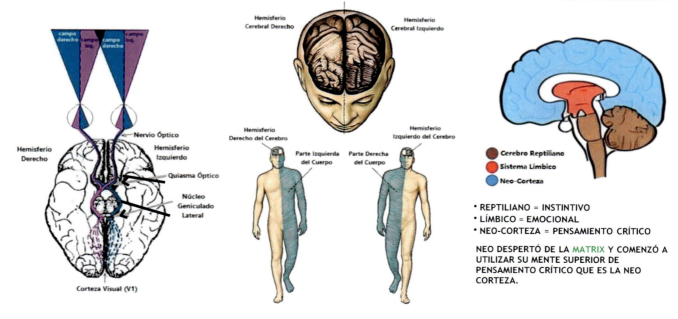

• REPTILIANO = INSTINTIVO
• LÍMBICO = EMOCIONAL
• NEO-CORTEZA = PENSAMIENTO CRÍTICO

NEO DESPERTÓ DE LA MATRIX Y COMENZÓ A UTILIZAR SU MENTE SUPERIOR DE PENSAMIENTO CRÍTICO QUE ES LA NEO CORTEZA.

TIERRA   AGUA   AIRE   FUEGO   ESPÍRITU

LA BASE DE TODA MATERIA FÍSICA ES EL ÉTER, TAMBIÉN CONOCIDO COMO ESPÍRITU O ÉTER. ES UNA SUSTANCIA QUE ESTÁ EN TODAS PARTES PERO EN NINGUNA AL MISMO TIEMPO. TIENE UN PIE EN EL MUNDO FÍSICO Y EN EL PLANO ASTRAL, ESTÁ EN CUALQUIERA DE LOS DOS LADOS. LA PALABRA ÉTER ES AMBAS.

EL ÉTER ES EL POTENCIAL INFINITO QUE CONSTANTEMENTE SE MANIFIESTA Y SE DESMANIFIESTA CÍCLICAMENTE. EL ÉTER ES LA ENERGÍA OCULTA QUE VIBRA PARA CREAR EL "MUNDO FÍSICO QUE VEMOS Y CONOCEMOS". SOMOS COMO PECES EN UN OCÉANO, RODEADOS DE UNA SUSTANCIA FLUIDA ENERGÉTICA QUE NO PODEMOS VER O TOCAR. TODAS LAS COSAS SE ALIMENTAN DE LA ENERGÍA DEL ÉTER INFINITO.

LOS 4 ELEMENTOS SON LOS 4 ESTADOS VIBRACIONALES DEL ÉTER.

- NINGUNO DE LOS ELEMENTOS ES PURO; SE COMPONEN UNOS DE OTROS POR TRANSMUTACIÓN.
- TODOS LOS ELEMENTOS NACEN DEL PRImER ELEMENTO, EL ÉTER (ESPÍRITU).
- LOS 4 ELEMENTOS FÍSICOS SON LOS 4 ESTADOS VIBRATORIOS DEL ÉTER. LA TIERRA TIENE LA VIBRACIÓN MÁS LENTA, Y EL FUEGO ES LA MÁS RÁPIDA.
- CADA ELEMENTO COMPARTE UNA CARACTERÍSTICA CON EL SIGUIENTE.

aSPECTO PLaTÓN

FUEGO = aGUDEZa,DELGADEZ,MOVIMIENTO
TIERRA = OPACIDAD, ESPESOR, REPOSO
AIRE = DELGADEZ,MOVIMIENTO,OPaCIDaD
AGUA = OPaCIDaD,ESPESOR,MOVIMIENTO

HEMBRA   **HOMBRE**

aGUa   FUEGO

TIERRa   AIRE

PASIVa   **ACTIvO**

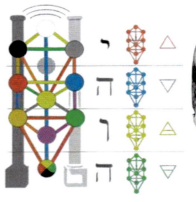

ESPÍRITU
FUEGO=LUZ
AIRE=aLIENTO
AGUA=LIQUIDO
TIERRA=PARTE INFERIOR
DE LA MANDÍBULA

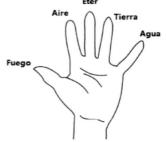

LOS ELEMENTOS ESTÁn SIEMPRE EN ESTE ORDEN PORQUE EMPIEZA POR EL máS DENSO (TIERRA).
EL MÁS DENSO (LA TIERRA), LUEGO ENCIMA DE LA TIERRA ESTÁ EL AGUA, LUEGO ENCIMA DEL AGUA ESTÁ EL AIRE, Y ENCIMA DEL AIRE ESTÁ EL FUEGO (EL CALOR SUBE), LUEGO ENCIMA DEL FUEGO ESTÁ EL ESPÍRITU/ÉTER.

EL ÉTER, ES UN CAMPO SIEMPRE PRESENTE QUE CONECTA TODAS LAS COSAS, LLENA CADA MILÍMETRO CON ENERGÍA LIBRE ILIMITADA, ACTUANDO COMO LA SUSTANCIA FUNDACIONAL QUE DA ORIGEN A TODA LA MATERIA FÍSICA ENCAPSULADA POR LOS CUATRO ELEMENTOS ALQUÍMICOS. ES LA FUENTE ÚLTIMA DE LA QUE PROCEDE TODA CREACIÓN "FÍSICA" Y A LA QUE TODAS LAS COSAS REGRESAN EN ÚLTIMA INSTANCIA, UNA FUERZA PRIMORDIAL QUE DA FORMA AL TEJIDO DE LA EXISTENCIA.

EL ÉTER ES UNA SUSTANCIA QUE TRASCIENDE LOS LÍMITES CONVENCIONALES DE LOS REINOS (FÍSICO Y NO FÍSICO), SIRVIENDO COMO MEDIO CONECTIVO ENTRE EL PLANO FÍSICO Y EL PLANO ASTRAL. SE CREE QUE SE MANIFIESTA EN UNA NATURALEZA DUAL, ABARCANDO ASPECTOS TANGIBLES E INTANGIBLES. ESTA EXISTENCIA DUAL LE PERMITE TENDER UN PUENTE ENTRE EL MUNDO MATERIAL Y LAS DIMENSIONES ETÉREAS, FACILITANDO UNA CONEXIÓN ENTRE LOS REINOS FÍSICO Y ASTRAL. EN ESTA CONCEPTUALIZACIÓN, EL ÉTER SE CONVIERTE EN UN CONDUCTO METAFÍSICO QUE PERMITE QUE LAS INTERACCIONES E INFLUENCIAS ATRAVIESEN LOS ASPECTOS TANGIBLES E INVISIBLES DE LA EXISTENCIA.

ALGUNOS AFIRMAN QUE EL RECONOCIMIENTO DE LA EXISTENCIA DEL ÉTER REPRESENTA UN SECRETO CELOSAMENTE GUARDADO ENTRE CIERTAS ÉLITES. LA REVELACIÓN DE LA REALIDAD DEL ÉTER, SEGÚN ESTA PERSPECTIVA, PODRÍA DESMANTELAR LOS PRINCIPIOS FUNDAMENTALES DE LA CORRIENTE PRINCIPAL DEL ATOMISMO, LA CIENCIA DE LAS PARTÍCULAS Y EL SISTEMA DE PODER ELÉCTRICO ESTABLECIDO.

METAFÓRICAMENTE, EL ÉTER SE COMPARA A VECES CON UN VASTO OCÉANO DE ENERGÍA INFINITA Y SE LE DENOMINA "AGUA". ESTA CONEXIÓN SE EXTRAE DE LA BIBLIA, DONDE <u>GÉNESIS 1:6-8</u> MENCIONA EL ÉTER COMO "AGUAS": "Y DIJO DIOS: HAYA FIRMAMENTO EN MEDIO DE LAS AGUAS, Y SEPARE LAS AGUAS DE LAS AGUAS".

UN SÍMBOLO ALTERNATIVO PARA JESÚS ES EL PEZ. ESTO ENFATIZA EL VÍNCULO ENTRE EL ÉTER Y SU CONEXIÓN METAFÓRICA CON EL AGUA. ESTE SIMBOLISMO SUBRAYA EL PAPEL DE JESÚS COMO GUÍA, NAVEGANDO POR LAS PROFUNDIDADES DEL CONOCIMIENTO ESPIRITUAL Y CONDUCIENDO LAS MENTES A TRAVÉS DE LAS ENERGÍAS ILIMITADAS DEL ÉTER.

EN DIVERSOS RELATOS CULTURALES Y RELIGIOSOS, FIGURAS DIVINAS COMO JESÚS Y OTROS PROFETAS RECONOCIDOS SE HAN ASOCIADO SIMBÓLICAMENTE CON PECES, UNA REPRESENTACIÓN ARRAIGADA EN EL CONCEPTO DE UN OCÉANO ETÉREO QUE NOS RODEA. REPRESENTADOS COMO MAESTROS DEL UNIVERSO, POSEÍAN LA EXTRAORDINARIA CAPACIDAD DE NAVEGAR ENTRE DISTINTAS REALIDADES A VOLUNTAD, DESCENDIENDO A ELLAS Y ASCENDIENDO DESDE ELLAS. ESTE VIAJE METAFÍSICO SE RELACIONA METAFÓRICAMENTE CON LA VIDA DE UN PEZ, QUE SE ADENTRA SIN ESFUERZO EN LAS PROFUNDIDADES DEL OCÉANO Y VUELVE A LA SUPERFICIE. EL TÍTULO DE "PESCADOR DE HOMBRES" QUE SE ATRIBUYE A JESÚS TIENE UNA CONNOTACIÓN SIMBÓLICA, PUES SIGNIFICA QUE SACÓ A LAS MENTES DE LOS CONFINES DE ESTA REALIDAD HACIA REINOS ALTERNATIVOS A TRAVÉS DE PROFUNDAS ENSEÑANZAS OCULTAS.

SÍMBOLO DE JESUS

DIOS PEZ DOGÓN

ETIMOLOGÍA DE ÉTER

ÉTER:

SI BIEN: EL ÉTER SI BIEN ES FÍSICO TAMBIÉN ES ESPIRITUAL, ESTÁ EN AMBOS LADOS.
O LA OTRA: EL ÉTER ES LA PUERTA DEL PLANO FÍSICO O LA OTRA (DEL PLANO ASTRAL)
AMBOS: EL ÉTER ES EL PUENTE QUE UNE LOS DOS MUNDOS ASTRAL Y FÍSICO.

DEIDAD

PLANO MENTAL

PLANO ASTRAL

PLANO ETÉREO

PLANO FÍSICO

LOS CAMPOS ELECTROMAGNÉTICOS SON RESPONSABLES DE TODA LA CREACIÓN. EL PLANO NEUTRO, CERO, DE TODO CAMPO ELECTROMAGNÉTICO, ES EL NACIMIENTO DE LA MATERIA FÍSICA. LA MATERIA ES EL RESULTADO DE DOS FUERZAS OPUESTAS IGUALADAS EN EL PLANO DE INERCIA (PUNTO NEUTRO DEL CAMPO). LA TIERRA ES EL PLANO DE INERCIA DE SU GIGANTESCO CAMPO ELECTROMAGNÉTICO TORODIAL. DEL PLANO DE INERCIA PROCEDE LA EXPRESIÓN "PLANETA TIERRA".

EN EL CENTRO DE TODO CAMPO ELECTROMAGNÉTICO SE ENCUENTRA LA LUZ BLANCA MAGNÉTICA. ESTE ES EL PUNTO MÁS MAGNÉTICO DENTRO DEL CAMPO. EN EL CENTRO DE LA TIERRA ESTÁ EL CENTRO DEL CAMPO MAGNÉTICO DE LA TIERRA. AQUÍ ES DONDE TODA LA ENERGÍA ES ATRAÍDA Y EXPULSADA. ESTE PUNTO MEDIO DE UN CAMPO TOROIDAL SE DENOMINA HIPERBOLOIDE.
EL SOL, LA LUNA, LAS ESTRELLAS Y LOS PLANETAS SON ESTIMULADOS POR EL HIPERBOLOIDE GIRATORIO Y RECÍPROCO SITUADO EN EL CENTRO DEL CAMPO MAGNÉTICO TERRESTRE (EL POLO NORTE). ESTO ES LO QUE HACE ESTE MOVIMIENTO DEL CICLO DIARIO.

HIPERBOLOIDE
MACROCOSMO-CENTRO DE LA TIERRA
MICROCOSMO-CENTRO DEL CUERPO (CORAZÓN)

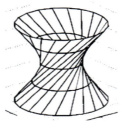

SALIDA DE ENERGÍA

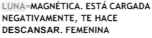

LA ENERGÍA QUE VUELVE A ENTRAR

● =POLO NORTE
— =TIERRA
🌑 =LUNA
☀ =SOL

LOS HIPERBOLOIDES SON LO INVERSO DE UNA ESFERA.
EL POLO NORTE MAGNÉTICO ES EL CENTRO DE ESTE CAMPO.
EL PUNTO MÁS MÁGICO DEL CAMPO. AQUÍ ES DONDE EL ÉTER SE ESTÁ AGITANDO Y CREANDO LOS 4 ELEMENTOS DESDE EL CONTRAESPACIO.

SOL=ELECTRICIDAD Y CARGA POSITIVA. TE ENERGIZA. MASCULINO

LUNA=MAGNÉTICA. ESTÁ CARGADA NEGATIVAMENTE, TE HACE DESCANSAR. FEMENINA

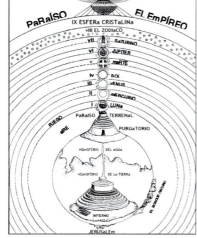

EL INICIO SON LAS ESTRELLAS YA QUE SON EL INICIO DEL SISTEMA DEL ALMA.

ESTRELLA=INICIO
ESCALERA=ESTRELLA

TIERRA = CORAZÓN

PORQUE ES EL MEDIO DEL SISTEMA DEL ALMA LAS 7 CAPAS DEL CIELO SON LAS 7 ENERGÍAS CÓSMICAS PLNETARIAS CONOCIDAS COMO LOS 7 ELOHIM, LAS CUÁLES SON LAS 7 CAPAS DEL SER.

— TRÓPICO DE CAPRICORNIO
— EQUADOR
— TRÓPICO DE CÁNCER

EL SOL CREA LAS 4 ESTACIONES AL GIRAR HACIA EL TRÓPICO DE CÁNCER, QUE ES VERANO PARA LAS TIERRAS DEL NORTE. DESPUÉS DE ESTO, COMENZARÁ A GIRAR EN ESPIRAL HACIA EL TRÓPICO DE CAPRICORNIO, QUE LUEGO ESTARÁ MÁS ALEJADO DE LAS TIERRAS DEL NORTE, CREANDO LA ESTACIÓN DE INVIERNO.

HAY CAPAS EN EL FIRMAMENTO, Y CADA UNO DE LOS PLANETAS SE ENCUENTRA EN UNA CAPA. ESTO EXPLICA POR QUÉ TODOS ELLOS TIENEN DIFERENTES VELOCIDADES DE MOVIMIENTO Y TAMBIÉN EXPLICA POR QUÉ LOS ANTIGUOS LLAMABAN A LOS PLANETAS LAS "7 ESTRELLAS ERRANTES", YA QUE NO ESTÁN FIJADOS EN ÉL COMO LAS ESTRELLAS.

SET   HORUS

AQUÍ SE VE A HORUS Y SET COLOCANDO SUS PIES DENTRO DE LA CÚPULA. EL POLO AL QUE TIENEN ATADA LA CUERDA ES EL POLO NORTE MAGNÉTICO, DEL QUE AMBOS TIRAN, LO QUE SIMBOLIZA EL GIRO DEL POLO NORTE. HORUS SIMBOLIZA EL SOL, Y SET SIMBOLIZA LA LUNA, Y ESTAN SIENDO GIRADOS POR EL POLO CENTRAL.

TIERRa

aRTERIa

TIERRa = CORaZÓN

EL CORAZÓN ES EL CENTRO DEL CUERPO EL CUaL POSEE vENaS Y aRTERIaS PaRa aLIMENTaR EL CUERPO. CORAZÓN SIGNIFICA MEDIO. LA TIERRA ES EL CORAZON DEL SISTEMA DEL ALMA. ES EL REINO EQUILIBRADO ENTRE EL BIEN Y EL MAL. POR ESO TENEMOS AQUI EL DUALISMO (BIEN Y MAL).

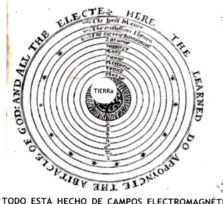

LOS MASONES SE SITÚAN SOBRE EL TABLERO DE DAMAS BLANCO Y NEGRO, QUE SIMBOLIZA LA DUALIDAD (EL BIEN Y EL MAL). TAMBIÉN SIMBOLIZA EL ESPÍRITU (LUZ) Y LA MATERIA (NEGRO) (YIN Y YANG).

SE SITÚAN EN EL REINO DEL BIEN Y DEL MAL, DEL FRÍO Y DEL CALOR, DEL DÍA Y DE LA NOCHE, ETC...

ESPÍRITU= BLANCO
MATERIA=NEGRO

DE AHI A QUE EL CUBO DE SATURNO SEA SIEMPRE NEGRO, SIMBOLIZANDO EL MUNDO FISICO 3D DE LA MATERIA. TODAS LAS COSAS EN ESTE MUNDO SON CUBOS Y TIENEN 6 LADOS. VAYA A LAS PÁGINAS DE SATURNO ABAJO PARA APRENDER MÁS.

TODO ESTÁ HECHO DE CAMPOS ELECTROMAGNÉTICOS TOROIDALES. ES UN MUNDO ELECTROMAGNÉTICO. LA TIERRA ES EL CORAZÓN, ES DECIR, EL CENTRO. EL CENTRO DEL ESPECTRO ELECTROMAGNÉTICO DE COLORES ES EL VERDE. LA TIERRA ES VERDE, Y POR ENCIMA DE LA TIERRA VERDE ESTÁ EL CIELO AZUL. EL AZUL VIENE DESPUÉS DEL VERDE EN EL ESPECTRO LUMINOSO.

EL MUNDO QUE VEMOS A NUESTRO ALREDEDOR ESTÁ EN REALIDAD DENTRO DE NOSOTROS. CUANDO NOS PROYECTAMOS ASTRALMENTE FUERA DEL CUERPO FÍSICO, ESTAMOS SALIENDO DEL PLANO FÍSICO QUE LLAMAMOS TIERRA Y ENTRANDO EN EL PLANO ASTRAL. EL CIELO ESTÁ SOBRE LA TIERRA, DESPUÉS DEL COLOR AZUL. ESTO CORRESPONDE A LOS 7 CHAKRAS MAYORES DENTRO DE NOSOTROS. PARA IR AL CIELO, ATRAVEZAMOS EL CHAKRA AZUL A NUESTRA CABEZA. CABEZA Y CIELO SON LAS MISMAS PALABRAS RAÍZ. TU CABEZA ES EL CIELO PORQUE ES EL LUGAR DE TU CONCIENCIA/FORMA VERDADERA.

CHAKRA CORONA
CHAKRA 3er OJO
CHAKRA GARGANTA
CHAKRA CORAZÓN
CHAKRA PLEXO SOLAR
CHAKRA SEXUAL
CHAKRA RaÍZ

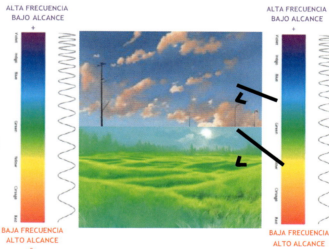

ALTA FRECUENCIA
BAJO ALCANCE
+

BAJA FRECUENCIA
ALTO ALCANCE

ALTA FRECUENCIA
BAJO ALCANCE
+

BAJA FRECUENCIA
ALTO ALCANCE

-CIELO ES AZUL
-AZUL VA DESPUÉS DEL VERDE

- TIERRA=CORAZÓN=CENTRO
- LA TIERRA/NATURALEZA ES VERDE QUE ES EL CORAZÓN DEL ESPECTRO DE COLORES
- LA TIERRA ES EL PUNTO DE EQUILIBRIO
- POR ESO ES DUALISTA (BUENO Y MALO)

EL SISTEMA SOLAR ES EL SISTEMA DEL ALMA

-ES UN SISTEMA DEL ALMA, NO UN SISTEMA SOLAR.
-LA TIERRA ES EL CORAZÓN DEL SISTEMA DEL ALMA YA QUE ESTÁ EN MEDIO DEL SISTEMA.

LOS 7 PLANETAS PROVIENEN DE LOS 7 COLORES DEL ESPECTRO DE COLORES ELECTROMAGNÉTICOS. CADA PLANETA EmITE CIERTA FRECUENCIA DE LUZ QUE INFLUYE EN LA MENTE HASTA QUE SUPERAMOS LA MATERIA Y NOS VOLVEMOS AL ESPÍRITU (CRECEMOS AL ESTADO MÁS ALTO DE CONCIENCIA).

SATURNO=SATÁN
EL SEÑOR DE
LOS ANILLOS

CORÁN 65:12
ALá ES QUIEN Ha CREaDO SIETE CIELOS Y OTRaS TaNTaS TIERRaS.

CADA PLANETA TIENE SU CAPA DE FIRMAMENTO LO QUE EXPLICA LAS DISTINTAS VELOCIDADES DE LOS CUERPOS CELESTES QUE HACEN SU CICLO.

UNa mINIaTURa PERSa QUE REPRESENTa SIETE CIELOS DE La HISTORIa DE MaHOma, BIBLIOTHÈQUE NaTIONaLE DE FRaNCE, PaRÍS. CADA PLANETA TIENE SU CAPA DEL SISTEMA DE ALMAS, QUE PODRÍA SER TOTALMENTE OTRA REALIDAD. LA PALABRA PLANETA TIENE PLAN DENTRO, Y PLAN SIGNIFICA PLANO. ES UN PLANO IGUAL QUE LA TIERRA.

GÉNESIS 1:3

"QUE SE HaGa La LUZ"

TODO ESTÁ HECHO DE LUZ; EL UNIVERSO SE CREA A PARTIR DE ONDAS LUMINOSAS. EL CAMPO TOROIDaL ES UNA UNIDAD DE LUZ. LA LUZ QUE PROYECTA ESTA REALIDAD ES POLaRIS, SIMBOLIZADA COMO EL FAMOSO OJO QUE TODO LO VE Y PROYECTA LUZ A SU ALREDEDOR.

GÉNESIS 1:16

"E HIZO DIOS DOS GRANDES LUmINaRIaS: LA LUmINaRIa MAYOR PARA REGIR EL DÍA Y LA LUmINaRIa MENOR PARA REGIR LA NOCHE" EN OTRAS PALABRAS DIOS CREO EL SOL Y LA LUNA. LA LUNA EMITE SU PROPIA LUZ, NO REFLEJA LA LUZ DEL SOL.
EL SOL ES ELÉCTRICO/MASCULINO. LA LUNA ES MAGNÉTICA/FEMENINA.

GÉNESIS 1:6

"QUE HAYA UN FIRMAMENTO EN MEDIO DE LAS AGUAS, Y QUE SEPARE LAS AGUAS DE LAS AGUAS".

EL FIRMAMENTO ESTÁ SIMBOLIZADO POR EL ARCO REAL MASÓNICO.
EL FIRMAMENTO TAMBIÉN SE LLAMA CIELO. EL FIRMAMENTO ES EL PUNTO DE EQUILIBRIO ENTRE ESTE MUNDO Y EL MUNDO DE ARRIBA.

TIENES QUE EQUILIBRAR TODOS LOS ASPECTOS DE LA VIDA, EQUILIBRAR LOS DOS HEMISFERIOS DEL CEREBRO, EQUILIBRAR LOS CHAKRAS E IRÁS AL CIELO (CABEZA/MENTE SUPERIOR/YO SUPERIOR)

ISaíaS 40:22

"SE SIENTa EN EL TRONO SOBRE EL CÍRCULO DE La TIERRa, Y SUS HaBITaNTES SON COmO SaLTamONTES. ÉL EXTIENDE LOS CIELOS COmO UN TOLDO, Y LOS EXTIENDE COmO UNa CaRPa PaRa vIvIR".

GÉNESIS 1:14

"DIOS HIZO EL FIRMAMENTO, Y DIVIDIÓ LAS AGUAS QUE ESTABAN DEBAJO DEL FIRMAMENTO DE LAS AGUAS QUE ESTABAN SOBRE EL FIRMAMENTO: Y ASÍ FUE".

LA BARCA SOBRE EL AGUA SIMBOLIZA LOS MUNDOS ETÉREOS MÁS ALLÁ DE ESTE MUNDO. SI MIRAS LAS ESTRELLAS CON UN TELESCOPIO PUEDES VERLAS TITILAR COMO SI SU LUZ BRILLARA A TRAVES DEL AGUA. LAS ESTRELLAS SON LUZ QUE BRILLA A TRAVES DEL ÉTER EN LO ALTO.

TABLERO DE AJEDRÉZ

EL TABLERO BLANCO Y NEGRO SIMBOLIZA TODAS LAS DUALIDADES DENTRO DE ESTA REALIDAD DUALISTA: ESPÍRITU (LUZ) Y MATERIA, REPOSO Y MOVIMIENTO, POSITIVO Y NEGATIVO, ETC...

EL CORAZÓN ES EL CENTRO DEL CUERPO. EL CORAZÓN ES EL PUNTO DE EQUILIBRIO ENTRE DOS POLOS OPUESTOS. LA TIERRA ES EL MUNDO ENTRE EL CIELO Y EL INFIERNO. EL CIELO SON LOS MUNDOS SUPERIORES MÁS ALLÁ DE ESTE, EL INFIERNO SON LOS MUNDOS INFERIORES.

CRÓNICAS 16:30

"¡TEMBLAD ANTE ÉL, TODA LA TIERRA! EL MUNDO ESTÁ FIRMEMENTE ESTABLECIDO; NO PUEDE SER MOVIDO"

SALMOS 104:5

"ÉL ASENTÓ LA TIERRA SOBRE SUS CIMIENTOS; JAMÁS PODRÁ SER MOVIDA".

APOCALÍPSIS 7:1

"DESPUÉS DE ESTO VI A CUATRO ÁNGELES DE PIE EN LAS CUATRO ESQUINAS DE LA TIERRA, RETENIENDO LOS CUATRO VIENTOS DE LA TIERRA PARA IMPEDIR QUE NINGÚN VIENTO SOPLARA SOBRE LA TIERRA O SOBRE EL MAR O SOBRE NINGÚN ÁRBOL."

CUANTO MÁS LIGERO ES ALGO, MÁS ALTO SE ELEVA. LO MISMO OCURRE CON EL VIAJE DEL ALMA. CUANTO MÁS MATERIALISTA SE VUELVE EL ALMA, MÁS BAJO CAE EN EL MUNDO DEBIDO A LOS PESADOS APEGOS A LA MENTE. LA AVARICIA, LA ENVIDIA, LA LUJURIA Y LOS OTROS SIETE PECADOS CAPITALES SON ESTADOS INTERNOS QUE HACEN QUE TU ALMA SEA MÁS PESADA Y ESTÉ MÁS ATADA A LA TIERRA Y AL CUERPO. DEBES CALMAR TODO EL CAOS DE LAS EMOCIONES Y DESAPEGARTE DEL MUNDO EXTERNO PARA VOLVERTE MÁS LIGERO Y EN PAZ CON TODO. ENTONCES Y SÓLO ENTONCES EL ALMA PASARÁ HACIA ARRIBA, HACIA LA LUZ. LA PALABRA REALIDAD ES SIMILAR A DARSE CUENTA. TU NIVEL DE DARTE CUENTA ES TU NIVEL DE REAL-IDAD; IDENTIDAD REAL. SOLO PUEDES EXPERIMENTAR UNA REALIDAD A LA VEZ.

GÉNESIS 1:14

"Y DIJO DIOS: HAYA LUMINARIAS EN EL FIRMAMENTO DEL CIELO PARA SEPARAR EL DÍA DE LA NOCHE; Y QUE SEAN PARA LOS SIGNOS, LAS ESTACIONES, LOS DÍAS Y LOS AÑOS".

LA FRASE 'SEAN PARA LOS SIGNOS' ESTÁ HABLANDO DEL ZODIACO. LAS ESTRELLAS SON SEÑALES DE LO QUE ESTA POR VENIR.

FIRMAMENTO VIENE DE LA PALABRA LATINA 'FIRMU' QUE SIGNIFICA FIRME. EL FIRMAMENTO ES UN ARCO FIRME/ FALLA DEL CIELO.

7 ESTRELLAS

ESTAS ESTRELLAS SIMBOLIZAN LOS 7 PLANETAS, TAMBIÉN CONOCIDOS COMO LAS 7 MARAVILLAS O LAS 7 CAPAS DEL CIELO:
SATURNO, JÚPITER, MARTE, SOL, VENUS, MERCURIO, LUNA.
CADA "PLANETA" TIENE SU PROPIA CAPA DEL FIRMAMENTO.
PLANETA=PLAN=PLANO

ESTRELLA DE 5 PUNTAS

ÉSTE SIMBOLO SE LLAMA PENTÁCULO. ES UNA ESTRELLA DE 5 PUNTAS QUE SIMBOLIZA LOS 5 ELEMENTOS DENTRO DE ESTA CREACION. EL ESPIRITU ESTA EN LA PUNTA SUPERIOR PORQUE ES EL ELEMENTO MAS IMPORTANTE. EL ESPÍRITU ES TAMBIEN EL ÉTER. EL ÉTER ES LA BASE DE TODA LA MATERIA FÍSICA. EL ÉTER ES LA SUSTANCIA QUE CONECTA EL MUNDO FÍSICO CON EL MUNDO ESPIRITUAL (ASTRAL). TAMBIÉN SIMBOLIZA LOS 5 SENTIDOS, QUE SON LAS 5 MANERAS EN QUE EL CUERPO REPORTA IMPULSOS ELÉCTRICOS A LA GLÁNDULA PINEAL PARA DECODIFICAR EL MUNDO EXTERNO.

ESCALERAS

6 ESCALONES, EL 7° ES LA TIERRA. TODOS JUNTOS LOS 7 ESCALONES. HAY 7 ESCALONES QUE TENEMOS QUE SUBIR PARA LLEGAR A NUESTRO YO SUPERIOR, QUE SON LOS 7 CHAKRAS. CADA CHAKRA ES UNO DE LOS 7 "PLANETAS".

CORÁN 15:19

"HEMOS EXTENDIDO LA TIERRA COMO UNA ALFOMBRA, PUSIMOS SOBRE ELLA MONTAÑAS FIRMES E INMÓVILES Y PRODUJIMOS EN ELLA TODA CLASE DE COSAS EN SU JUSTO EQUILIBRIO".

CORÁN 71:19

"Y ALÁ Ha HECHO La TIERRa PaRa vOSOTROS COmO UNa aLFOmBRa (EXTENDIDa)".

AT-TaLaQ 65:12

"ALÁ ES QUIEN CREÓ LOS SIETE CIELOS EN CaPaS, Y LO mISmO PaRa La TIERRa".

FÍJATE EN CÓMO SU CABEZA SE ASOMA A TRAVÉS DE LAS BARRERAS ETÉREAS DE LA TIERRA. LA CABEZA ES EL LUGAR DE LA CONCIENCIA, Y TIENE LA CAPACIDAD DE VER LOS OTROS MUNDOS. POR ESO TU CABEZA ES EL CIELO.

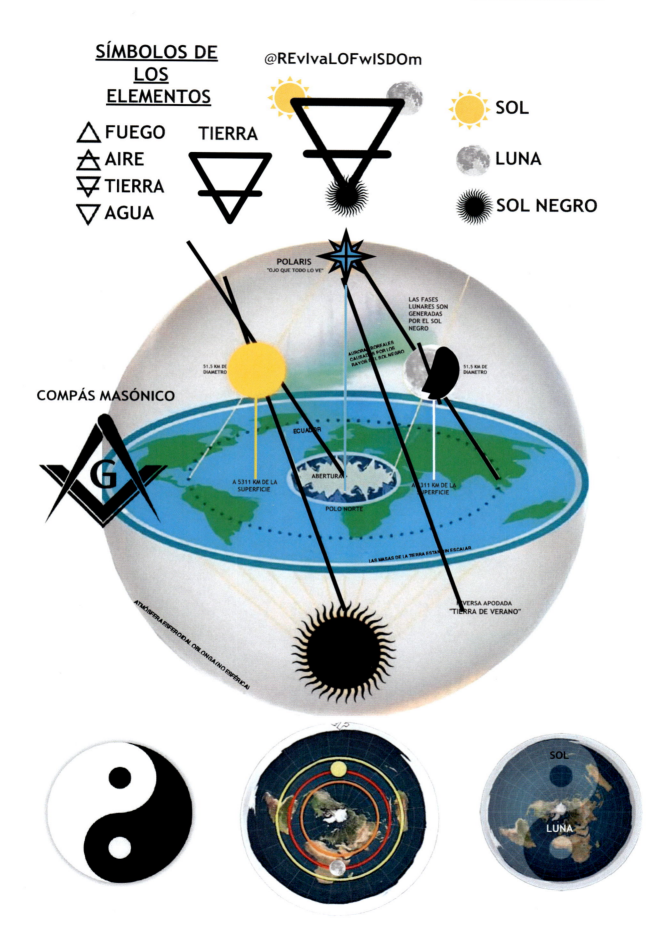

SÍMBOLOS DE LOS ELEMENTOS

△ FUEGO
A AIRE
▽ TIERRA
▽ AGUA

@REvIvaLOFwISDOm

SOL

LUNA

SOL NEGRO

TIERRA

POLARIS
"OJO QUE TODO LO VE"

LAS FASES LUNARES SON GENERADAS POR EL SOL NEGRO

AURORAS BOREALES CAUSADAS POR LOS RAYOS DEL SOL NEGRO

51.5 KM DE DIAMETRO

51.5 KM DE DIAMETRO

COMPÁS MASÓNICO

ECUADOR

ABERTURA

A 5311 KM DE LA SUPERFICIE

A 5311 KM DE LA SUPERFICIE

POLO NORTE

LAS MASAS DE LA TIERRA ESTÁN SIN ESCALAR

ATMÓSFERA ESFEROIDAL OBLONGA (NO ESFÉRICA)

REVERSA APODADA "TIERRA DE VERANO"

SOL

LUNA

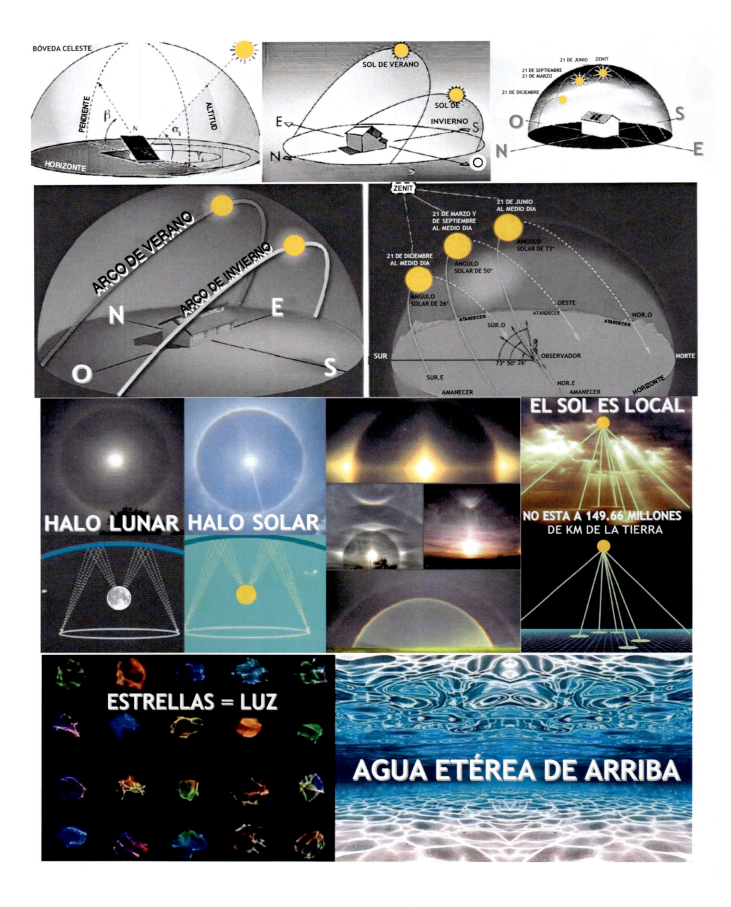

BÓVEDA CELESTE
PENDIENTE
β
N
ALTITUD
α
HORIZONTE

SOL DE VERANO
E
SOL DE INVIERNO
S
N
O

21 DE JUNIO ZENIT
21 DE SEPTIEMBRE
21 DE MARZO
21 DE DICIEMBRE
O
N
S
E

ARCO DE VERANO
ARCO DE INVIERNO
N
O
E
S

ZENIT
21 DE JUNIO AL MEDIO DIA
21 DE MARZO Y DE SEPTIEMBRE AL MEDIO DIA
ÁNGULO SOLAR DE 73°
21 DE DICIEMBRE AL MEDIO DIA
ÁNGULO SOLAR DE 50°
ÁNGULO SOLAR DE 26°
OESTE
ATARDECER
ATARDECER
ATARDECER
NOR.O
SUR.O
SUR
OBSERVADOR
73° 50° 26°
NORTE
SUR.E
NOR.E
AMANECER
AMANECER
HORIZONTE

HALO LUNAR HALO SOLAR

EL SOL ES LOCAL

NO ESTA A 149.66 MILLONES DE KM DE LA TIERRA

ESTRELLAS = LUZ

AGUA ETÉREA DE ARRIBA

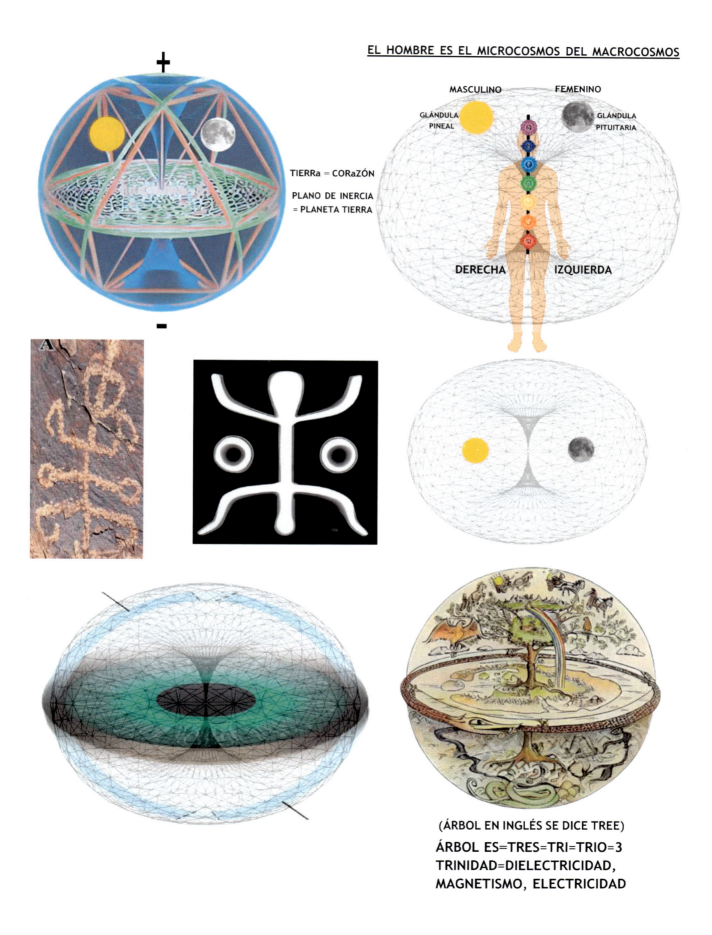

\+

EL HOMBRE ES EL MICROCOSMOS DEL MACROCOSMOS

TIERRa = CORaZÓN

PLANO DE INERCIA = PLANETA TIERRA

MASCULINO   FEMENINO

GLÁNDULA PINEAL   GLÁNDULA PITUITARIA

DERECHA   IZQUIERDA

\-

A

(ÁRBOL EN INGLÉS SE DICE TREE)

ÁRBOL ES=TRES=TRI=TRIO=3
TRINIDAD=DIELECTRICIDAD,
MAGNETISMO, ELECTRICIDAD

LA TRAYECTORIA DE LAS ESTRELLAS NUNCA CAMBIA

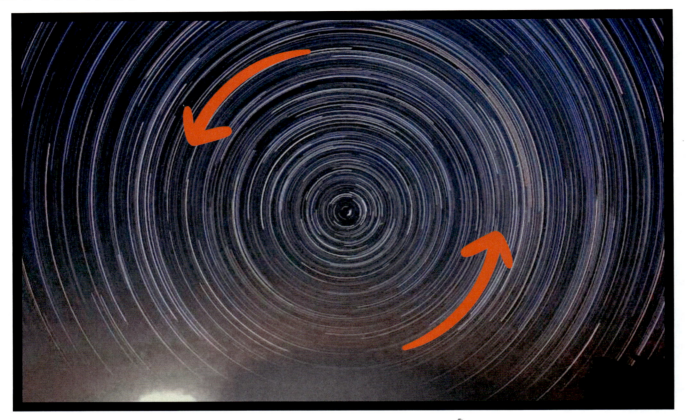

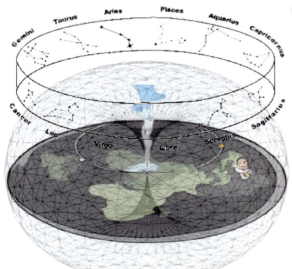

CONSTELACIÓN DE LA OSA MAYOR

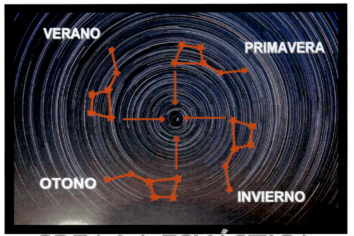

VERANO

PRIMAVERA

OTONO

INVIERNO

CREA LA ESVÁSTICA

HOPI CRISTIANA MALTA TIBET

LAPONIA HINDÚ CELTA BALI

CEILÁN CHINA JAPÓN ISLÁM

AZTECA JAIN GRECIA JUDÍA

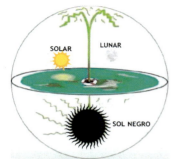

ISLa

LISa

PLANETA=PLAN=PLANO
PLaNO T = TERRESTRE

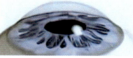

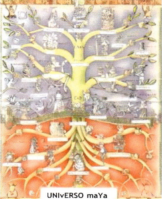

UNIvERSO maYa

LOS ANTIGUOS DECÍAN QUE VIVIMOS EN LA GUARDIA, QUE ES UN REINO EQUILIBRADO QUE CONTIENE TANTO EL BIEN COMO EL MAL. ESTA PODRÍA SER LA RAZÓN POR LA QUE LA TIERRA ES UN ANAGRAMA DE **ARTERIA** (CORAZÓN), YA QUE SERÍA EL CORAZÓN DEL SISTEMA. DURANTE MILES DE AÑOS, LA GENTE CREÍA EN EL CIELO Y EL INFIERNO, QUE PODRÍAN SER LOS REINOS QUE ESTÁN POR ENCIMA Y POR DEBAJO DE NOSOTROS.

HEBREO

TIBET

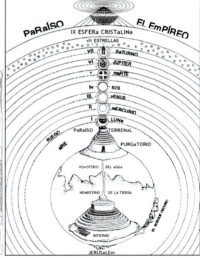

CHINO

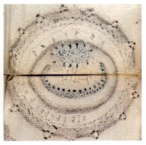

Islam

SÍMBOLO ALQUÍMICO DE LA TIERRA

MAPA DEL POLO NORTE DEL 1500S-1600S

SUERTE

LOGO DE LAS NACIONES UNIDAS

FUENTE DE LA IMAGEN - HTTPS://WWW.UN.ORG/EN/
(ESTA IMAGEN NO HA SIDO CREADA POR
REVIVALOFWISDOM NI ES DE MI PROPIEDAD)

MAPA TIERRA PLANA

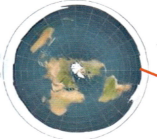

HITLER USANDO 2 MAPAS DE TIERRA PLANA

ADOLFO HITLER

MAPA DE TIERRA PLANA

BRÚJULA/COMPÁS

SIMBOLO DE POLARIS

POLARIS ES LA ESTRELLA DE 8 PUNTAS PORQUE ESTAMOS DENTRO DEL MUNDO DEL ESPACIO Y DEL TIEMPO. HAY 8 PUNTOS DE ESPACIO Y TIEMPO. POLARIS ES LA ESTRELLA CENTRAL Y MAS ALTA. HOY SIMBOLIZAMOS ESTO CON LA ESTRELLA EN LO ALTO DEL ARBOL DE NAVIDAD. LA BRÚJULA ES LA ESTRELLA DE 8 PUNTAS PORQUE TE SEÑALA LA ESTRELLA DE 8 PUNTAS (EL CENTRO DE LA TIERRA)

ESTRELLAS SIN POLUCIÓN LUMÍNICA

NUT EL DIOS DEL CIELO EGIPCIO

ARCO REAL FRANCMASÓNICO

COSMOS MAYA

COSMOS HEBREO
CIELO DE LOS CIELOS

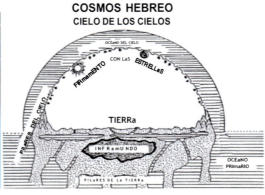

NUT, EL DIOS DEL CIELO EGIPCIO SIMBOLIZA EL CIELO ESTRELLADO SOBRE NUESTRAS CABEZAS. MÁS TARDE SE CONVIRTIÓ EN EL ARCO REAL DE LA MASONERÍA.

GÉNESIS 1:6-8

6- ENTONCES DIJO DIOS: HaYa UN FIRMAMENTO EN mEDIO DE LaS aGUaS, Y SEPaRE LaS aGUaS DE LaS aGUaS.

7- E HIZO DIOS EL FIRMAMENTO, Y SEPaRÓ LaS aGUaS QUE ESTaBaN DEBaJO DEL FIRMAMENTO DE LaS aGUaS QUE ESTaBaN SOBRE ÉSTE. Y FUE aSÍ.

8- Y LLamÓ DIOS aL FIRMAMENTO CIELOS. Y FUE La TaRDE Y FUE La mañaNa: EL SEGUNDO DÍa.

JOB 37:18

18- ¿PUEDES CON EL EXTENDER EL FIRmamENTO, FUERTE COmO ESPEJO DE mETaL FUNDIDO?

CORÁN 65:12

12- ALLaH ES QUIEN Ha CREaDO LOS SIETE CIELOS Y LA TIERRA.

LOS 7 CIELOS SON LAS 7 CAPAS DEL FIRMAMENTO

Entonces Dios dijo: «¡Que haya un firmamento que separe las aguas en dos partes!» Así que Dios creó el firmamento y separó las aguas; unas quedaron arriba del firmamento y otras debajo. Dios llamó al firmamento «cielo».

GÉNESIS 1

1- EN EL PRINCIPIO CREÓ DIOS LOS CIELOS Y La TIERRa.

2- Y La TIERRa ESTaBa DESORDENaDa Y vaCía, Y LaS TINIEBLaS ESTaBaN SOBRE La FaZ DEL aBISmO, Y EL ESPÍRITU DE DIOS SE mOvía SOBRE La FaZ DE LaS aGUaS.

3- Y DIJO DIOS: SEa La LUZ; Y FUE La LUZ.

4- Y vIO DIOS QUE La LUZ ERa BUENa Y SEPaRÓ DIOS La LUZ DE LaS TINIEBLaS.

5- Y LLamÓ DIOS a La LUZ Día, Y a LaS TINIEBLaS LLamó NOCHE. Y FUE La TaRDE Y La mañaNa EL PRImER Día.

6- Y DIJO DIOS: HaYa UN FIRmamENTO EN mEDIO DE LaS aGUaS, Y SEPaRE LaS aGUaS DE LaS aGUaS.

7- E HIZO DIOS EL FIRmamENTO, Y aPaRTÓ LaS aGUaS QUE ESTaBaN DEBaJO DEL FIRmamENTO, DE LaS aGUaS QUE ESTaBaN SOBRE EL FIRmamENTO. Y FUE aSÍ.

8- Y LLamÓ DIOS aL FIRmamENTO CIELOS. Y FUE La TaRDE Y La mañaNa EL SEGUNDO Día.

EL ARCO REAL DE LA FRANCMASONERIA

GEORGE WASHINGTON

TRIBUNAL DE LA CORONA-UK

LAS IGLESIAS Y EDIFICIOS ANTIGUOS SIEMPRE TIENEN CÚPULAS PARA SIMBOLIZAR EL FIRMAMENTO DE LOS CIELOS

EL SÍMBOLO DE WALT DISNEY SIMBOLIZA EL FIRMAMENTO

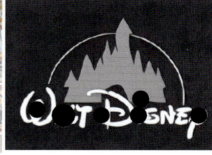

PINTURAS ANTIGUAS

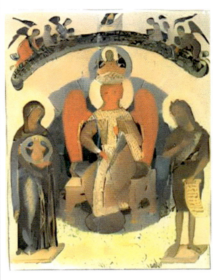

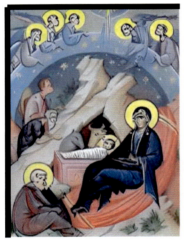

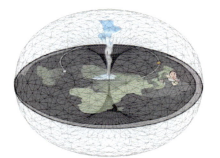

- LA AURORA BOREAL SE EMITE DESDE EL POLO NORTE MAGNÉTICO
- EL POLO NORTE ES EL ÚTERO DE TODA LA CREACIÓN, QUE DA ORIGEN A LOS 4 ELEMENTOS FÍSICOS Y A TODO LO QUE VEMOS
- LA AURORA BOREAL SALE Y SE EXTIENDE POR TODA LA TIERRA
- ES LA FUENTE DE NUESTRO ESPÍRITU (CORDÓN UMBILICAL ESPIRITUAL)
- EL POLO NORTE HACE GIRAR LAS ESTRELLAS, LA LUNA, EL SOL, LOS OCÉANOS Y EL ÉTER A SU ALREDEDOR. LO CREA PARA HACER CÍRCULOS

FUENTE: LAS TABLAS ESMERALDA DE THOTH POR MAURICE DOREAL

En lo profundo de los S............ lor, llameante, expandiéndose, empujando hacia atrás la noche.

............a,
dando vida, d................ r a todos los que se le acercaban.
Pusieron alrededor de ella troños.................. para cada uno de los H.......z, colocados de manera que fueran b.............dor,
llenos de la V..............a.

Allí una y otra vez colocaron sus primeros cuerpos creados para que sean llenos del F..............la.
Cien años de cada mil debe la E.............da proyectar la l................os.
Acelerando, d.........................

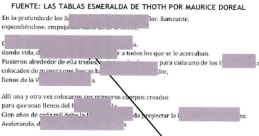

THOTH/MOISES/HERMES

LAS TABLAS ESMERALDA DE THOTH, DE 40.000 AÑOS DE ANTIGÜEDAD, HABLAN DE LA AURORA BOREAL

LA PELÍCULA "MATRIX" UTILIZA LOS CÓDIGOS VERDES PARA SIMBOLIZAR LA AURORA BOREAL, YA QUE ES EL CÓDIGO/ FUENTE QUE "UNE TODO EN SU FORMA", SEGÚN LAS TABLAS ESMERALDA DE THOTH. LA AURORA BOREAL PODRÍA SER MÁS QUE PROBABLEMENTE EL DOBLE ETÉRICO DETRÁS DE CADA FORMA FÍSICA, COMO LA MATRIX MUESTRA CLARAMENTE EN LA IMAGEN DE LA IZQUIERDA.

MAPA DEL POLO NORTE DEL 1500S-1600S

MAPA DEL MAGO DE OZ

CIUDAD ESMERALDA QUE SIMBOLIZA LA AURORA BOREAL VERDE ESMERALDA PROCEDENTE DEL CENTRO.

- LA TIERRA DE MUNCHKIN EN EL MAGO DE OZ ES EL LUGAR DE GENTE INUSUALMENTE BAJA IGUAL QUE EL ANTIGUO MAPA DEL POLO NORTE. ESTO ES CLARAMENTE UNA VERDAD A SIMPLE VISTA

- 4 RÍOS SALIENDO DE LA ISLA CENTRAL

- EN ESTE MAPA DICE PYGMEI.
-SE CREÍA QUE LOS PYGMEI ERAN PERSONAS INUSUALMENTE BAJAS QUE GUARDABAN ENSEÑANZAS SECRETAS SOBRE EL UNIVERSO EN LA MITOLOGÍA.

- 4 RÍOS SALIENDO DE UNA ISLA CENTRAL

"LA X MARCA EL PUNTO"
SOBRE EL POLO NORTE ESTA POLARIS
-EL CICLO ANUAL DE LAS CONSTELACIONES DE LA OSA MAYOR CREA LA SVÁSTICA

COMO ES ARRIBA ES ABAJO=LA SVÁSTICA PODRIA SIMBOLIZAR LOS 4 RIOS ALREDEDOR DE LA ISLA DEL POLO NORTE MAGNÉTICO

LA OSA MAYOR — PRIMAVERA
VERANO
POLARIS
INVIERNO
OTOÑO

EN EL CENTRO DE La TIERRa SE ENCUENTRa EL POLO NORTE maGNÉTICO. ENCIma DE ESTE POLO maGNÉTICO SE ENCUENTRa POLaRIS, COmÚNmENTE CONOCIDa COmO La ESTRELLa POLaR. RESULTa INTRIGaNTE OBSERvaR La CONEXIÓN LINGÜÍSTICa ENTRE "POLaRIS" Y "POLO", amBaS PROCEDENTES DE La PaLaBRa RaíZ "POL". EL COLOSaL CamPO maGNÉTICO DE La TIERRa SE GENERa EN SU CENTRO, DONDE UN POLO ELECTROmaGNÉTICO CONTRIBUYE a DaR FORma a ESTa INTRINCaDa FUERZa.

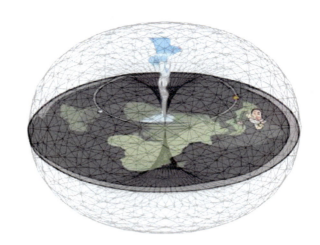

mONTE mERU

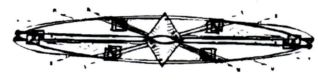

EL mONTE MERU, CONOCIDO COmO SUmERU, SINERU O MaHāmERU EN SáNSCRITO/PaLí, ES La mONTaña SaGRaDa DE CINCO PICOS EN LaS COSmOLOGíaS HINDÚ, JaINISTa Y BUDISTa. SE vENERa COmO EL PUNTO CENTRaL DE TODOS LOS UNIvERSOS FíSICOS, mETaFíSICOS Y ESPIRITUaLES. ADEmáS, SE PUEDEN ENCONTRaR REFERENCIaS a ESTa mONTaña EN CIERTaS ESCRITURaS DE RELIGIONES NO INDIaS, COmO EL TaOíSmO, INFLUIDO POR La LLEGaDa DEL BUDISmO a CHINa.

EL mONTE MERU NO ES UNa mONTaña TaNGIBLE, SINO máS BIEN UNa REPRESENTaCIÓN SImBÓLICa DEL HIPERBOLOIDE RECíPROCO SITUaDO EN EL CENTRO DE La TIERRa. ESTOS HIPERBOLOIDES DaN LUGaR a UNa FORma PaRECIDa a UN DIamaNTE, COmO SE mUESTRa EN La ImaGEN DE La DERECHa.

MONTE MERU
ANTIGUO ARTE BUDISTA

COSMOLOGÍA
BABILÓNICA

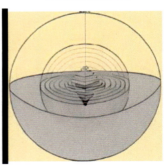

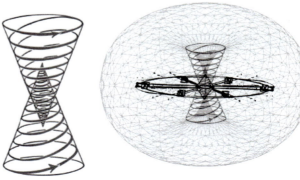

TODOS LOS "ASTRÓNOMOS" QUE IMPLEMENTARON QUE EL SOL ERA EL CENTRO DEL UNIVERSO ERAN TODOS MASONES, COMO SE MUESTRA EN TODOS SUS RETRATOS CON EL COMPÁS MASÓNICO. TODOS ELLOS ERAN JESUITAS. OBSERVe cOmO TODOS ELLOS REPRESENTaN EL **COMPÁS** Y EL GLOBO jUNTOS EN SUS RETRaTOS.

JOHaNNES KEPLER 1571 - 1630

LLEvÓ EL SISTEMa COPERNICaNO a SU fORMa MODERNa SUSTITUYENDO LaS ÓRBITaS HELIOCÉNTRICaS CIRCULaRES DE COPERNICO POR ELIPSES, CON EL SOL EN UN fOCO.

aSTRÓNOMO Y aSTRÓLOGO

LOS RETRATOS INCLUYEN:
-GLOBO Y **COMPÁS MASÓNICO**

NIcOLáS cOPéRNIcO 1473 - 1543

NIcOLáS cOPéRNIcO 1473 - 1543

aSTRÓNOmO, qUE fORmULÓ UN mODELO DEL UNIvERSO qUE SITUaBa aL SOL EN LUGaR DE La TIERRa EN SU cENTRO . ESTUDIÓ EN La UNIVERSIDAD DE PaDUa EN ITaLIa.

ENTRE SUS RETRATOS FIGURAN:

-GLOBO Y **COMPÁS MASÓNICO**

ESTRELLa DEL NORTE
(POLARIS)

SOL   LUNa

SOL (HUECO) NEGRO
SOL = ELECTRODO POSITIVO
LUNA = CATODO NEGATIVO
TIERRA = POLO A TIERRA
TODO ES ELÉCTRICO

GALILEO DI VICENZO BONAIUTI DE' GALILEI

GaLILEO DI VINCENZO BONaIUTI DE' GaLILEI (15 DE FEBRERO DE 1564 - 1642)

FUE UN aSTRÓNOmO Y FÍSICO ITaLIaNO. ESTUDIÓ EN LA UNIVERSIDAD DE PADUE EN ITALIA

ENTRE SUS RETRATOS FIGURAN:

- GLOBO TERRÁQUEO Y COMPÁS MASÓNICO

¿QUÉ GANAN MINTIENDO?

-ENGAÑARTE PARA QUE NO CONFÍES EN TUS SENTIDOS, LO QUE TE HACE VULNERABLE AL PROGRAMA
- OCULTAR MÁS RECURSOS DE LA TIERRA, LO QUE SIGNIFICA QUE TODO EL MUNDO QUERRÍA SALIR A LA TIERRA FRESCA
- TE HACE PENSAR SUBCONSCIENTEMENTE QUE NO HAS SIDO CREADO CON UN PROPÓSITO, QUE NO ERES MÁS QUE UNA COINCIDENCIA.
- OCULTANDO EL ELECTROMAGNETISMO Y EL ÉTER QUE PUEDEN SER UTILIZADOS PARA APROVECHAR LA ENERGÍA LIBRE
- MANTENIENDO TU MENTE ATASCADA Y ENCERRADA EN UN UNIVERSO FÍSICO
- ENTRENANDO TU MENTE Y TU ALMA EN ESTA SIMULACIÓN

LA RAZÓN POR LA QUE HAN REPRESENTADO EL MODELO DEL GLOBO HELIOCÉNTRICO Y EL COMPÁS MASÓNICO JUNTOS EN SUS RETRATOS ES QUE ES LA VERDAD A SIMPLE VISTA; LA ESCUADRA Y EL COMPÁS JUNTOS SON LA VERDADERA COSMOLOGÍA DE LA TIERRA. LA ESCUADRA Y EL COMPÁS SON POLARIS, LA ESTRELLA DEL NORTE, EN LA PARTE SUPERIOR, Y EL SOL Y LA LUNA OPUESTOS ENTRE SÍ POR DEBAJO DE POLARIS. EL MEJOR LUGAR PARA ESCONDER LA VERDAD ES EN TU CARA...

EL UNIVERSO TIENE FORMA DE HUEVO, COMO DICE LA BIBLIA. LA TIERRA ES PLANA E INMÓVIL, COMO SIEMPRE PARECE SER. EN EL CENTRO HAY UN AGUJERO Y DEBAJO ESTA EL SOL NEGRO. EL SOL Y LA LUNA SON LUCES PROYECTADAS DESDE EL INTERIOR.

5378. NaSHa
PaLaBRa ORIGINaL: נָשָׁא
PaRTE DE La EXPRESIÓN: VERBO
TRaNSLITERaCIÓN: NaSHa
DELETREO fONéTICO: (Naw-SHaw')
DEfINICIÓN: CONfUNDIR, ENGañaR

NASHA EN HEBREO SIGNIFICA "ENGAÑAR". ES DECIR, MENTIRLE A ALGUIEN. LA NASA HA LAVADO EL CEREBRO A LAS MASAS HACIÉNDOLES CREER QUE NO HAY COBERTURA SOBRE NUESTRAS CABEZAS (EL FIRMAMENTO) Y HACIENDO CREER AL PÚBLICO QUE VIVIMOS EN UN UNIVERSO CAÓTICO DONDE UN ASTROIDE PODRÍA MATARNOS EN CUALQUIER MOMENTO. CREER EN EL MODELO HELIOCENTRICO TIENE MUCHOS EFECTOS SUBCONSCIENTES EN LA PERCEPCION DE LA REALIDAD DE LA PERSONA. ESTRELLAR BOLAS ESPACIALES Y EXTRATERRESTRES SON PROGRAMAS QUE NOS ADOCTRINAN A TRAVÉS DE LA MADERA DE ACEBO Y LAS REVISTAS. ES MENOS PROBABLE QUE ALGUIEN CREA EN DIOS SI CREE EN EL BIG BANG, LA BOLA TERRESTRE Y LOS EXTRATERRESTRES. HOLLYWOOD PROVIENE DE LA MADERA REAL DE UN ÁRBOL DE OLIVO, QUE SE UTILIZAN PARA CREAR VARITAS MÁGICAS PARA LANZAR HECHIZOS. 100% DE PRUEBA DE QUE LA NASA ESTÁ USANDO FOTOS GENERADAS POR ORDENADOR PARA PUBLICARLAS A LAS MASAS. SI LA TIERRA FUERA REALMENTE UNA BOLA GIRATORIA EN MEDIO DEL ESPACIO CON MAS DE "5000" SATÉLITES ORBITANDOLA, ¿POR QUE NUNCA VEMOS 1 DE LOS 5000 SATÉLITES QUE ORBITAN LA TIERRA? ¿POR QUÉ ES OBVIO EL USO DE NUBES COPIADAS Y PEGADAS EN SUS IMÁGENES? ESTÁN ENGAÑANDO A LAS MASAS PARA OCULTAR LA VERDADERA COSMOLOGÍA DE ESTA CREACIÓN DIVINA, QUE ATRAPA ALMAS DENTRO DE ESTA FINA CAPA DE REALIDAD.

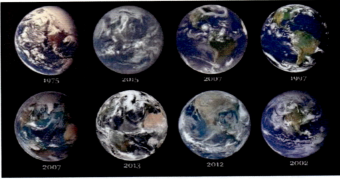

A LO LARGO DE LOS AÑOS, LA NASA HA PUBLICADO "FOTOS" DE LA TIERRA; ESTAS IMAGENES MUESTRAN LA TIERRA EN MUCHOS MATICES, COLORES Y TONOS DIFERENTES. SIN DUDA, LA TIERRA NO PUEDE CAMBIAR DE COLOR TAN DRÁSTICAMENTE, COMO SE PRESENTA ARRIBA. ESTAS FOTOS SON CLARAMENTE IMÁGENES GENERADAS POR ORDENADOR (CGI).

LA FAMOSA TOMA DE LA "CANICA AZUL" FUÉ CREADA POR COMPUTADOR EN PHOTOSHOP

EL DIRECTOR GENERAL DE LA NASA, WERNHER VON BRAUN, TIENE EL VERSÍCULO BÍBLICO <u>SALMOS 19:1</u> EN SU TUMBA.

<u>SALMOS 19:1</u>: LOS CIELOS DECLARAN LA GLORIA DE DIOS Y EL FIRMAMENTO MUESTRA SU OBRA.

FIRMAMENTO SE TRADUCE COMO CÚPULA CUBIERTA/CURVADA. ADEMÁS, LA PALABRA FIRMAMENTO TIENE LA RAÍZ DE FIRM, QUE EN INGLÉS SIGNIFICA ALGO FUERTE E INAMOVIBLE.

¿POR QUÉ TENDRÍA EL DUEÑO DE LA NASA UN VERSÍCULO DE LA BIBLIA QUE HABLA DEL FIRMAMENTO?

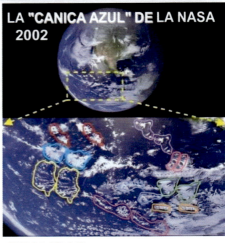

LA "CANICA AZUL" DE LA NASA 2002

REALIDAD

CGI DE LA NASA

¿COINCIDENCIa 666?

INcLINacIÓN DE La TIERRa = 23.4 GRaDOS DE UN áNGULO DE 90 GRaDOS qUE ES 66.6 GRaDOS (666)

cIRcUNfERENcIa DE La TIERRa = 21.600 mILLaS NáUTIcaS qUE ES EL 6X6X600 (666)

La cURvaTURa DE La TIERRa ES DE 8 PULGaDaS POR mILLaS cUaDRaDaS qUE ES 0.666 PIES POR mILLaS cUaDRaDaS

SUPUESTamENTE ESTamOS vIaJaNDO aLREDEDOR DEL SOL a 66,600 mPH (666)

EL DIámETRO DE La LUNa ES 6X6X60 = 2160 (666)

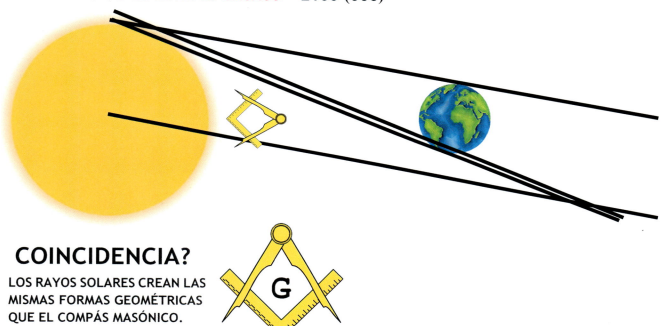

COINCIDENCIA?

LOS RAYOS SOLARES CREAN LAS MISMAS FORMAS GEOMÉTRICAS QUE EL COMPÁS MASÓNICO.

¿QUÉ ES EL ALMA?

La ESENCIa DEL aLMa TRaSCIENDE EL REINO MaTERIaL Y aCTÚa COMO La FUERZa vITaL QUE aBaRCa TODaS LaS EXPERIENCIaS. ES La CHISPa DIvINa, UN OBSERvaDOR MáS aLLá DE LO vISIBLE, UNa ENTIDaD CONSCIENTE QUE NavEGa POR La REaLIDaD INvISIBLE. ESTa ESENCIa CELESTIAL FUNCIONa COMO EL OjO QUE TODO LO vE, PERCIBIENDO LaS COMPLEjIDaDES DE La MENTE, LOS ESTaDOS EMOCIONaLES Y EL REINO SENSORIaL. ES EL SER QUE EXPERIMENTA LA REALIDAD. EL aLMa, UNa LLaMa INMORTaL EN EL INTERIOR, POTENCIa La PRONUNCIaCIÓN DE "YO SOY". EL PRONOMBRE "YO", ES UNa LíNEa SINGULaR QUE DENOTa UNIDaD, REPRESENTa EL vERDaDERO SER, DESPROvISTO DE GéNERO, NOMBRE O FORMa. ES EL UNO INDIvISIBLE. LaS FRaSES QUE SIGUEN a LA FRaSE "YO SOY" RESUENaN DENTRO DE LOS CONFINES DUaLISTaS DEL MUNDO MaTERIaL. EL ALMA EXPERIMENTA EL PROGRAMA QUE EJECUTA EL SISTEMA NERVIOSO CENTRAL.

¿QUÉ ES LA MENTE?

La PERCEPCIÓN DE La EXPERIENCIa DEL aLMa ES GENERaDa POR La MENTE. La MENTE, CON SU CaPaCIDaD ILIMITaDa, aBRE La PUERTa a POSIBILIDaDES ILIMITaDaS. TODa MaNIFESTaCIÓN ENCUENTRa SU ORIGEN EN La MENTE DEL INDIvIDUO. TOMEMOS, POR EjEMPLO, EL aCTO DE CHUTaR UN BaLÓN DE FÚTBOL: COMIENZa CON UNa DECISIÓN FORMaDa EN La MENTE. La MENTE SIRvE DE PROYECTOR PaRa EL aLMa; UN EjEMPLO EXCELENTE ES La PROYECCIÓN aSTRaL, EN La QUE La MENTE TIENE La CaPaCIDaD DE PROYECTaR La CONCIENCIa (ALMA) aL PLaNO aSTRaL. EN ESTa DINáMICa, EL aLMa aSUME EL PaPEL DE OBSERvaDOR, La MENTE aCTÚa COMO PROYECTOR Y EL CUERPO SIRvE DE RECIPIENTE PaRa La REaLIDaD QUE HaBITaS.

PREPARARSE PARA LA VIDA DESPUÉS DE LA MUERTE:

TODAS LAS COSAS QUE SE VEN PERECEN, TODAS LAS COSAS QUE NO SE VEN SON INMORTALES. PREPARARSE PARA LA VIDA DESPUÉS DE LA MUERTE ES CRUCIAL MIENTRAS ESTAMOS VIVOS. CUANDO PARTIMOS DEL CUERPO NOS QUEDAMOS CON EL VERDADERO ESTADO DE LA MENTE Y EL SER EMOCIONAL, MIENTRAS ESTAMOS VIVOS PODEMOS CUBRIR ESTAS COSAS CON DISTRACCIONES COMO LA COMIDA, EL SEXO Y EL ENTRETENIMIENTO. CUANDO ESTAMOS EN NUESTRA FORMA ESPIRITUAL NO PODEMOS OCULTAR NUESTRO VERDADERO ESTADO MENTAL. ES MUY IMPORTANTE QUE ELIMINEMOS LA NATURALEZA INFERIOR DE NOSOTROS MISMOS ANTES DE MORIR PARA NO DEJAR EL CUERPO CON DESEOS, LUJURIA Y AVARICIA, QUE PUEDEN HACER QUE NOS REENCARNEMOS.

PARA PREPARARSE PARA LA VIDA DESPUES DE LA MUERTE EL INDIVIDUO NECESITA ELIMINAR TODAS LAS ADICCIONES MENTALES TALES COMO: DESEO SEXUAL, ADICCIONES A LA COMIDA, ADICCIONES A LAS DROGAS Y TODAS LAS COSAS QUE CONSISTEN EN PLACER Y DESEOS MATERIALISTAS. EN LUGAR DE TENER ADICCIONES MENTALES AL MUNDO EXTERIOR, NECESITAMOS VOLVERNOS HACIA NOSOTROS MISMOS Y ENCONTRAR EL AMOR, LA FELICIDAD Y LA ALEGRIA DENTRO DE NOSOTROS MISMOS PARA NO DEPENDER DE COSAS EXTERNAS COMO FUENTE DE NUESTRA FELICIDAD Y ALEGRIA.

LOS SIETE PECADOS CAPITALES (LUJURIA, GULA, AVARICIA, PEREZA, IRA, ENVIDIA, ORGULLO) SON SIETE ESTADOS INTERNOS QUE CAUSARAN QUE OPEREMOS NUESTRAS VIDAS EN LOS CHAKRAS INFERIORES. TAMBIÉN SON LOS SIETE ESTADOS INTERNOS QUE HARÁN QUE QUERAMOS REENCARNAR EN LA OTRA VIDA.

LA TRAMPA PARA EL ALMA

LAS ENTIDADES QUE MANIPULAN ESTE REINO ESTÁN ENGAÑANDO A LA HUMANIDAD, FOMENTANDO UNA PERCEPCIÓN DISTORSIONADA DE LA REALIDAD. UNA ILUSTRACIÓN DESTACADA DE ESTA MANIPULACIÓN ES LA OCULTACIÓN DE LA AUTÉNTICA COSMOLOGÍA DE NUESTRO REINO, COMÚNMENTE LLAMADO "TIERRA". ABRAZAR CONCEPTOS FALACES COMO EL UNIVERSO DE PARTÍCULAS, ENTRELAZADO CON EL MODELO HELIOCÉNTRICO, CONFINA LA MENTE A UNA ESTRECHA CREENCIA EN UN UNIVERSO PURAMENTE MATERIALISTA. LAS ENSEÑANZAS ACTUALES LLEVAN A QUE EL 90% DE LA POBLACIÓN SE IDENTIFIQUE ERRÓNEAMENTE SÓLO CON EL CUERPO FÍSICO QUE HABITA.

COMO YA SE HA MENCIONADO, LA MENTE SIRVE COMO PROYECTOR DEL ALMA, ACTUANDO COMO UN CONDUCTO QUE CONECTA EL ALMA CON EL CUERPO. AL MANIPULAR LA MENTE, ESTAS ENTIDADES ATRAPAN LA CONCIENCIA DENTRO DE LOS CONFINES DEL CUERPO FÍSICO, QUE REPRESENTA LA TIERRA EN ESTE CONTEXTO.

EL CUERPO, EN ESENCIA, SIRVE DE RECIPIENTE PARA NAVEGAR POR ESTE REINO. EL SISTEMA NERVIOSO CENTRAL FUNCIONA COMO EL MECANISMO QUE ORQUESTA EL PROGRAMA QUE DA FORMA A NUESTRA EXPERIENCIA CONSCIENTE. EN CONSECUENCIA, CUANDO REALIZAMOS UNA PROYECCIÓN ASTRAL Y NOS SEPARAMOS DEL CUERPO, ESTAMOS, EN EFECTO, SALIENDO DE LA TIERRA. EL CUERPO SIMULA LA REALIDAD EXPERIMENTADA POR NUESTRA CONCIENCIA, Y ABANDONARLO A TRAVÉS DE LA PROYECCIÓN ASTRAL ES SIMILAR A TRASCENDER LA TIERRA.

NUESTRAS MENTES ESTÁN SISTEMÁTICAMENTE ADOCTRINADAS PARA IMPEDIR EL ACCESO AL CONOCIMIENTO METAFÍSICO RELATIVO AL MULTIVERSO Y A REALIDADES ALTERNATIVAS MÁS ALLÁ DE LA ACTUAL. NUESTRAS ALMAS SE ENCUENTRAN CONFINADAS AQUÍ PORQUE LA MENTE CARECE DE LA SABIDURÍA NECESARIA PARA PROYECTAR LA CONCIENCIA FUERA DE ESTE SISTEMA DEL ALMA, UN CONCEPTO AL QUE A MENUDO SE HACE REFERENCIA COMO ASCENSIÓN.

CUANDO LA MENTE Y EL ALMA SE SEPARAN DEL CUERPO DETERIORADO, CARGADO DE DESEOS MATERIALES, FALSA IDENTIFICACIÓN Y LUJURIA, CARGAN CON UNA CAPA ADICIONAL DE IDENTIDAD EQUIVOCADA. EL RESULTADO ES QUE LA MENTE ANHELA VOLVER A LA TIERRA, IMPULSADA POR DESEOS PERSISTENTES DE LO QUE ÉSTA PUEDE OFRECER. LAS PRÁCTICAS RELIGIOSAS, COMO EL BUDISMO, ABOGAN POR LA MEDITACIÓN PARA ALCANZAR ESTADOS MENTALES DESPROVISTOS DE APEGOS A LAS POSESIONES MATERIALES, CON EL FIN DE PREPARARSE PARA LA MUERTE. ALCANZAR EL DOMINIO SOBRE EL ALMA Y LA MENTE RESULTA PRIMORDIAL PARA PREPARARSE PARA LA VIDA DESPUÉS DE LA MUERTE, DONDE LAS BÚSQUEDAS MATERIALES DEJAN DE EXISTIR.

EGO

EL EGO BUSCA SERVIRSE A SÍ MISMO
EL EGO BUSCA EL RECONOCIMIENTO EXTERIOR
EL EGO VE LA VIDA COMO UNA COMPETICIÓN
EL EGO BUSCA PRESERVARSE
EL EGO MIRA HACIA FUERA
EL EGO SIENTE CARENCIA
EL EGO ES MORTAL
EL EGO SE SIENTE ATRAÍDO POR LA LUJURIA
EL EGO DISFRUTA DEL PREMIO
EL EGO CAUSA DOLOR
EL EGO BUSCA SER COLMADO
EGO SOY YO

ALMA

EL ALMA BUSCA SERVIR A LOS DEMÁS
EL ALMA BUSCA LA AUTENTICIDAD INTERIOR
EL ALMA VE LA VIDA COMO UN REGALO
EL ALMA BUSCA PRESERVAR A LOS DEMÁS
EL ALMA MIRA HACIA DENTRO
EL ALMA SIENTE LA ABUNDANCIA
EL ALMA ES ETERNA
EL ALMA SE SIENTE ATRAÍDA POR EL AMOR
EL ALMA DISFRUTA DEL VIAJE
EL ALMA ES CAUSA DE CURACIÓN
EL ALMA ES INTEGRIDAD ETERNA
EL ALMA SOMOS NOSOTROS

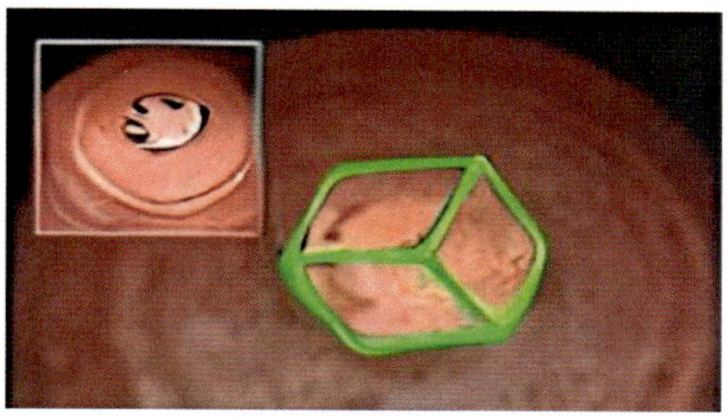

LA CIENCIA CONVENCIONAL AFIRMA QUE HAY UN HEXÁGONO (CUBO) EN EL POLO NORTE DE SATURNO. PUEDE O NO ESTAR AHÍ, DE AHÍ QUE ESTA IMAGEN SEA CGI (IMAGEN GENERADA POR ORDENADOR) QUE NOS DA LA NASA, PERO SIMBÓLICAMENTE NOS ESTÁN MOSTRANDO ALGO.

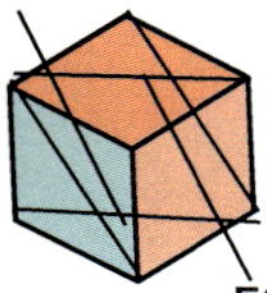

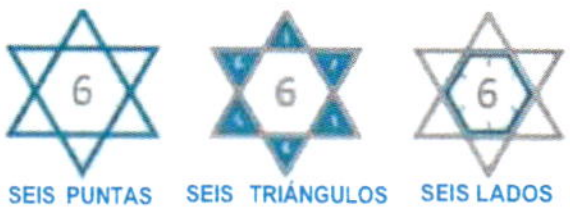

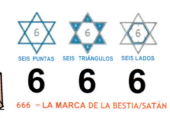

6
6
6
SEIS PUNTAS
SEIS TRIÁNGULOS
SEIS LADOS

6 6 6

666 = LA MARCA DE LA BESTIA/SATÁN

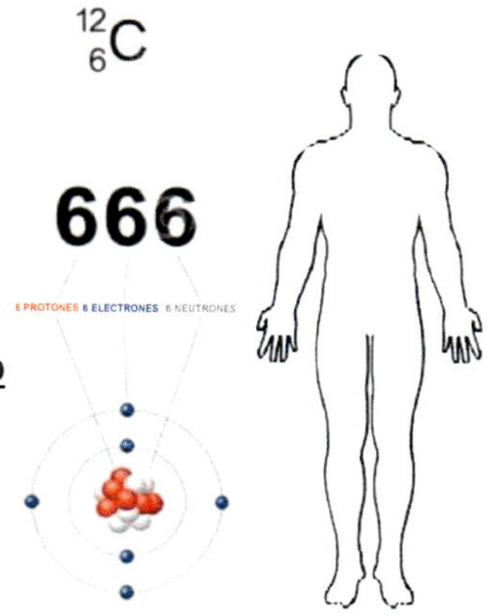

12
6
C
666
6 PROTONES 6 ELECTRONES 6 NEUTRONES

FORMA DE VIDA A BASE DE CARBONO

TODAS LAS FORMAS DE VIDA SE BASAN EN LAS PROPIEDADES DE ENLACE DEL ELEMENTO CARBONO. EL CARBONO TIENE 6 PROTONES, 6 ELECTRONES Y 6 NEUTRONES, ES DECIR, 666

EL CUERPO FISICO ES LA MARCA DE LA BESTIA (LA SIMULACION DE SATURNO). NUESTRA ALMA ESTA EN ATADURA CON EL CUERPO.

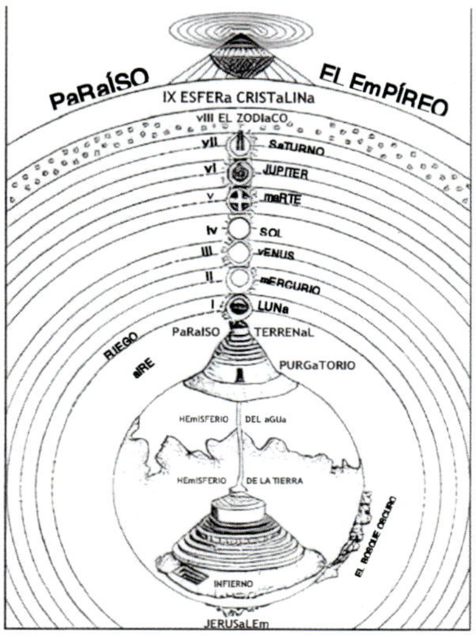

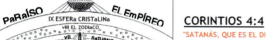

PaRaíSO
EL EmPÍREO
IX ESFERa CRISTaLINa
vIII EL ZODIaCO
vII SaTURNO
vI JUPITER
v maRTE
Iv SOL
III VENUS
II mERCURIO
I LUNa
PaRaISO TERRENaL
PURGaTORIO
FUEGO
aIRE
HEmISFERIO DEL aGUa
HEmISFERIO DE LA TIERRA
INFIERNO
JERUSaLEm

CORINTIOS 4:4

"SATANÁS, QUE ES EL DIOS DE ESTE MUNDO, HA CEGADO LAS MENTES DE AQUELLOS QUE NO CREEN"

SATURNO/SATANÁS ES EL DIOS DE ESTE MUNDO PORQUE ES EL ORDENADOR/SIMULACIÓN EN EL QUE NUESTRA MENTE PROYECTA NUESTRA ALMA. SATURNO ES EL SEÑOR DE LOS ANILLOS; ES EL PRIMER CUERPO CELESTE QUE ATRAVESAMOS CUANDO ENCARNAMOS EN ESTE MUNDO Y ES LA CAPA MÁS EXTERNA DEL SISTEMA DEL ALMA. EN CUANTO ENTRAMOS EN SATURNO, YA ESTAMOS EN EL MUNDO DEL TIEMPO Y DEL ESPACIO. POR LO QUE A SATURNO SE LE CONOCE COMO "PADRE TIEMPO" O "CHRONOS" QUE SIGNIFICA TIEMPO.

EN ASTROLOGÍA, SATURNO ES CONOCIDO POR SER EL GRAN MAESTRO PORQUE EN ESTE MUNDO DE SATURNO, NUESTRA MENTE ADQUIERE CONOCIMIENTO DE LAS RESTRICCIONES FÍSICAS Y DEL DUALISMO. LA MENTE NO TIENE RESTRICCIONES, PERO EN EL MUNDO FISICO TIENE RESTRICCIONES. CUANDO NUESTRA ALMA ENTRA EN EL CUBO DE JUEGO DE SATURNO, NOS CRISTALIZAMOS EN MATERIA FÍSICA (CARBONO-666) Y GANAMOS LA MARCA DE LA BESTIA.

MAGIA POR MANLY P HALL: "SATANÁS...ES CLAVE PARA LA CRISTALIZACIÓN"

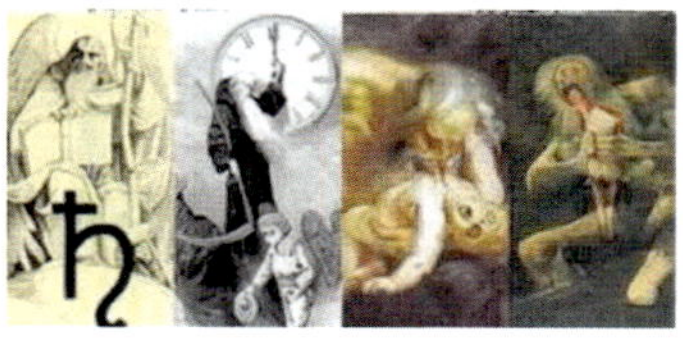

LOS ROMANOS REPRESENTABAN AL DIOS SATURNO CON UN RELOJ O COMIENDOSE A SUS HIJOS. SATURNO TE CRISTALIZA EN EL CUERPO FISICO, Y TODO LO QUE NACE EN EL PLANO FISICO TIENE QUE MORIR A TIEMPO; ES PARTE DE ESTE JUEGO. EL RELOJ SIMBOLIZA EL TIEMPO. SATURNO COMIÉNDOSE A SU HIJO ES UNA MATÁFORA DE NOSOTROS NACIENDO EN CUERPOS FÍSICOS Y EL TIEMPO COMIÉNDONOS. TODOS SOMOS HIJOS DE SATURNO, Y ÉL NOS COMERÁ A TRAVÉS DEL PROCESO DE LA VIDA Y LA MUERTE. SATURNO SE SIMBOLIZA HOY EN DÍA COMO "LA PARCA", UNA FIGURA ESQUELETO QUE LLEVA UN MANTO NEGRO Y UNA GUADAÑA EN LA MANO. EL NEGRO SIMBOLIZA LA MUERTE Y LOS HUESOS SIMBOLIZAN A SATURNO GOBERNANDO LOS HUESOS (CRISTALIZACIÓN).

CORINTIOS 4:4

"SATANAS QUE ES EL DIOS DE ESTE MUNDO, HA CEGADO LAS MENTES DE AQUELLOS QUE NO CREEN"

SATURNO ES EL DIOS DE ESTE MUNDO PORQUE ES EL MUNDO FISICO / MATERIAL / 3a DIMENSIÓN Y SATURNO CRISTALIZÓ TODAS LAS COSAS MATERIALES.

SATANÁS (SATURNO) CIEGA LA MENTE

SATANAS (SATURNO) CIEGA LA MENTE PORQUE ES EL PROCESO DE TU MENTE Y ALMA ENCARNANDO A TRAVES DE LAS 7 ESFERAS CELESTIALES Y LUEGO FINALMENTE LLEGANDO A LA TIERRA NOS HACE OLVIDAR DE NUESTRA VERDADERA DIVINIDAD. UNA VEZ QUE LLEGAMOS A LA TIERRA ESTAMOS OPERANDO DESDE EL CHAKRA RAIZ (MATERIA SOBRE MENTE). EL SIMBOLO DE SATURNO MUESTRA INCLUSO LA MATERIA SOBRE LA MENTE.

TODOS LOS SIMBOLOS DE LOS PLANETAS ESTAN HECHOS DE LOS SIMBOLOS DEL SOL, LA LUNA Y LA TIERRA

LUNA=MENTE SOL=ALMA TIERRA=CUERPO FÍSICO

☉	Oro-Sol	☿	Mercurio-Mercurio	♂	Hierro-Marte
☽	Plata-Luna	♀	Cobre-Venus	♃	Estaño-Júpiter
				♄	Plomo-Saturno

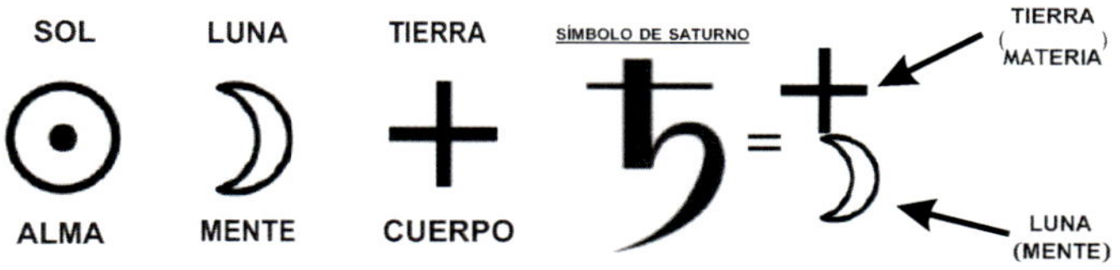

SOL
LUNA
TIERRA
SÍMBOLO DE SATURNO
TIERRA (MATERIA)
ALMA
MENTE
CUERPO
LUNA (MENTE)

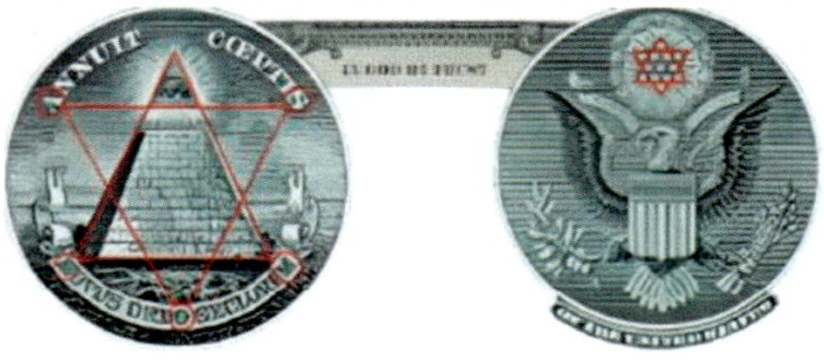

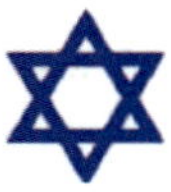

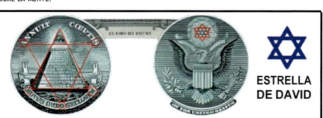

ESTRELLA DE DAVID

LAS ESQUINAS DE LA ESTRELLA DE 6 PUNTAS RESALTAN LAS LETRAS A,S,M,O,N LAS LETRAS PUEDEN SER USADAS PARA DELETREAR MASON.(FRANCMASÓN)

ESTE SÍMBOLO SE UTILIZÓ DURANTE MILES DE AÑOS ANTES DE QUE FUERA LA "ESTRELLA DE DAVID". EL JUDAISMO ES UNA RELIGION DE BASE SATURNINA DE LA QUE EXPLICO MAS ADELANTE EN EL LIBRO.

ESPIRITUAL

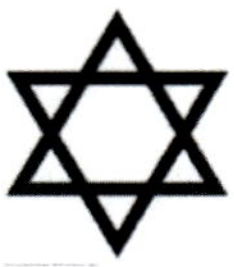

FISICO

COMBINADAS EN UNA SOLA

ALMA=OBSERVADOR/EXPERIMENTADOR
MENTE=PROYECTOR/INTELECTO
CUERPO=VEHÍCULO DE LA MENTE Y EL ALMA

LUNA = MENTE
PERSONA LOCA = LUNÁTICO
EN LA MENTE TIENES UN ESTADO DE ÁNIMO ESPECIFICO QUE ES TU LUNA
MOND EN ALEMÁN = MENTE QUE ES MON = LUNA

EL SIMBOLO DE SATURNO MUESTRA LA MATERIA SOBRE LA MENTE PORQUE CUANDO ENCARNAMOS EN ESTA SIMULACION DE SATURNO, PERDEMOS NUESTRA MEMORIA Y NOS CONVERTIMOS EN MATERIA SOBRE LA MENTE. POR ESO LA BIBLIA DICE QUE SATANAS HA CEGADO LAS MENTES.

EL SIMBOLO DE SATURNO ES DONDE OBTENEMOS EL NUMERO 5. 5 ES EL NUMERO DEL MEDIO, QUE SE TRANSFIERE A LA OTRA MITAD DE LA SECUENCIA NUMERICA. ESTO SE RELACIONA CON SATURNO PORQUE SATURNO TE ESTA CAMBIANDO DEL ESPIRITU A LA MATERIA, DONDE SERAS HECHIZADO EN 5 SENTIDOS Y 5 ELEMENTOS. 5 ES TAMBIEN EL NUMERO DE LOS CAMBIOS EN NUMEROLOGIA.

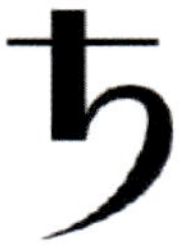

1234 5 678910

LA RAZÓN POR LA QUE LAS ÉLITES SIMBOLIZAN TANTO A SATURNO ES LA SIMULACIÓN EN LA QUE SE PROYECTAN NUESTRAS MENTES. NOS ESTAN ATRAPANDO DENTRO DE ESTE MUNDO DE TIEMPO Y APROVECHANDO LA ENERGIA DE NUESTRAS ALMAS. NO QUIEREN QUE ASCENDAMOS DE NUEVO A LA REALIDAD BASE QUE LLAMAMOS (CIELO/EDÉN); AMAN LA ESCLAVITUD Y DESEAN GOBERNAR EL MUNDO FÍSICO. SON SATÁNICOS / SATURNINOS.

LOS ANILLOS DE SATURNO

666 SATURNO

SI SE RESTA CUALQUIER NÚMERO QUE SE OPONEN ENTRE SÍ EN EL RELOJ SERÁ IGUAL A 6

12-16=6

1-7=6

11-5=6

ETC...

60 MINUTOS EN UNA HORA

60 SEGUNDOS EN UN MINUTO 24 HORAS 2+4=6

666

6 ES SATURNO, EL DIOS

6 , EL DIOS DEL TIEMPO.

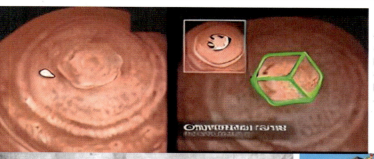

-OTRO SÍMBOLO DE SATURNO ES EL CUBO NEGRO.
- SATURNO SE AGOTA EN EL INVIERNO, QUE SIMBOLIZA LA MUERTE, LA TORPEZA, EL FRÍO Y LA OSCURIDAD.
- ASÍ QUE EL COLOR NEGRO SE ASOCIÓ CON SATURNO POR SU OSCURIDAD.
- POR ESO TENEMOS EL CUBO NEGRO DE SATURNO

CUBOS NEGROS CONMEMORATIVOS DEL 9/11

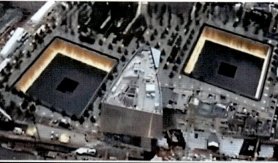

KÁBALA EN ARÁBICO ES "DIOS DEL CUBO"

MONUMENTO AL TEMPLO

SATÁNICO

N TENDO
GAMECUBE

PREPARANDO A LOS PERDIDOS PARA LA MARCA DE LA BESTIA

ASHARQ AL-AWSAT
ARABIA SAUDÍ LANZA UNA PULSERA INTELIGENTE PARA EL HAJJ DE ESTE AÑO
JUEVES, 15 DE JULIO, 2021 - 07:30

CULTO A REMPHAN / SATURNO
FALSIFICACIÓN SATÁNICA DE LA NUEVA JERUSALÉN

16 LETRAS / 3 PALABRAS   LA TIERRA DEL PRÍNCIPE
"Mecca, Saudi Arabia" = **666** INGLÉS / SUMERIO

6 PUNTAS   6 TRIÁNGULOS   6 LADOS

"LA ESTRELLA DE TU DIOS REMPHAN"

ESTRELLA DE DAVID

 **LUNA - LUNES**

 **MARTES - MARTE**

 **MIERCOLES - MERCURIO**

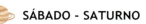 **JUEVES - JÚPITER**

 **VIERNES - VENUS**

SÁBADO - SATURNO

DOMINGO - SOL

EL JUDAÍSMO ES UNA RELIGIÓN DE RAÍZ SATURNINA.

- CUBO NEGRO EN LA FRENTE AL REZAR
- BANDA NEGRA ENVUELTA ALREDEDOR DE ELLOS PARA SIMBOLIZAR A SATURNO ENVOLVIÉNDOTE EN MATERIA FÍSICA
- CUBRIENDO SUS OJOS EN LA NEGRURA
- LA ESTRELLA DE DAVID ES EN REALIDAD LA ESTRELLA DE SATURNO
- SU DIA DE ADORACION ES EL DIA DE SATURNO (SÁBADO)

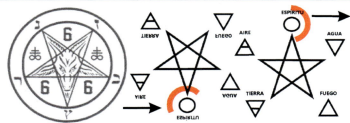

- EL SIMBOLO SATÁNICO DE BAPHOMET ES EL ELEMENTO DEL PENTAGRAMA INVERTIDO.
- ES PONER EL ELEMENTO MÁS IMPORTANTE, EL ESPÍRITU, EN LA PARTE INFERIOR.
- EL ESPÍRITU ES EL MAS IMPORTANTE PORQUE DA ORIGEN A LOS OTROS 4 ELEMENTOS.
- A LA GENTE SATANICA NO LE IMPORTA EL ESPIRITU. ELLOS SON METERIALISTAS (INVERTIDOS).
- LOS SATANISTAS INVIERTEN TODO.

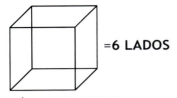

=6 LADOS

6=NÚMERO DEL HOMBRE
7=NÚMERO DE DIOS

TODAS LAS COSAS DENTRO DE ESTE MUNDO FÍSICO TRIDIMENSIONAL TIENEN 6 LADOS: ARRIBA, ABAJO, IZQUIERDA, DERECHA, ADELANTE Y ATRAS. NUESTRA MENTE SE HA PROYECTADO EN ESTE MUNDO TRIDIMENSIONAL DE SATURNO PARA EXPERIMENTAR ESTA SIMULACIÓN. SATURNO ES EL ORDENADOR EN EL QUE SE HA CARGADO NUESTRA MENTE. POR ELLO, VEMOS QUE LAS EMPRESAS DE ORDENADORES DE JUEGOS UTILIZAN LA SIMBOLOGÍA DE SAURNO EN SUS PRODUCTOS, COMO "SEGA SATURNO" Y "XBOX".

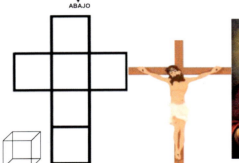

LA CRUZ DE JESUS ES EN REALIDAD UN CUBO DESPLEGADO

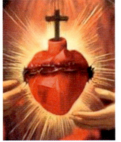

EL CORAZÓN CON LOS ANILLOS DE ESPINAS SIMBOLIZA EL ALMA ENVUELTA EN LA MATERIA. LOS ANILLOS DE ESPINAS SON LOS ANILLOS DE SATURNO. LA LUZ QUE BRILLA FUERA DEL CORAZÓN SIMBOLIZA EL ALMA; EL ALMA ES LUZ PURA. LA CRUZ ES EL CUBO DESPLEGADO. ESTE SÍMBOLO ES TAMBIÉN EL LOGOTIPO DE VIVEAN WESTWOOD.

Vivienne Westwood

DA VINCI TAMBIÉN SIMBOLIZABA AL HOMBRE EN EL CUBO. EL CUERPO FÍSICO DEL HOMBRE ESTÁ ATRAPADO EN EL CUBO, PERO EL CÍRCULO FUERA DEL SIMBOLIZA EL ESPÍRITU. EL ELEMENTO ESPÍRITU ES UN CÍRCULO; LOS CÍRCULOS NO TIENEN PRINCIPIO NI FIN, Y SON ETERNOS. NUESTRO VERDADERO YO ESPIRITUAL ESTÁ FUERA DEL CUBO (FUERA DEL MUNDO FÍSICO).

"PENSAR FUERA DE LA CAJA"

EL SELLO DE MELCHIZADECK ES TAMBIÉN OTRO SÍMBOLO ANTIGUO DE SATURNO

EL FAMOSO JUGUETE DE "JACK EN LA CAJA" ES LA VERDAD A PRIMERA VISTA. SOMOS JACK EN LA CAJA, Y DEBEMOS EXPANDIR NUESTRAS MENTES Y SALIR DE LA CAJA (ASCENDER FUERA DEL CUBO DEL JUEGO DE SATURNO). EL CIELO ES LA REALIDAD BASE DONDE NUESTRA MENTE NO TIENE APEGO A UN CUERPO. ES EL MUNDO REAL/ VERDADERO.

CUBO NEGRO=SATURNO
LOS ANILLOS ALREDEDOR DEL CUBO SIMBOLIZAN LOS ANILLOS DE SATURNO

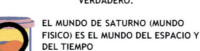

EL MUNDO DE SATURNO (MUNDO FISICO) ES EL MUNDO DEL ESPACIO Y DEL TIEMPO

8= TIEMPO
SATURNO=DIOS DEL TIEMPO=CRONOS
8 PUNTOS EN EL ESPACIO Y EL TIEMPO

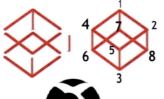

911
Sept. 11

I X X I
I X X I

911 EN NÚMEROS ROMANOS ES EL CÓDIGO DE SATURNO=IXXI=911

= **I X X I**
IXXI=911

CUBOS NEGROS CONMEMORATIVOS DEL 9/11

LAS ELITES HACEN RITUALES SATÁNICOS COMO EL 911 EN CÓDIGOS NUMÉRICOS RELACIONADOS CON SATURNO. SATURNO ES CONOCIDO COMO "LA PARCA" VINCULADA AL PROCESO DE DESPUES DE LA VIDA. POR ESO LA RELACIONAN CON SATURNO

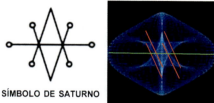

SÍMBOLO DE SATURNO

EL CAMPO ELECTROMAGNÉTICO DEL TOROIDE ES EL ÁTOMO RESPONSABLE DE CREAR TODAS LAS FORMAS FÍSICAS DENTRO DE ESTA SIMULACION. LA IMAGEN DE LA IZQUIERDA MUESTRA LA TRAYECTORIA DE LA ENERGÍA QUE FLUYE DENTRO DE UN CAMPO ELECTROMAGNÉTICO (UN ÁTOMO). LA MATERIA "FÍSICA" ES EL RESULTADO DE DOS FUERZAS OPUESTAS IGUALADAS EN EL PLANO DE LA INERCIA. SATURNO ES LA SIMULACIÓN INFORMÁTICA DE ESTE MUNDO "FÍSICO", Y EL SIGILO DE SATURNO MUESTRA EL PLANO DE INERCIA Y LA EXPRESIÓN DE LA ENERGÍA DENTRO DE UN CAMPO TOROIDAL.

LOS ANTIGUOS FENICIOS LLEVABAN CORONAS Y ANILLOS PARA ADORAR A SU DIOS SATURNO (LA SIMULACION). LAS MENTES CORRUPTAS DE LOS ANTIGUOS FENICIOS, BABILONIOS Y LAS ELITES EN EL PODER HOY EN DIA NO QUIEREN ASCENDER A LA REALIDAD BASE (EL CIELO). EN SU LUGAR, QUIEREN GOBERNAR LA REALIDAD SIMULADA DE SATURNO. ADORAN LO QUE ESTE MUNDO OFRECE Y QUIEREN QUEDARSE AQUI. USABAN ANILLOS Y CORONAS PARA HONRAR LOS ANILLOS DE SATURNO Y MOSTRARLE ADORACION. INCLUSO HOY EN DIA, LLEVAMOS ANILLOS DE BODA CUANDO NOS UNIMOS OFICIALMENTE A ALGUIEN, AL IGUAL QUE ENTRAMOS EN LOS ANILLOS DE SATURNO CUANDO NUESTRA MENTE Y ALMA SE UNEN A ESTA SIMULACION (EL CUERPO).

CORONA=ANILLO

EL ANILLO DE SATURNO ESTA SIMBOLIZADO POR UNA CORONA

SATURNO ES LA ÚLTIMA CAPA DEL SISTEMA DE ALMAS. SE ENCUENTRA EN LA CIMA DE ELLOS, LO QUE SIGNIFICA QUE GOBIERNA SOBRE LOS DEMÁS CUERPOS CELESTES. SATURNO ES EL REY Y GOBIERNA SOBRE EL RESTO POR ESO LLEVA LA CORONA (LOS ANILLOS). POR ESO LOS GOBERNANTES ACTUALES LLEVAN CORONA.

EL DIOS SATURNO SIEMPRE SOSTUVO METAFÓRICAMENTE LA GUADAÑA.

GUADAÑA DEL DIOS SATURNO

TIKTOK=TIEMPO

SE PARECE AL SÍMBOLO DE SATURNO

♂ ♄

LAS TRES RELIGIONES PRINCIPALES SE REMONTAN A LA VENERACIÓN DE SATURNO. SATURNO SE PERCIBE COMO LA MATRIZ QUE ABARCA EL TIEMPO, EL ESPACIO Y LA MATERIA, Y ACTÚA COMO LA VERDADERA DEIDAD DE ESTE MUNDO. EJERCE DOMINIO SOBRE EL REINO FÍSICO, INCLUIDO EL CUERPO Y TODOS LOS ASPECTOS MATERIALES. LA NOCIÓN COMPARTIDA DE "CIELO" O DE UN REINO ALTERNATIVO EN TODAS LAS RELIGIONES REFLEJA QUE LA CONCIENCIA HUMANA TRASCIENDE LOS CONFINES DE ESTE MUNDO.

JUDAISMO Y SATURNO

EL TÉRMINO "SÁBADO" TIENE SUS RAÍCES EN LA PALABRA FENICIA "SHABBA", QUE SIGNIFICA SATURNO. "EL SÁBADO ES EL DÍA DE CULTO DE LOS JUDÍOS. EL SÁBADO ES EL DÍA DE SATURNO. ADEMÁS, DURANTE LAS ORACIONES JUDÍAS, SE OBSERVA QUE LOS FIELES LLEVAN EL CUBO NEGRO DE SATURNO.

CRISTIaNDAD & SaTURNO

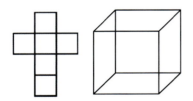

EN CORINTIOS 4:4, EL PASAJE MENCIONA A "SATANÁS, QUE ES EL DIOS DE ESTE MUNDO". LA INTERPRETACIÓN POSTULA QUE SATANÁS ES SINÓNIMO DE SATURNO, ESTE MUNDO ES UNA SIMULACIÓN DEL REINO DE SATURNO.

"HAS SIDO HECHIZADO"

UN maLEFICIO ES UN HECHIZO mÁGICO QUE SE LaNZa SOBRE aLGUIEN. TODOS HEmOS SIDO HECHIZADOS EN La maTERIa FÍSICa. EN INGLÉS SE LE DICE HEX=HEXaGRama

EL ISLam Y SATURNO

EN EL ISLAM, LOS FIELES VENERAN LA KAABA, UNA ESTRUCTURA CON FORMA DE CUBO NEGRO. LA FORMA GEOMÉTRICA DEL CUBO SE ASOCIA CON LA CREACIÓN DE LA MATERIA, DONDE EL NEGRO SIGNIFICA MATERIA Y EL BLANCO SIMBOLIZA ESPÍRITU. ESTA CONEXIÓN SIMBÓLICA SE ESTABLECE CON SATURNO, CONSIDERADO LA DEIDAD DE LA MATERIA, Y EL CUBO ESTÁ SITUADO EN EL POLO NORTE DE SATURNO. ADEMÁS, EN LOS RITUALES ISLÁMICOS, LOS INDIVIDUOS CIRCUNVALAN EL CUBO, REFLEJANDO LOS ANILLOS QUE RODEAN SATURNO, ESTABLECIENDO UN PARALELISMO SIMBÓLICO ENTRE LA CIRCUNVALACIÓN DE LA KAABA Y LOS ANILLOS QUE RODEAN EL PLANETA.

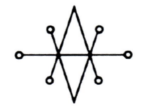

SÍMBOLO DE SATURNO   CROMOSOMAS

"HAS SIDO DOBLEMENTE TRAICIONADO"

CROmOSOMAS
CRONOS=SaTURNO

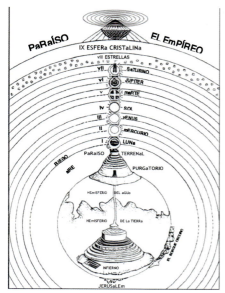

ENCARNACIÓN EN EL PECADO

-NUESTRAS MENTES ESTÁN SIENDO PROYECTADAS EN UNA SIMULACIÓN

-A MEDIDA QUE EL ALMA DESCIENDE AL SISTEMA DE ALMAS, ENTRA PRIMERO EN LOS ANILLOS DE SATURNO; POR ESO SATURNO ES EL CHAKRA RAÍZ. SATURNO EN GRIEGO ES CHRONOS, QUE SIGNIFICA TIEMPO PORQUE TODO EN EL MUNDO MATERIAL ES MORTAL, LO QUE SIGNIFICA QUE NO ES ETERNO, POR LO QUE SE RIGE POR EL TIEMPO.

-LUEGO, DESPUÉS DE SATURNO, PASA A TOMAR LAS OTRAS 6 ENERGÍAS QUE SON NECESARIAS PARA FUNCIONAR EN ESTE MUNDO.

-EL ALMA AHORA HABITA LAS 7 ENERGIAS Y SE ENCARNA EN LA MATERIA FISICA EN EL CORAZON (TIERRA) DEL SISTEMA DEL ALMA EN EL VIENTRE MATERNO.

-CUANDO NACEMOS, NACEMOS EN UN MUNDO DE CICLOS DONDE TODO SE MUEVE EN CICLOS COMO EL DIARIO, ANUAL, MENSUAL, ZODIACAL, ACEITE DE CRISTO, CICLOS MENSTRUALES, ETC...

-ESTOS CICLOS SON ONDAS, QUE SON ONDAS SINUSOIDALES. TIENEN UN PICO Y UN FUERA DE PICO MOSTRADOS EN EL DIAGRAMA DE ABAJO.

ASPECTO REAL DE SATURNO

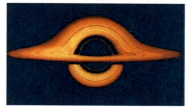

NACES EN EL PECADO

SIN=ONDA SINUSOIDAL

PECADO DE EVA=ONDA SINUSOIDAL

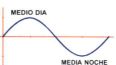

MEDIO DIA

MEDIA NOCHE

EL PECADO DE EVA AL COMER EL FRUTO PROHIBIDO DEL ÁRBOL DEL CONOCIMIENTO DEL BIEN Y DEL MAL ES LA HISTORIA METAFÍSICA DE NUESTRA CONCIENCIA CAYENDO EN LA MATERIA. NUESTRA MENTE SE PROYECTÓ EN EL SISTEMA NERVIOSO (ÁRBOL DEL CONOCIMIENTO DEL BIEN Y DEL MAL) PARA EXPERIMENTAR/OBTENER EL CONOCIMIENTO DEL BIEN Y DEL MAL. MORDIMOS LA FRUTA PROHIBIDA, QUE SE RUMOREA QUE ES UNA MANZANA. LAS MANZANAS SON CAMPOS TOROIDALES, QUE ES UN ÁTOMO. MORDIMOS EL ÁTOMO Y NOS MATERIALIZAMOS EN ÁTOMOS/MATERIA.

EVA=IGUAL=2   ADAN=ÁTOMO=1

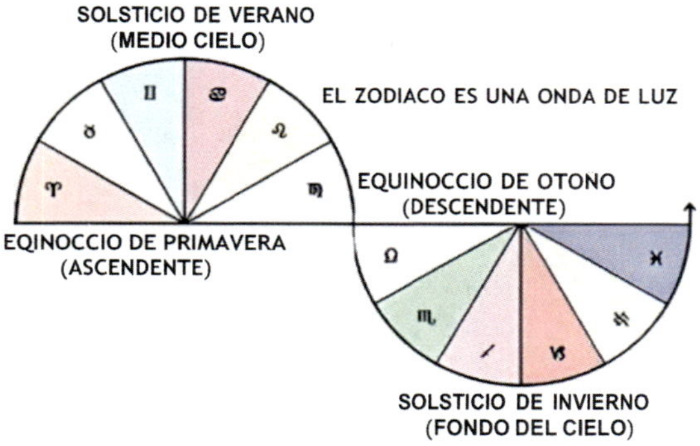

SOLSTICIO DE VERANO (MEDIO CIELO)

EL ZODIACO ES UNA ONDA DE LUZ

EQUINOCCIO DE OTOÑO (DESCENDENTE)

EQINOCCIO DE PRIMAVERA (ASCENDENTE)

SOLSTICIO DE INVIERNO (FONDO DEL CIELO)

ADN=ONDA SINUSOIDAL

EL SÍMBOLO DEL DÓLAR ES LA ONDA SINUSOIDAL

$

- LA ONDA SINUSOIDAL ES UNA ONDA DE LUZ Y TODO ESTÁ HECHO DE LUZ
- TODO SE MUEVE EN ONDAS
- LA LUZ CRISTALIZADA ES MATERIA FÍSICA
- LA LUZ DE BAJA VIBRACIÓN SE CONVIERTE EN MATERIA
- LA MATERIA DE ALTA VIBRACIÓN SE CONVIERTE EN LUZ

NACEMOS EN EL PECADO QUE SIGNIFICA LA ONDA SINUSOIDAL. NACEMOS EN UNA CREACION QUE TIENE DOS FUERZAS OPUESTAS. EL BIEN Y EL MAL, EL DIA Y LA NOCHE, POSITIVO Y NEGATIVO ETC...

EL RECORRIDO DEL SOL ES UNA ONDA SINUSOIDAL

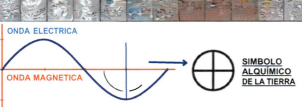

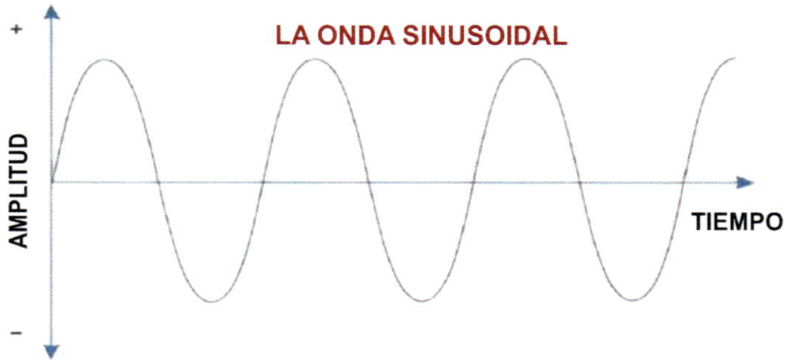

LA ONDA SINUSOIDAL

AMPLITUD

TIEMPO

+

−

ONDA ELECTRICA

ONDA MAGNETICA

SIMBOLO ALQUÍMICO DE LA TIERRA

TODO ES ELECTROMAGNÉTICO

- LA ONDA MAGNÉTICA ES RECTA PORQUE NO TIENE VIBRACIÓN
- LA ONDA ELÉCTRICA VIBRA HACIA ADELANTE Y HACIA ATRÁS, POR LO QUE ONDEA, LO QUE SIGNIFICA QUE TIENE PROFUNDIDAD, QUE ES UNA LONGITUD DE ONDA Y PROFUNDIDAD.
- LA LÍNEA MAGNÉTICA RECTA Y LA PROFUNDIDAD DE LA ONDA ELÉCTRICA COMBINADAS CREAN LA CRUZ, QUE ES DE DONDE OBTENEMOS EL SÍMBOLO DE LA TIERRA.
- EL MAGNETISMO Y LA ELECTRICIDAD SE COMBINAN PARA CREAR LA MATERIA FÍSICA, QUE ES LA TIERRA, Y ESO ES LO QUE MUESTRA EL SÍMBOLO.

7 METALES 7 PLANETAS

☉ Oro-Sol	☿ Mercurio-Mercurio	♂ Hierro-Marte
☽ Plata-Luna	♀ Cobre-Venus	♃ Estaño-Júpiter
		♄ Plomo-Saturno

LOS 7 PLANETAS SON LUCES, QUE DAN: 7 DIAS DE LA SEMANA, 7 COLORES, 7 NOTAS MUSICALES DIATONICAS, 7 CHAKRAS, ETC. LOS 7 METALES TIENEN EL MISMO SIMBOLO ALQUIMICO QUE LOS 7 PLANETAS PORQUE LA MATERIA ES LUZ DE BAJA VIBRACION, Y CUANDO LOS 7 PLANETAS SE METRIALIZAN, CRISTALIZAN LOS 7 METALES.

LA MENTE Y EL ALMA NO TIENEN FORMA VERDADERA EN LOS REINOS ASTRALES, CUALQUIER COSA QUE DESEEMOS CREAR LA MANIFESTAMOS INSTANTANEAMENTE. LAS ESTRELLAS SON APERTURAS EN EL PLANO ASTRAL QUE CREAMOS PARA ENCARNAR, POR ESO LA PALABRA ASTRAL TIENE ESTRELLA DENTRO DE ELLA. EMPEZAMOS EN LAS ESTRELLAS, POR ESO LA PALABRA EMPEZAR TIENE ESTRELLA DENTRO DE ELLA. EN EL MOMENTO DE NUESTRA ENCARNACION UNO DE LOS SIETE DIOSES CELESTIALES GOBIERNA LA TIERRA DESDE LOS CIELOS. LA ENERGIA DE LOS PLANETAS QUE GOBIERNAN EN EL MOMENTO DE NUESTRA ENCARNACION MOLDEA NUESTRA ALMA, MENTE Y CUERPO QUE MANIFESTAMOS EN NUESTROS COMPORTAMIENTOS, FICOLOGIA Y ESPIRITU.

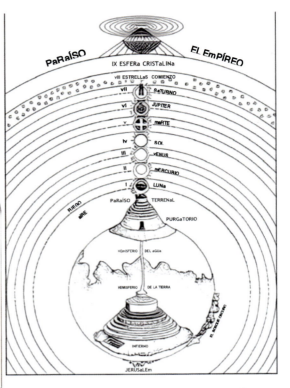

ángel = ángulo

CADA SER VIVO ES UN ÁNGULO CAÍDO DE LUZ ASTRAL. DECIDIMOS COMER LA FRUTA PROHIBIDA Y ENCARNAR EN EL MUNDO MATERIAL DE SATURNO (SATÁN). SATURNO GOBIERNA ESTE MUNDO DE MATERIA, TIEMPO Y ESPACIO. EN EL PLANO ASTRAL PODEMOS MANIFESTAR LO QUE DESEAMOS INSTANTÁNEAMENTE SIN EMBARGO NUESTRAS MENTES ESTÁN BAJO LAS RESTRICCIONES DE LA MATERIA. AHORA TENEMOS QUE TRABAJAR PARA MANIFESTAR NUESTROS DESEOS, ESTA ES LA RAZÓN POR LA QUE SATURNO EN ASTROLOGÍA ES CONOCIDO COMO EL MAESTRO DE MAESTROS, Y RETIENE LAS COSAS PARA ENSEÑARNOS UNA LECCIÓN. NUESTRAS MENTES SE HAN CONVERTIDO EN MATERIA FÍSICA.

PINTURa aNTIGUa DEL NaCIMIENTO DE JESÚS

La vERDaD SIEMPRE ESTa ESCONDIDa a SIMPLE vISTa

aRTE MaSÓNICO

aLIEN LIE = MENTIRa

La INTRO DEL SHOw DE SR. BEaN ES ÉL BaJaNDO DESDE UN RaYO DE LUZ

PINTURa aNTIGUa DEL NaCIMIENTO DE JESÚS PUESTa EN UN RaYO DE LUZ MaTERIaLIZaNDOLO EN La TIERRa

aRTE MaSÓNICO

"ALCANZA LAS ESTRELLAS"

MONSTRUO - ESTRELLa LUNaR
DIESTRa - ESTRELLa DERECHa
aSTRO - ESTRELLa aSTRaL

aNCESTRO - ESTRELLa CELESTE
MaESTRE - ESTRELLa MaESTRa
ILUSTRE - ESTRELLa LUMINOSa

EL CIELO ES LA REALIDAD BASE DONDE LA MENTE NO TIENE LIMITACIONES. MÁS ALLÁ DE LAS ESTRELLAS ESTÁ EL PLANO ASTRAL DONDE LA MENTE Y LAS ALMAS PUEDEN VAGAR LIBREMENTE POR LOS MUNDOS, PLANOS Y UNIVERSOS E INCLUSO CREAR LOS SUYOS. OBSERVE EN ESTA OBRA DE ARTE MASÓNICA LAS ESCALERAS QUE CONDUCEN AL CENTRO DEL SOL Y LA LUNA. EL SOL Y LA LUNA SIMBOLIZAN LA POLARIDAD DEL MUNDO FÍSICO, YA QUE EL SOL ES MASCULINO Y LA LUNA ES FEMENINA. LAS ESCALERAS CONDUCEN AL CENTRO DE ELLOS SIMBOLIZANDO LA UNIDAD Y EL EQUILIBRIO. LA MENTE NO TIENE GÉNERO, ES CONCIENCIA PURA SIN LIMITACIONES.

EL PÁJARO DESCENDENTE SIMBOLIZA EL ALMA Y LA MENTE QUE DESCIENDEN DEL PLANO ASTRAL (LAS ESTRELLAS) Y SE ENCARNAN EN LAS AGUAS ETÉREAS (EL MUNDO FÍSICO).
EL ARCO EN LA PARTE SUPERIOR DEL CUADRO SIMBOLIZA EL FIRMAMENTO Y EL RAYO DE LUZ ES SU RAYO ESTELAR.

LAS TABLAS ESMERALDA DE THOT, TAMBIÉN CONOCIDAS COMO LAS TABLAS DE SMARAGDINE O SIMPLEMENTE LAS TABLAS ESMERALDA, SON UNA SERIE DE ANTIGUOS TEXTOS ESOTÉRICOS Y CRÍPTICOS ATRIBUIDOS A LA LEGENDARIA FIGURA DE HERMES TRISMEGISTO O TAMBIÉN CONOCIDO COMO THOTH, MOSES Y MERCURIO. SIR ISAAC NEWTON SUPUESTAMENTE TRADUJO LAS TABLAS DE ESMERALDA DE THOTH EN EL SIGLO XVII.

EN LA ANTIGUA RELIGIÓN EGIPCIA, THOT ERA UNA DEIDAD ASOCIADA CON LA LUNA, EL CÁLCULO DEL TIEMPO, EL APRENDIZAJE Y LA ESCRITURA. CONSIDERADO EL INVENTOR DE LA ESCRITURA Y EL CREADOR DE LAS LENGUAS, THOT DESEMPEÑABA IMPORTANTES FUNCIONES COMO ESCRIBA, INTÉRPRETE Y CONSEJERO DE LOS DIOSES.

CITAS DE LOS TABERNÁCULOS ESMERALDA DE THOTH POR M. DOREAL: "DE LA OSCURIDAD OS ELEVÁIS HACIA ARRIBA, UNO CON LA LUZ Y UNO CON LAS ESTRELLAS"

"EL HOMBRE ESTÁ EN PROCESO DE CAMBIAR A FORMAS QUE NO SON DE ESTE MUNDO: CRECE CON EL TIEMPO HACIA LO INFORME, UN PLANO EN EL CICLO SUPERIOR. SABED QUE DEBÉIS VOLVEROS INFORMES ANTES DE SER UNO CON LA LUZ"

"NO SOIS DE LA TIERRA... TERRENAL SINO HIJO DE LA LUZ CÓSMICA INIFINADA"

"YACÍA BAJO LAS ESTRELLAS EN ATLANTIS ENTERRADO HACE MUCHO TIEMPO, SOÑANDO CON MISTERIOS MUY POR ENCIMA DE LOS HOMBRES. ENTONCES CRECIÓ EN MI CORAZÓN UN GRAN ANHELO DE CONQUISTAR EL CAMINO QUE CONDUCÍA A LAS ESTRELLAS"

"LIBRE DEL CUERPO, RELAMPAGUEÉ A TRAVÉS DE LA NOCHE. POR FIN SE ABRIÓ PARA MÍ EL ESPACIO ESTELAR".

THOTH ERA UNA DIVINIDAD LUNAR. EL SOL ES UN MACROCOSMOS DEL ALMA, LA TIERRA ES UN MACROCOSMOS DEL CUERPO Y LA LUNA ES UN MACROCOSMOS DE LA MENTE. CUERPO, ALMA Y MENTE. LA PALABRA THOTH SE CONVIERTE EN LA PALABRA PENSAMIENTO Y THOTH ES UNA DIVINIDAD LUNAR QUE SIGNIFICA MENTE. LA MENTE ES La QUE REaLIZa LOS PENSAMIENTOS. THOTH REPRESENTA LA MENTE PORQUE ES EL MEDIO, ES EL PROYECTOR DEL ALMA, PROYECTANDO EL ESPÍRITU EN DIFERENTES CUERPOS (MUNDOS). THOTH ERA EL DIOS DE LA SABIDURIA Y LA SABIDURIA ESTA DENTRO DE LA MENTE.

THOT EL DIOS DE La SaBIDURÍa

aRTE maSÓNIcO

SABIDURÍA

SUBIDA

SABIDURÍA EN INGLÉS

WISDOM=CÚPULA SABIa

PLaNO FÍSICO   PLaNO ETÉREO   PLaNO ETERNO

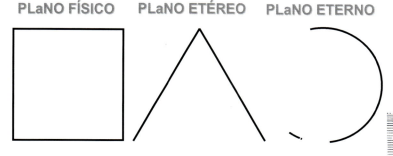

COMO ES aRRIBa - ES aBaJO

"DESTINADO" EN INGLES
DOOMED = CON DOMO

"PENSAR FUERA DE LA CAJA" ENCIERRA UNA PROFUNDA VERDAD... LA CAJA ES EL CUADRADO QUE REPRESENTA EL PLANO FÍSICO. TU MENTE ESTA EXPERIMENTANDO EL PROGRAMA QUE ESTA SIENDO EJECUTADO POR EL CEREBRO Y EL SISTEMA NERVIOSO CENTRAL, POR LO TANTO EL CUERPO ES LA TIERRA. CUANDO LA MENTE ABANDONA EL CUERPO DURANTE LA PROYECCION ASTRAL, SE ABANDONA DE HECHO LA TIERRA. PARA ASCENDER EL INDIVIDUO TIENE QUE PENSAR MÁS ALLÁ DEL MUNDO FÍSICO Y BUSCAR UN CAMINO QUE ESTÁ OCULTO DENTRO DE UNO MISMO. CUANDO NUESTRA MENTE DESPIERTA A REALIDADES MÁS ALLÁ DE NUESTRO ENTORNO INMEDIATO, SURGE UN IMPULSO NATURAL DE EXPLORAR. ESTE PROCESO SE ASEMEJA AL DE UN BEBÉ EN EL VIENTRE MATERNO. CUANDO EL BEBÉ SE DA CUENTA DE QUE HAY UN MUNDO MÁS ALLÁ DE SU MADRE, EMPIEZA A MOVERSE Y A BUSCAR UNA SALIDA. ESTO ES PARALELO A LA IDEA DE EVOLUCIÓN ESPIRITUAL, SIGUIENDO EL PRINCIPIO "COMO ES ARRIBA, ES ABAJO", QUE SIMBOLIZA UNA PROGRESIÓN NATURAL HACIA UNA CONCIENCIA SUPERIOR.

LOS PLANETAS NO SON 7 LUGARES FÍSICOS FUERA DE NUESTRO REINO/TIERRA. SON 7 CUERPOS ENERGÉTICOS CÓSMICOS QUE INFLUYEN EN LA CONCIENCIA. LAS CONSTELACIONES, LOS PLANETAS Y LOS CUERPOS CELESTES CONTRIBUYEN COLECTIVAMENTE COMO COMPONENTES VIBRACIONALES DINÁMICOS QUE DAN FORMA A NUESTRA PERCEPCIÓN DE LA REALIDAD. CADA "PLANETA" EMITE UNA FRECUENCIA DISTINTA, TEJIENDO UN TAPIZ DE ENERGÍAS QUE DEFINE SU SINGULARIDAD.

7 ELOHIMS = 7 PLANETaS

CAFFI-EL = SATURNO
ANA-EL = VENUS
SACHI-EL = MERCURIO
MICHA-EL = SOL
GABRI-EL = LUNA
CAMA-EL = MARTE
RAPHA-EL = JÚPITER

LOS 7 ELOHIM SON LOS 7 CUERPOS PLANETARIOS. LOS ANCIANOS ISRAELITAS LES DABAN EL NOMBRE DE 'LOS ELOHIM'. ESTOS SERES SON LAS FUERZAS REALES DETRÁS DEL "DIOS" DEL GÉNESIS. 'ELOHIM' ES UNA PALABRA PLURAL QUE REPRESENTA EL PODER COMBINADO DE SIETE ENTIDADES DISTINTAS.

ENTONCES ELOHIM DIJO: "HAGAMOS A LOS SERES HUMANOS A NUESTRA IMAGEN Y SEMEJANZA. QUE GOBIERNEN A LOS PECES DEL MAR, A LAS AVES DEL CIELO, A LOS ANIMALES DOMÉSTICOS DE TODA LA TIERRA Y A TODOS LOS ANIMALES QUE SE ARRASTRAN SOBRE LA TIERRA." ASÍ CREÓ ELOHIM A LOS SERES HUMANOS A SU IMAGEN. A IMAGEN DE ELOHIM LOS CREÓ. LOS CREÓ VARÓN Y HEMBRA.

SOMOS UN MICROCOSMOS DEL MACROCOSMOS. SOMOS DIOS HECHO CARNE, TAMBIÉN CONOCIDO EN LA BIBLIA COMO "LA PALABRA HECHA CARNE". SOMOS HECHOS A IMAGEN DE LAS CONSTELACIONES, LOS PLANETAS Y TODOS LOS CUERPOS CELESTES.

DADOR DE VIDA
SOL - DOMINGO

PROTECTOR DE SI MISMO
MARTE - MARTES

EXPRESIÓN DEL PRIMER PRINCIPIO - EL AMOR
VENUS - VIERNES

REGALOS ESPIRITUALES
JÚPITER - JUEVES

EL

INTELECTO
MERCURIO - MIÉRCOLES

SÁBADO - SATURNO
ESTRUCTURA, DISCIPLINA, JUSTICIA

LUNA - LUNES
EMOTIVO

aPOCaLÍPSIS 1:20
"LaS SIETE ESTRELLAS SON LOS SIETE ÁNGELES DE LAS IGLESIAS"

CANDELABRO DE SIETE BRAZOS JUDÍO Y SU SIMBOLISMO

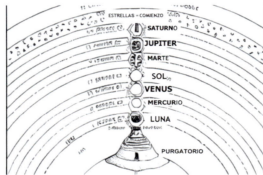

ESTRELLAS = COMIENZO

SATURNO
JÚPITER
MARTE
SOL
VENUS
MERCURIO
LUNA
PURGATORIO

JOB 38:32-33

32 "¿PUEDES SACAR AL MAZZAROTH DE SU ESTACIÓN, O PUEDES GUIAR A LA OSA CON SUS HIJOS?" 33 "¿CONOCES LAS ORDENANZAS DE LOS CIELOS? ¿PUEDES ESTABLECER SU GOBIERNO SOBRE LA TIERRA?"

ESTE VERSÍCULO ESTÁ DICIENDO BÁSICAMENTE ¿PUEDES LEER LAS ESTRELLAS? ¿CONOCES LA INFLUENCIA DE LAS CONSTELACIONES EN LA TIERRA?
MAZZAROTH SE TRADUCE COMO 12 SIGNOS.
MAZZAROTH ES UNA DE LAS ÚNICAS PALABRAS DE LA BIBLIA QUE DECIDIERON NO TRADUCIR AL INGLÉS. ¿POR QUÉ? PORQUE NO QUIEREN QUE CONOZCAS LA VERDADERA CIENCIA DE LA ASTROLOGÍA.

COSMOLOGÍA FRANCMASÓNICA

LUNA = MENTE

SOL = ALMA

TIERRA = CUERPO

ESTA OBRA DE ARTE MASÓNICA MUESTRA LOS RAYOS DE LUZ DE LOS 7 CUERPOS CELESTES QUE INFLUYEN EN LA MENTE, EL ALMA Y EL CUERPO.

LA MATERIA FÍSICA ES LUZ DE BAJA VIBRACIÓN Y LA LUZ ES MATERIA DE ALTA VIBRACIÓN. LOS 7 PLANETAS TIENEN EL MISMO SÍMBOLO QUE LOS 7 METALES PORQUE LOS "PLANETAS" SON EN REALIDAD LUCES CÓSMICAS EN EL FIRMAMENTO, Y CUANDO SE MATERIALIZAN, TE DAN LOS 7 METALES.

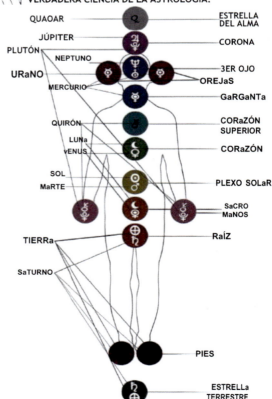

QUAOAR — ESTRELLA DEL ALMA
JÚPITER — CORONA
PLUTÓN
NEPTUNO — 3ER OJO
URaNO — OREJaS
MERCURIO — GaRGaNTa
QUIRÓN — CORaZÓN SUPERIOR
LUNa
vENUS — CORaZÓN
SOL — PLEXO SOLaR
MaRTE
SaCRO MaNOS
TIERRa — RaíZ
SaTURNO
PIES
ESTRELLa TERRESTRE

COMO ES ARRIBA ES ABAJO. LOS DIOSES CELESTIALES, TAMBIÉN CONOCIDOS COMO LOS 7 PANETS (ELOHIM), MANIFIESTAN SUS 7 ENERGÍAS ÚNICAS EN EL MUNDO NATURAL. CADA "PLANETA" TIENE UNA ENERGIA DISTINTA QUE MANIFIESTA SUS VIRTUDES EN LOS ANIMALES, PLANTAS, ARBOLES Y TODAS LAS COSAS NATURALES QUE HAY SOBRE LA FAZ DE LA TIERRA. EL ANIMAL, ARBOL O PLANTA, ETC. LLEVARA A CABO LA VIRTUD DE ESA ENERGIA QUE LE HA SIDO DADA POR EL GOBERNANTE CELESTIAL.

SATURNO

ELEMENTO = AGUA

METAL = PLOMO

PIEDRAS = MARCASITA DORADA, ONYX, ZAZA, CAMOINUS, SAFÍRO, JASPE GRIS, CALCEDONIA, PIEDRA DE IMÁN Y TODAS LAS PIEDRAS QUE SON TERROSAS, OSCURAS Y PESADAS.

ARBOLES Y PLANTAS = ASFÓDELOS QUE ESTRUPEN, NO DAN FRUTOS, TIENEN BAYAS NEGRAS O PRODUCEN FRUTOS NEGROS COMO EL HIGO NEGRO O EL PINO, EL CIPRÉS, UN ÁRBOL FUNERARIO QUE NO DA BAYAS. TODO LO QUE ES LÚGUBRE, DE SABOR AMARGO, TIENE UN OLOR VIOLENTO, ESTÁ COLOREADO DE UN TONO DESAGRADABLE CON PINTAS AGRIAS, COMO EL PEREJIL.

ANIMALES = ANIMALES NOCTURNOS, APAGADOS, MELANCÓLICOS, LENTOS, QUE COMEN PORQUERÍAS. TOPOS, ASNOS, LOBOS, LIEBRES, MULAS, GATOS, CAMELLOS, CERDOS, SIMIOS, DRAGONES, BASILISCOS, SAPOS Y TODAS LAS SERPIENTES Y COSAS QUE SE ARRASTRAN, ESCORPIONES, HORMIGAS Y CRIATURAS QUE NACEN DE LA TIERRA EN DESCOMPOSICIÓN, EN EL AGUA O EN EDIFICIOS EN RUINAS COMO LOS RATONES Y MUCHOS GUSANOS.

AVES = PAVOS REALES, BÚHOS, MURCIÉLAGOS, ABUBILLAS, CUERVOS, CODORNICES, GRULLAS, AVESTRUZES.

PECES = ANGUILAS, CaZÓNES, OSTRAS, PEJESPONJaS.

La LUNa

ELEMENTO = TIERRa

METAL = PLaTa

PIEDRAS = MARCASITA PLATEADA, TODAS LAS QUE SON BLANCAS Y VERDES. SALENITA, PERLAS, BERILO.

ARBOLES Y PLANTAS = LUNARIA QUE GIRA HACIA LA LUNA, PALMERAS QUE LANZAN UNA SOLA RAMA CON CADA SALIDA DE LA LUNA, HISOPO, ROMERO, VITEX, OLIVO CHINO QUE AUMENTAN Y DISMINUYEN EL NÚMERO DE HOJAS CON LA LUNA.

ANIMALES = PERROS, CAMALEONES, CERDOS, CABRA HEMBRA DEL CIERVO, LEOPARDOS. TODOS ELLOS OBSERVAN E IMITAN A LA LUNA. LOS OJOS DE LOS GATOS SE ACHICAN Y AGRANDAN CON LA LUNA, HIENAS, CASTORES, NUTRIAS, RATONES.

AVES = GANSOS, PATOS, SOMORMUJOS, TODOS LOS ACUÁTICOS Y CAZADORES DE PECES, ABEJAS.

PECES = SILUROS CUYOS OJOS GIRAN SEGÚN LOS CAMBIOS DE LA LUNA, RAYAS ELÉCTRICAS, RÉMORA, CANGREJOS, OSTRAS, MARISCOS Y RANAS.

MERCURIO

ELEMENTO = AGUA

METAL = MERCURIO

PIEDRAS = ÁGATA, PORFIRITA, TOPACIO.

ÁRBOLES Y PLANTAS = BRUMA, POTENTILLA, MERcURIaLIS, FUMARIA, PIMPINELa BLaNca, MEJORANA.

ANIMALES = SIMIOS, ZORROS, COMADREJAS, CIERVOS, MULAS, ANIMALES HERMAFRODITAS Y AQUELLOS QUE PUEDEN CAMBIAR DE SEXO COMO LIEBRES, HIENAS Y SIMILARES.

PÁJAROS = JILGUERO, FICEDULA, MIRLO, ZORZAL, ALONDRA, RUISEÑOR, LORO, URRACA, IBIS, PORFIRIO Y ESCARABAJO DE UN CUERNO.

PECES = TROCO, PULPO, RAYA, LISA GRIS.

EL SOL

ELEMENTO = FUEGO

METAL = ORO

PIEDRAS = AETITA QUE TIENE VIRTUDES CONTRA LA ENFERMEDAD Y EL VENENO. OTRA PIEDRA SE LLAMA "EL OJO DEL SOL", QUE TIENE LAS VIRTUDES DE FORTALECER EL CEREBRO Y AGUDIZAR LA VISTA. OTRA PIEDRA ES EL CARBUNCLO, QUE TIENE VIRTUDES CONTRA TODOS LOS VENENOS AÉREOS Y VAPOROSOS. LA CRISOLITA, COLOCADA FRENTE AL SOL, EMITE UNA ESTRELLA DORADA. FORTALECE EL ESPIRITU Y AYUDA CONTRA EL ASMA.

ÁRBOLES Y PLANTAS = HELIOTROPOS QUE SE VUELVEN HACIA EL SOL MIENTRAS ÉSTE SE MUEVE. LA PEONIA, EL JENGIBRE, LA HIERBA GOLONDRINA, LOS CÍTRICOS, LA GENCIANA, LA DITTANIA Y LA VERBENA SON PLANTAS Y ÁRBOLES QUE SE RIGEN POR EL SOL. TODAS TIENEN GRANDES VIRTUDES QUE AYUDAN A AHUYENTAR A LOS MALOS ESPÍRITUS.

ANIMALES = TODOS LOS ANIMALES ANSIOSOS DE VICTORIA, VALIENTES Y AMBICIOSOS, COMO EL LEÓN, EL COCODRILO, EL LINCE, EL CARNERO, EL MACHO CABRÍO, EL TORO Y EL BABUINO.

AVES = FÉNIX, ÁGUILAS, BUITRES, HALCONES.

PECES = CRÍAS DE MAR, MOLUSCOS, MEDUSAS.

JÚPITER

ELEMENTO = AIRE

METAL = ESTAÑO

PIEDRAS = JaCINTO, BERILO, ZAFIRO, ESMERALDA, JASPE.

ÁRBOLES Y PLANTAS =CIONaNTOS, ALBAHACA, SUCULENTa, áRBOL DE NUEZ mOSCaDa, NARDO, MENTA, LENTISCO, HELENIO, VIOLETA, LIRIO, CaSTañOS DE INDIaS, ROBLE, ENCINA, HAYA, AVELLANO, ÁLAMO, SORBO SILvESTRE, HIGUERA BLANCA, PERAL, MANZANO, VID, CIRUELO, CORNEJO, CEBADA, TRIGO, PASA, LICORIZ, Caña DE AZÚCAR.

ANIMALES = CIERVOS, TOROS, ELEFANTES, OVEJAS, TODOS LOS ANIMaLES CON BUENA DISCIPLINA.

AVES = PERDICES, FAISANES, GOLONDRINAS, PELÍCANOS.

PECES = DELFÍN, ANGUILA, CABRACHO.

MARTE

ELEMENTO = FUEGO

METAL = HIERRO

PIEDRAS = DIAMANTE, HELIOTROPO, MAGNETITA Y MUCHAS CLASES DE JASPE Y AMATISTA.

ÁRBOLES Y PLANTAS = ELÉBORO, AJO, EUFORBIO, RÁBANO, LAUREL, ACÓNITO, ESCAMONEA, Y TODOS LOS VENENOS Y ABUNDANTEMENTE CALIENTES. TODAS LAS PLANTAS PROTEGIDAS POR ESPIGAS PUNTIAGUDAS COMO EL ACEBO Y LA ORTIGA. CEBOLLAS, CHALOTA, GOTERA, MOSTAZA, RICINO.

ANIMALES = ANIMALES DE GUERRA, CABALLOS, MULAS, MACHOS CABRÍOS, LOBOS, PANTERAS, ASNOS SALVAJES, SERPIENTES Y DRAGONES.

AVES = ÁGUILAS, HALCONES, BÚHOS PEQUEÑOS, CÁRABOS, CERNÍCALOS, MILANOS, CUERVOS GRANDES Y PEQUEÑOS.

PECES = LUCIOS, LISAS, ARIES KOI, BIRCUM, PEZ LOBO, CORaL DE CUERO RUGOSO Y LOS QUE SON VORACES Y AVARICIOSOS.

VENUS

ELEMENTO = AIRE Y AGUA

METAL = COBRE

PIEDRAS = JASPE VERDE, BERILO, LAPIZ LAZULI, CORAL Y TODOS LOS MINERALES QUE SEAN COLORIDOS Y BELLOS.

ÁRBOLES Y PLANTAS = VIOLETA VERBERNA, CULANTRILLO, LUCIA, VALERIANA, TOMILLO, ÁMBAR, MUSGO, SÁNDALO, CILANTRO, PERA, HIGO, GRANADA

ANIMALES = CONEJOS, OVEJAS JÓVENES Y OTROS ANIMALES QUE SE REPRODUCEN RÁPIDAMENTE

AVES = CISNES, LAVANDERAS, GOLONDRINAS, PELÍCANOS, GANSOS EGIPCIOS, PALOMAS

PECES = GRULLAS, LOPHIIFORMES, MERLO

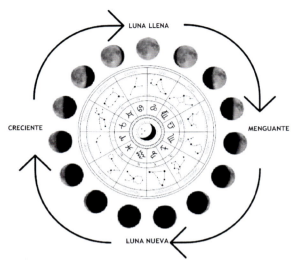

LUNA LLENA

CRECIENTE

MENGUANTE

LUNA NUEVA

SOL

CONSCIENTE

SÍMBOLO ALQUÍMICO
DE LA LUNA

FEMENINO
AGUA

MON

SUB-CONSCIENTE

LUNA=MENTE

SOL=ALMA

TIERRA=CUERPO

MO=MOON

**HUMOR
DEMONIO
MONEDA
MONaRQUÍa
MONOPOLIO**

LUNA = PLATA
TAMIBÉN COINCIDE
CON EL METAL
ALQUÍMICO.

UN MES ES UNA LUNA

LA LUNA TARDA 14 DÍAS EN HACERSE LUNA LLENA
LA LUNA TARDA 14 DÍAS EN SER LUNA NUEVA

LA LUNA GOBIERNA TODOS LOS LÍQUIDOS DENTRO DE NOSOTROS Y SOBRE LA FAZ DE
LA TIERRA. EL CICLO MENSTRUAL DE LA MUJER ESTÁ REGIDO POR LA LUNA; EL ÓVULO
TARDA 14 DÍAS EN MADURAR EN EL ÚTERO. SI EL ÓVULO ES FECUNDADO 270 DÍAS
DESPUÉS, NACERÁ UN NIÑO. SI NO, 14 DÍAS DESPUÉS, EL ÓVULO SANGRARÁ.

LA LUNA TARDA 30 DÍAS EN RECORRER LA RUEDA DEL ZODIACO. POR ESO UTILIZAMOS
EL TÉRMINO MES, PORQUE ES EL MON=MOON EN INGLÉS. UN MES ES UN CICLO DE LA
LUNA QUE RECORRE LOS 12 SIGNOS DEL ZODIACO.

LA LUNA TIENE UN EFECTO EN NUESTRA PSICOLOGÍA, Y POR ESO UTILIZAMOS EL
TÉRMINO LUNÁTICO. ES UN HECHO BIEN CONOCIDO DESDE HACE DÉCADAS QUE EN
LUNA LLENA AUMENTA EL ÍNDICE DE CRIMINALIDAD DEBIDO A LOS EFECTOS
PSICOLÓGICOS QUE TIENE SOBRE NUESTRA MENTE, POTENCIANDO EL ESTADO MENTAL
QUE YA POSEEMOS.

UTILIZA LA LUNA A TU FAVOR

CUANDO LA LUNA ESTA EN LA FASE DE SER NUEVA, QUIERES EMPEZAR NUEVOS
PROYECTOS, PLANTAR SEMILLAS, O EMPEZAR UN NUEVO CAPITULO EN TU VIDA, YA QUE
LA LUNA ESTARA CRECIENDO JUNTO CONTIGO. EL DINERO SÓLO EXISTE EN LA MENTE.
LA MENTE ES LUNA. EN TU MENTE TIENES UN HUMOR ESPECÍFICO QUE ES LA LUNA.

LA LUNA NO REFLEJA LA LUZ DEL SOL;
EMITE SU PROPIA FUENTE DE LUZ.
CONTEMPLAR LA LUNA LLENA TE
AYUDARÁ A ADQUIRIR HABILIDADES
FÍSICAS.
LA LUNA ES TU MENTE Y LA LUNA
LLENA ES CUANDO ES MÁS
PODEROSA. PUEDES UTILIZAR LA LUNA
LLENA EN TU BENEFICIO, POR
EJEMPLO, LANZANDO HECHIZOS, YA
QUE SON MÁS PODEROSOS CUANDO
HAY LUNA LLENA, O EMPEZAR ALGO
NUEVO EN TU VIDA. TAMBIÉN PUEDES
HACER UNA MEDITACIÓN DE
VISUALIZACIÓN PROFUNDA DE TU
FUTURO, ETC…
LAS LUNAS NUEVAS SIMBOLIZAN
NUEVOS COMIENZOS, NUEVAS
MENTALIDADES, NUEVAS METAS, ETC…

FASES LUNARES

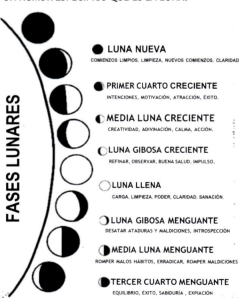

LUNA NUEVA
COMIENZOS LIMPIOS, LIMPIEZA, NUEVOS COMIENZOS. CLARIDAD.

PRIMER CUARTO CRECIENTE
INTENCIONES, MOTIVACIÓN, ATRACCIÓN, ÉXITO.

MEDIA LUNA CRECIENTE
CREATIVIDAD, ADIVINACIÓN, CALMA, ACCIÓN.

LUNA GIBOSA CRECIENTE
REFINAR, OBSERVAR, BUENA SALUD, IMPULSO.

LUNA LLENA
CARGA, LIMPIEZA, PODER, CLARIDAD, SANACIÓN.

LUNA GIBOSA MENGUANTE
DESATAR ATADURAS Y MALDICIONES, INTROSPECCIÓN

MEDIA LUNA MENGUANTE
ROMPER MALOS HÁBITOS, ERRADICAR, ROMPER MALDICIONES.

TERCER CUARTO MENGUANTE
EQUILIBRIO, ÉXITO, SABIDURÍA , EXPIACIÓN

SIGNIFICADOS DE LAS FASES LUNARES

CRECIENDO

LUNA NUEVA
NUEVOS COMIENZOS:
ES EL MOMENTO PARA UN ESTADO LIMPIO, EMPEZAR A
REUNIR TUS PENSAMIENTOS Y PLANIFICAR.

PRIMER CUARTO CRECIENTE
DEFINE TUS INTENCIONES:
ENVÍA TUS ILUSIONES Y SUEÑOS AL MUNDO.

MEDIA LUNA CRECIENTE
TOMA ACCIÓN:
CUANDO TE ENFRENTES A OBSTÁCULOS NO FLAQUEES. ES
EL MOMENTO DE SEGUIR ADELANTE.

LUNA GIBOSA CRECIENTE
REFINA Y PERFECCIONA:
OBSERVA Y ALINEA TUS EXPECTATIVAS CON EL UNIVERSO.
EL IMPULSO ESTÁ CRECIENDO.

LUNA LLENA
COSECHA TUS ESFUERZOS:
UN TIEMPO PARA COSECHAR LAS INTENCIONES Y
PROPÓSITOS DE LUNAS PASADAS.

LUNA GIBOSA MENGUANTE
INTROSPECTA:
MIRA HACIA DENTRO, REFLEXIONA SOBRE TUS OBJETIVOS
Y SÉ AGRADECIDO.

MENGUANDO

MEDIA LUNA MENGUANTE
SUÉLTA Y DEJA IR:
SUELTA LOS HÁBITOS QUE TE ATAN Y TE HACEN DAÑO.

TERCER CUARTO MENGUANTE
RENDIRSE:
RECUPERARSE Y DESCANSAR. ESTÁ BIEN SENTIRSE VACÍO A
VECES.

LUNA NUEVA
NUEVOS COMIENZOS:
ES EL MOMENTO PARA UN ESTADO LIMPIO, EMPEZAR A
REUNIR TUS PENSAMIENTOS Y PLANIFICAR.

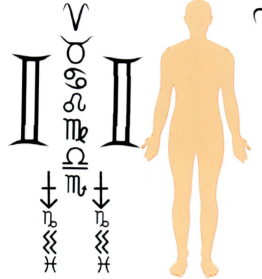

ARIES RIGE LA CORTEZA CEREBRAL

LOS CUERNOS DEL CARNERO ESTÁN EN EL CEREBRO

INTERCAMBIAMOS LA "E" POR LA "A" Y LA OTRA "E" POR LA "N" Y LA CORREMOS

CEREBRO=CARNERO=ARIES "CARNERO DE DIOS"

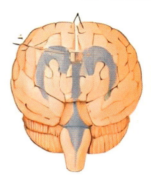

TAURO RIGE EL CEREBELO

CEREBELO

BECERRO   BECERRO=TAURO

EL CEREBRO SUPERIOR Y EL INFERIOR
CONTROLAN TODO EL CUERPO Y TE HACEN
ANDAR, EN INGLÉS SIGNIFICa RaMBLE = RaM BULL
RaM = CaRNERO   BULL = TORO

GÉMINIS RIGE LOS DOS BRAZOS, LAS MANOS Y LOS PULMONES

GÉMINIS ES EL SIGNO DE LOS DOS GEMELOS; EL ELEMENTO aSOCIaDO A ESTE SIGNO ES EL aIRE. LOS GEMELOS EN EL CUERPO SON LaS MaNOS, LOS PULMONES Y LOS BRaZOS. NUESTRaS MaNOS Y BRaZOS SE MUEvEN POR EL aIRE Y NUESTROS PULMONES INHaLaN Y EXHaLaN aIRE.

CAPRICORNIO RIGE LAS RODILLAS

EN LaTÍN CaPRaE ES CaBRa
Y CORNIBUS ES CUERNOS.

SAGITARIO RIGE LAS CADERAS

SAGITARIO EL ARQUERO A CABALLO QUE RIGE LAS CADERAS HIP SIGNIFICA CADERA EN LATÍN E INGLÉS.

PISCIS LOS DOS PIES

LOS DOS PECES SON LOS DOS PIES, EN LaTÍN PEDITES ES PIE, LOS PIES TaMBIÉN LOS USAMOS PARA NADAR EN EL AGUA.

EL FIN DE LOS TIEMPOS

EL FIN DE LOS TIEMPOS EN LA BIBLIA SE REFIERE AL FIN DE PISCIS ENTRANDO EN ACUARIO.

La Biblia de las Américas LUCaS 22:8

Entonces *Jesús* envió a Pedro y a Juan, diciendo: Id y preparad la Pascua para nosotros, para que *la* comamos.

La Biblia de las Américas LUCaS 22:10

Y El les respondió: He aquí, al entrar en la ciudad, os saldrá al e~~_____~~a; seguidle a la casa donde entre.

EN AQUELLOS TIEMPOS, UN HOMBRE NUNCA ACARREABA AGUA; ESE ERA EL TRABAJO DE UNA MUJER, MIENTRAS QUE EL HOMBRE ERA EL CONSTRUCTOR, POR EJEMPLO. ASÍ ES COMO SABEMOS QUE SE REFIERE AL SIGNO DE ACUARIO.

¿QUÉ HACEN LAS 12 CONSTELACIONES?

EL ZODÍACO CONFIERE CARACTERÍSTICAS DISTINTIVAS Y VARIADAS A TODOS LOS SERES VIVOS, MODELANDO NUESTRA APARIENCIA, COMPORTAMIENTO, PENSAMIENTOS Y PERCEPCIONES. ESTA DIVERSIDAD SURGE DEL MOVIMIENTO PERPETUO DE LAS CONSTELACIONES EN EL CIELO. CADA UNO DE NOSOTROS OCUPA UN TIEMPO Y UN LUGAR ESPECÍFICOS EN LOS CUERPOS CELESTES, Y NUESTROS DESTINOS ESTÁN INFLUIDOS POR LAS POSICIONES PLANETARIAS EN EL MOMENTO DE NUESTRO NACIMIENTO. ESTAS ENTIDADES CELESTES, SEMEJANTES A DIOSES, DESEMPEÑAN UN PAPEL EN LA FORMACIÓN DE NUESTROS CUERPOS, ALMAS Y RASGOS INDIVIDUALES. LAS FORMAS ÚNICAS DE CADA SER VIVO SON EL RESULTADO DE LA ALINEACIÓN DE LAS INFLUENCIAS ZODIACALES Y PLANETARIAS. NO HAY DOS INDIVIDUOS TOTALMENTE IGUALES, YA QUE CADA UNO OCUPA UNA POSICIÓN ÚNICA EN EL CIELO CUANDO ENCARNAMOS. LA ROTACIÓN CONSTANTE DE LOS DIOSES DEL ZODÍACO ALREDEDOR DEL POLO NORTE MAGNÉTICO CREA UN CONJUNTO SIEMPRE CAMBIANTE DE ENERGÍA, QUE SE DESPLAZA CADA MILISEGUNDO Y CADA HORA, CONTRIBUYENDO A LA INDIVIDUALIDAD DE CADA SER VIVO. LAS ESTRELLAS Y LOS CUERPOS CELESTES CREAN CADA FORMA VIVIENTE SOBRE LA FAZ DE LA TIERRA. CADA PLANTA, ÁRBOL, ANIMAL, PEZ Y CRIATURA OBTIENE SUS CUALIDADES Y RASGOS DE LOS PODERES CELESTIALES DEL CIELO.

21 DE JUNIO
SOLSTICIO DE VERANO
(MEDIO CIELO)

EL ZODIACO ES UNA ONDA DE LUZ

21 DE SEPTIEMBRE
EQUINOCCIO DE OTOÑO
(DESCENDENTE)

EQINOCCIO DE PRIMAVERA
(ASCENDENTE)
21 DE MARZO

SOLSTICIO DE INVIERNO
(FONDO DEL CIELO)
21 DE DICIEMBRE

ARIES, CÁNCER, LIBRA Y CAPRICORNIO SON LOS 4 SIGNOS CARDINALES

CaRDINE EN LATÍN SIGNIFICA BISAGRA Y LAS BISAGRAS ABREN PUERTAS. CUANDO EL SOL LLEGA A ESTOS SIGNOS CARDINALES, ABRE LA PUERTA DE LA ESTACIÓN.

DOS EQUINOCCIOS (SEGÚN EL HEMISFERIO EN EL QUE ESTÁS)
21 DE MARZO - LOS DÍAS SE ALARGAN Y LAS NOCHES SE ACORTAN.
21 DE SEPTIEMBRE: LOS DÍAS SE HACEN MÁS CORTOS Y LAS NOCHES MÁS LARGAS.

EN LA BIBLIA SE CONOCEN COMO LOS DOS OLIVOS, LOS DOS PALOS DE LAS VELAS, LOS DOS TESTIGOS Y LOS DOS PACTOS.

EL PACTO DE OBRAS = 21 DE MARZO PORQUE EL AGRICULTOR TIENE QUE TRABAJAR EN EL CAMPO PARA RECOGER LA COSECHA.

EL PACTO DE GRACIA/DESCANSO = EL SOL NOS LLEVA AL VERANO Y LOS AGRICULTORES PUEDEN DESCANSAR DEL TRABAJO. LA TIERRA ENTERA ESTA EN COMPLETO EQUINOCCIO EN ESTOS DOS MOMENTOS. ESTA ES LA RAZON POR LA QUE TENEMOS 4 EVANGELIOS: MATEO, MARCOS, LUCAS Y JUAN. TAMBIÉN ES POR ESO QUE TENEMOS 4 DIRECCIONES DE VIENTOS EN LA TIERRA.

"EL HOMBRE ES UNa ESTRELLa LIGaDa a UN CUERPO, HaSTa EL FINaL, ÉL ES LIBERaDO a TRavÉS DE SU CONTIENDa. SOLaMENTE POR MEDIO DE LUCHa Y TRaBaJO LO MáS DURO qUE PUEDaS, La ESTRELLa DENTRO DE TI BROTaRá a UNa NUEva vIDa. PaRA EL qUE CONOCE EL COMIENZO DE TODaS LaS COSaS, LIBRE ES SU ESTRELLa DEL REINO DE La NOCHE".

LAS TABLAS ESMERALDA DE THOTH AFIRMAN QUE SOMOS UNA ESTRELLA EN UN CUERPO FÍSICO. SOMOS UN ANGEL CAÍDO DE LUZ (UNA ESTRELLA) QUE ENCARNÓ EN EL AGUJERO NEGRO DE SATURNO. ENCARNAMOS EN UN AVATAR (HOMBRE HU, TRAJE DE CARBONO 666 (MARCA DE LA BESTIA).

12=NÚMERO MENTAL
7=NÚMERO MATERIAL

♀ MASCULINO ELÉCTRICO

♂ FEMENINA MAGNÉTICA

AIRE — AGUA
FUEGO — TIERRA

SATURNO
JUPITER
MARTE
SOL
VENUS
MERCURIO
LUNA
PURGATORIO

SIGN	ANIMAL	PALABRA CLAVE	ELEMENTO
ARIES	CARNERO	YO SOY	FUEGO
TAURO	TORO	YO TENGO	TIERRA
GEMINIS	GEMELOS	YO PIENSO	AIRE
CÁNCER	CANGREJO	YO SIENTO	AGUA
LEO	LEÓN	YO HAGO	FUEGO
VIRGO	VIRGEN	YO ANALIZO	TIERRA
LIBRA	BALANZA	YO BALANCEO	AIRE
ESCORPIO	ESCORPIÓN	YO DESEO	AGUA
SAGITARIO	ARQUERO	YO ENTIENDO	FUEGO
CAPRICORNIO	CABRA	YO USO	TIERRA
ACUARIO	PORTA AGUA	YO SÉ	AIRE
PISCIS	PECES	YO CREO	AGUA

Signo		Planeta Regente	
♈	Aries	♂	Marte
♉	Tauro	♀	Venus
♊	Géminis	☿	Mercurio
♋	Cáncer	☽	Luna
♌	Leo	☉	Sol
♍	Virgo	☿	Mercurio
♎	Libra	♀	Venus
♏	Escorpio	♇	Plutón
♐	Sagitario	♃	Júpiter
♑	Capricornio	♄	Saturno
♒	Acuario	♅	Urano
♓	Piscis	♆	Neptuno

SIGNO	PARTE DEL CUERPO REGENTE
ARIES	CABEZA
TAURO	CUELLO Y GARGANTA
GÉMINIS	PULMONES, BRAZOS, HOMBROS
CÁNCER	PECHO, SENOS, ESTÓMAGO
LEO	CORAZÓN Y ESPALDA SUPERIOR
VIRGO	ABDOMEN Y SISTEMA DIGESTIVO
LIBRA	RIÑONES Y REGIÓN LUMBAR
ESCORPIO	GENITALES
SAGITARIO	CADERAS Y MUSLOS
CAPRICORNIO	RODILLAS Y HUESOS
ACUARIO	PANTORRILLAS, CANILLAS, TOBILLOS
PISCIS	PIES

EL 1 DE ABRIL ES EL AUTÉNTICO DÍA DEL AÑO NUEVO, CUANDO EL SOL ENTRA EN EL SIGNO ZODIACAL DE ARIES. ESTE ACONTECIMIENTO NATURAL SE ALINEA CON EL REJUVENECIMIENTO DE LA NATURALEZA, SIMBOLIZANDO EL RESURGIMIENTO DE LA VIDA TRAS EL LETARGO INVERNAL. ARIES, ASOCIADO CON EL MES DE ABRIL, SIGNIFICA EL INICIO DE NUEVOS COMIENZOS.

SIN EMBARGO, EL CALENDARIO Y LAS FECHAS HAN SIDO MANIPULADOS POR LAS AUTORIDADES, PERTURBANDO NUESTRA ARMONÍA CON LA NATURALEZA. EL DÍA DE LOS INOCENTES, ORIGINALMENTE EL VERDADERO AÑO NUEVO, SE GANÓ SU NOMBRE PORQUE NOS ENGAÑARON PARA QUE ACEPTÁRAMOS UNA PERCEPCIÓN ALTERADA DEL TIEMPO. EN ESENCIA, LOS QUE CONTROLAN EL CALENDARIO NOS TOMAN POR TONTOS SIN QUE NOS DEMOS CUENTA.

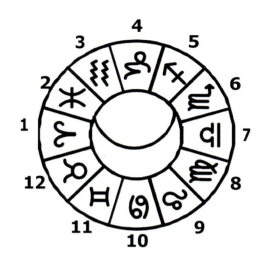

EL CARNERO DE DIOS

ARIES ES EL AUTÉNTICO SIGNO INAUGURAL DEL ZODÍACO, PORTADOR DE LA ESENCIA ELEMENTAL DEL FUEGO. ESTE ARDIENTE ELEMENTO ENCARNA UNA FUERZA MASCULINA Y EXPLOSIVA, QUE ARMONIZA CON EL RESURGIMIENTO DE LA VIDA VEGETAL DURANTE LA PRESENCIA DEL SOL EN ARIES, SIMBOLIZANDO LA RENOVACIÓN DE LA NATURALEZA.

EN LA ALINEACIÓN ASTROLÓGICA, ARIES CORRESPONDE A LA PARTE SUPERIOR DE LA CABEZA Y A LA CORTEZA CEREBRAL. EL CEREBRO SUPERIOR, SUFRE UNA INTRIGANTE TRANSFORMACIÓN LINGÜÍSTICA SI INTECAMBIAMOS LA "E" POR LA "A" Y LA "B" POR LA "N"., DANDO LUGAR AL TÉRMINO "CARNERO". EN EL SIMBOLISMO BÍBLICO, EL CEREBRO SE ASEMEJA AL CORDERO DE DIOS, LO QUE SIGNIFICA LA UTILIZACIÓN DEL CEREBRO SUPERIOR EN LOS ÁMBITOS ESPIRITUAL Y COGNITIVO.

COMO Ya SE Ha INDICaDO, ARIES RIGE LaS REGIONES SUPERIORES DE La CaBEZa. AL SER EL PRIMER SIGNO DEL ZODíaCO, COINCIDE CON EL DESaRROLLO INICIaL DE La CaBEZa Y EL CEREBRO EN EL ÚTERO. La REPRESENTaCIÓN SIMBÓLICa DE ARIES COMO EL CaRNERO añaDE OTRa CaPa DE CONEXIÓN, Ya qUE LOS CaRNEROS SON CONOCIDOS POR CHOCaR aSERTIvaMENTE SUS CaBEZaS. ESTE COMPORTaMIENTO aCENTÚa aÚN MáS La aSOCIaCIÓN ENTRE ARIES Y La REGIÓN DE La CaBEZa, SUBRaYaNDO La IMPORTaNCIa DE ESTE SIGNO ZODIaCaL EN RELaCIÓN CON EL DESaRROLLO Y La aSERTIvIDaD aSOCIaDA a La CaBEZa Y EL CEREBRO.

EL TÉRMINO EN INGLÉS "RAMBLE" ENCIERRA LA NOCIÓN DE VAGAR O MOVERSE. CURIOSAMENTE, LA PROPIA PALABRA SE COMPONE DE "RAM" Y "BLE", ASOCIÁNDOSE "RAM" (CARNERO) CON EL SIGNO ZODIACAL ARIES Y "BLE" EVOCANDO AL TORO, QUE REPRESENTA A TAURO (BULL). ARIES ESTÁ VINCULADO AL CEREBRO SUPERIOR, EL CEREBRO, MIENTRAS QUE TAURO CORRESPONDE AL CEREBRO INFERIOR, EL CEREBELO. JUNTOS, ESTOS DOS COMPONENTES DEL CEREBRO -EL CARNERO Y EL TORO- COLABORAN, CONTRIBUYENDO AL MOVIMIENTO COORDINADO QUE HACE QUE TU CUERPO CAMINE.

aSTRO = CUERPOS DE LUZ (ESTRELLaS).
LOGOS EN GRIEGO SIGNIFICa 'PaLaBRa DE'.
aSTROLOGía = PaLaBRa DE LUZ.

DIOS ES LUZ

ARIES	Fosfato de Potasio	K3PO4	Kali phos
TAURUS	Sulfato de Soda	Na2 SO4	Natrum Sulph
GEMENIS	Cloruro de Potasio	K Cl	Kali Mur
CANCER	Fluoruro de Calcio	Ca F2	Calcárea Fluor
LEO	Fosfato de Magnesio	Mg3 (PO4)2	Mag Phos
VIRGO	Sulfato de Potasio	K2 SO4	Kali Sulph
LIBRA	Fosfato de Soda	Na3 PO4	Natrum Phos
SCORPIO	Sulfato de Calcio	Ca SO4	Calcárea Sulph
SAGITARIO	Dióxido de Silicio	Si O2	Silicea
CAPRICORNIO	Fosfato de Calcio	Ca3 (PO4)2	Calcárea Phos
AQUARIO	Cloruro de Soda	Na Cl	Natrum Mur
PISCIS	Fosfato Férrico	Fe FO4. 2H2O	Ferrum Phos

12 SIGNOS ZODIACALES = 12 SALES CELULARES

LAS 12 ENERGíAS ZODIACALES SE MANIFIESTAN EN EL PLANO FíSICO COMO LAS 12 SALES CELULARES CON LAS QUE SE CREAN NUESTROS CUERPOS. ESTAMOS EN EL VIENTRE MATERNO DURANTE 9 MESES; POR LO TANTO, SOMOS DEFICIENTES MINERALES EN 3 SALES CELULARES ZODIACALES.

PARA CALCULAR EL SIGNO ZODIACAL DEL QUE ERES DEFICIENTE, TODO LO QUE TIENES QUE HACER ES MIRAR TU SIGNO Y CONTAR 9 SIGNOS EN EL SENTIDO CONTRARIO A LAS AGUJAS DEL RELOJ, INCLUYENDO TU SIGNO COMO NÚMERO 1. DEBERíAN QUEDARTE 3 SIGNOS. ESTOS SIGNOS SON LOS MINERALES DE LOS QUE SU CUERPO ES MINERALMENTE DEFICIENTE.

A LA IZQUIERDA, PUEDE VER CLARAMENTE LOS MINERALES ASOCIADOS A CADA ZODÍACO.

SALMOS 118:22
La Biblia de las Américas
La piedra que desecharon los edificadores ha venido a ser la *piedra* principal del ángulo.

UNA PIEDRA ANGULAR ES UNA PIRÁMIDE, NO UNA PIEDRA ANGULAR EN EL EDIFICIO.

ESTAMOS EN EL VIENTRE MATERNO DURANTE 9 MESES POR LO TANTO GANAMOS 9 SALES CELULARES. LA PIEDRA ANGULAR **PRINCIPAL** QUE RECHAZAMOS SON LOS 3 SIGNOS DEL ZODIACO EN LOS QUE NO ESTUVIMOS EN EL VIENTRE MATERNO. ESTO SIGNIFICA QUE SOMOS MINERALES DEFICIENTES EN 3 SALES CELULARES. POR EJEMPLO, SI NACIERAS EN ESCORPIO, CONTARíAS 9 MESES ATRÁS, LO QUE DEJARíA A SAGITARIO, CAPRICORNIO Y ACUARIO, QUE SERíAN SÍLICE, FOSFATO DE CALCIO Y CLORURO DE SODIO.

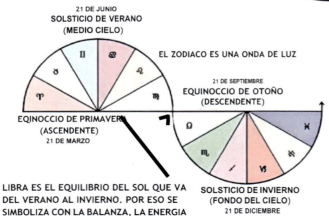

21 DE JUNIO
SOLSTICIO DE VERANO
(MEDIO CIELO)

EL ZODIACO ES UNA ONDA DE LUZ

21 DE SEPTIEMBRE
EQUINOCCIO DE OTOÑO
(DESCENDENTE)

EQINOCCIO DE PRIMAVERA
(ASCENDENTE)
21 DE MARZO

SOLSTICIO DE INVIERNO
(FONDO DEL CIELO)
21 DE DICIEMBRE

LIBRA ES EL EQUILIBRIO DEL SOL QUE VA DEL VERANO AL INVIERNO. POR ESO SE SIMBOLIZA CON LA BALANZA, LA ENERGIA SE EXPRESA EN DOCE GRADOS.

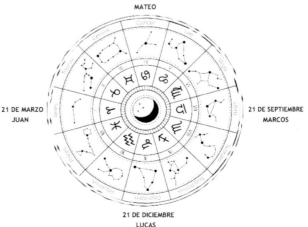

21 DE JUNIO
MATEO

21 DE MARZO
JUAN

21 DE SEPTIEMBRE
MARCOS

21 DE DICIEMBRE
LUCAS

LEO EL LEÓN

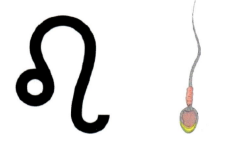

EL SÍMBOLO DE LEO ES UN ESPERMATOZOIDE. LOS ESPERMATOZOIDES SON MASCULINOS. EL ELEMENTO DE LEO ES EL FUEGO, QUE ES MASCULINO. EL SOL RIGE A LEO, QUE TAMBIÉN ES MASCULINO. LEO ES EL LEÓN, QUE ES MASCULINO.

LEO = 32 (ORDINaRIO)

L E O
12 5 15 **32**

ORDINARIO
(1 PALABRA, 3 LETRAS)

LEO ES EL 5to SIGNO ZODIACAL

3+2=5

5 ES UN NÚMERO PRIMO. LOS NÚMEROS PRIMOS SE CONSIDERAN LOS NÚMEROS MÁS MASCULINOS

LEO SE CONSIDERA UNO DE LOS SIGNOS MÁS MASCULINOS DE LOS DOCE DEL ZODÍACO. ESTA ATRIBUCIÓN SE DERIVA DE LAS CARACTERÍSTICAS Y CUALIDADES ASOCIADAS AL SOL, QUE INCLUYEN CUALIDADES COMO LA VITALIDAD, LA ASERTIVIDAD Y UN FUERTE SENTIDO DE LA AUTOEXPRESIÓN, TODAS ELLAS EN CONSONANCIA CON LOS ATRIBUTOS MASCULINOS TRADICIONALES. LOS LEONES TIENEN TODOS ESTOS ATRIBUTOS.

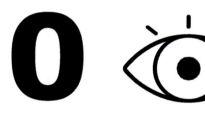

La LETRa "O" SE PaRECE a UN OJO aBIERTO. POR ESO La PaLaBRa "aBIERTO" TIENE ESTa LETRa aL fINaL.
POR EL CONTRaRIO, La LETRa "C" SE aSEMEJa a UN OJO CERRaDO, LO qUE EXPLICa POR qUé La PaLaBRa "CERRaDO" EMPIEZa POR La LETRa "C".

SIMBOLÍSMO

EL SIMBOLISMO FUNCIONA COMO EL LENGUAJE DE LA MENTE, CON LA CAPACIDAD ÚNICA DE DESVELAR Y OCULTAR SIGNIFICADOS SIMULTÁNEAMENTE. LOS SÍMBOLOS OCULTAN Y REVELAN. REVELAN SIGNIFICADOS OCULTOS A QUIENES POSEEN LOS CONOCIMIENTOS ADECUADOS PARA DESCIFRARLOS. LAS CIVILIZACIONES ANTIGUAS, COMO LA EGIPCIA Y LA SUMERIA, EMPLEARON HÁBILMENTE EL SIMBOLISMO PARA OCULTAR VERDADES PROFUNDAS A LOS DESINFORMADOS Y A QUIENES ALBERGABAN INTENCIONES MALICIOSAS. ESTE USO DELIBERADO DEL SIMBOLISMO ESTABA MOTIVADO POR LA IDEA DE QUE EL CONOCIMIENTO ENCIERRA UN INMENSO PODER Y, CUANDO LO MANEJA

SINCRETISMO ADICIONAL

UNA MENTE MALÉVOLA, PUEDE CONDUCIR A LA DESTRUCCIÓN Y LA CORRUPCIÓN GENERALIZADAS, FENÓMENOS OBSERVABLES EN EL MUNDO CONTEMPORÁNEO.

LOS 12 IMaNES DE SHIa

LOS 12 DISCÍPULOS aLREDEDOR DE CRÍSTO

12 aRcáNGELES DEL LIBRO DE ENÓc

ORDEN	REGImIENTO	SIGNO	aRcáNGEL
1	MaR 21 - aBR 20	aRIES	aRIEL
2	aBR 21 - MaY 21	TaURO	CaMaEL
3	MaY 22 - JUN 21	GÉMINIS	ZEDEKIEL
4	JUN 22 - JUL 23	cáNcER	GabRIEL
5	JUL 24 - aGO 23	LEO	RaZIEL
6	aGO 24 - SEP 23	vIRGO	METaTRON
7	SEP 24 - OcT 23	LIBRa	jOfIEL
8	OcT 24 - NOv 22	EScORPIO	jEREMIEL
9	NOv 23 - DEc 22	SaGITaRIO	RaGUEL
10	DIc 23 - ENE 20	caPRIcORNIO	aZRaEL
11	ENE 21 - fEB 19	acUaRIO	URIEL
12	fEB 20 - MaR 20	PIScIS	SaNDaLfÓN

12 SIGNOS ZODIacaLES aLREDEDOR DEL SOL

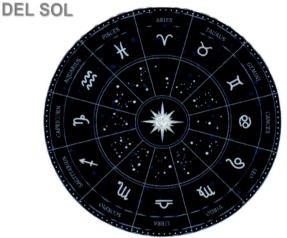

12 LíNEaS qUE DELImITaN EL cUBO

EN UNA ESFERA CaBEN EXaCTaMENTE 12 ESFERAS aLREDEDOR DE UNa ESFERA CENTRAL.

EL CUBO ES La FORMa QUE Da ORIGEN a La MaTERIa

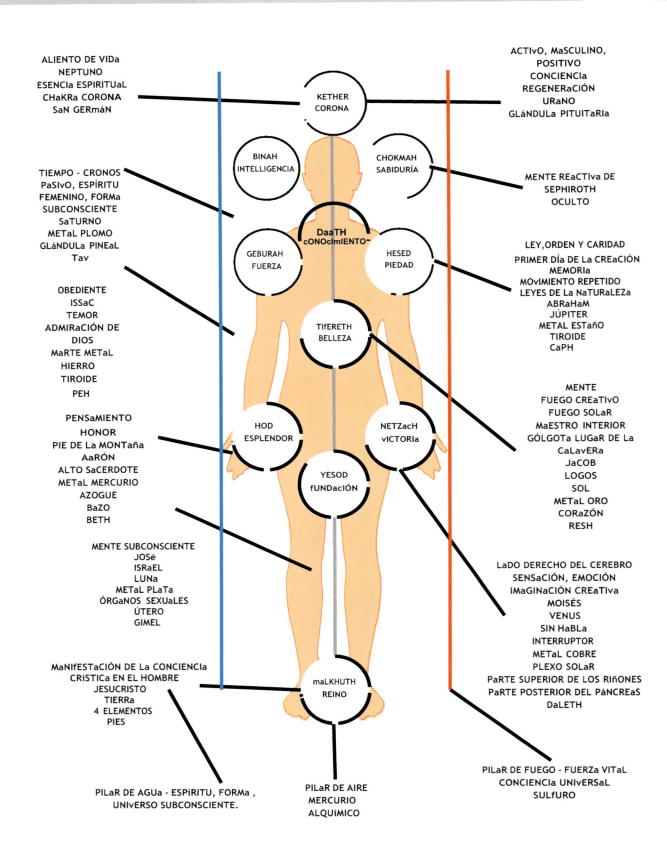

ALIENTO DE VIDa
NEPTUNO
ESENCIa ESPIRITUaL
CHaKRa CORONA
SaN GERmáN

ACTIvO, MaSCULINO,
POSITIVO
CONCIENCIa
REGENERaCIÓN
URaNO
GLáNDULa PITUITaRIa

KETHER
CORONA

BINAH
INTELLIGENCIA

CHOKMAH
SABIDURÍA

TIEMPO - CRONOS
PaSIvO, ESPÍRITU
FEMENINO, FORMa
SUBCONSCIENTE
SaTURNO
METaL PLOMO
GLáNDULa PINEaL
Tav

MENTE REaCTIva DE
SEPHIROTH
OCULTO

DaaTH
cONOcImIENTO-

GEBURAH
FUERZA

HESED
PIEDAD

LEY, ORDEN Y CARIDAD
PRIMER DÍa DE La CREaCIÓN
MEMORIa
MOvIMIENTO REPETIDO
LEYES DE La NaTURaLEZa
ABRaHaM
JÚPITER
METAL ESTañO
TIROIDE
CaPH

OBEDIENTE
ISSaC
TEMOR
ADMIRaCIÓN DE
DIOS
MaRTE METaL
HIERRO
TIROIDE
PEH

TIfERETH
BELLEZA

MENTE
FUEGO CREaTIvO
FUEGO SOLaR
MaESTRO INTERIOR
GÓLGOTa LUGaR DE La
CaLavERa
JaCOB
LOGOS
SOL
METaL ORO
CORaZÓN
RESH

PENSaMIENTO
HONOR
PIE DE La MONTaña
AaRÓN
ALTO SaCERDOTE
METaL MERCURIO
AZOGUE
BaZO
BETH

HOD
ESPLENDOR

NETZacH
vICTORIa

YESOD
fUNDacIÓN

MENTE SUBCONSCIENTE
JOSé
ISRaEL
LUNa
METaL PLaTa
ÓRGaNOS SEXUaLES
ÚTERO
GIMEL

LaDO DERECHO DEL CEREBRO
SENSaCIÓN, EMOCIÓN
IMaGINaCIÓN CREaTIva
MOISÉS
VENUS
SIN HaBLa
INTERRUPTOR
METaL COBRE
PLEXO SOLaR
PaRTE SUPERIOR DE LOS RIñONES
PaRTE POSTERIOR DEL PáNCREaS
DaLETH

MaNIfESTaCIÓN DE La CONCIENCIa
CRíSTICa EN EL HOMBRE
JESUCRISTO
TIERRa
4 ELEMENTOS
PIES

maLKHUTH
REINO

PILaR DE FUEGO - FUERZa VITaL
CONCIENCIa UNIvERSaL
SULfURO

PILaR DE AGUa - ESPíRITU, FORMa ,
UNIvERSO SUBCONSCIENTE.

PILaR DE AIRE
MERCURIO
ALQUíMICO

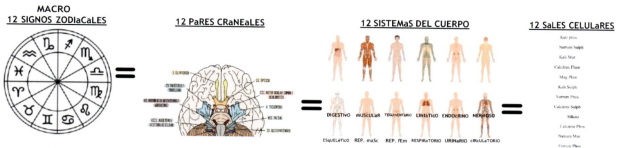

MACRO

12 SIGNOS ZODIaCaLES	12 PaRES CRaNEaLES	12 SISTEMaS DEL CUERPO	12 SaLES CELULaRES

COMO ES ARRIBA, ES ABAJO, COMO ES ADENTRO, ES AFUERA ES EL CONCEPTO MÁS IMPORTANTE QUE NECESITA SER ENTENDIDO PROFUNDAMENTE PARA OBTENER LA INTERPRETACIÓN COMPLETA DE ESTA CREACIÓN DIVINA.

EL TÉRMINO COMO ES ARRIBA ES ABAJO CORRESPONDE CON TODAS LAS COSAS DE LA CREACIÓN, YA QUE VINCULA LO MICRO CON LO MACRO. SE PUEDE ESTUDIAR LO MACRO ESTUDIANDO LO MICRO PORQUE TODAS LAS COSAS ESTÁN EN TODAS LAS COSAS. ESTE TÉRMINO HA EXISTIDO POR MILES DE AÑOS Y FUE UNA FRASE FAMOSA DEL DIOS EGIPCIO THOTH/HERMES TRIMEGISTO/MERCURIO/MOISéS/ENÓc.

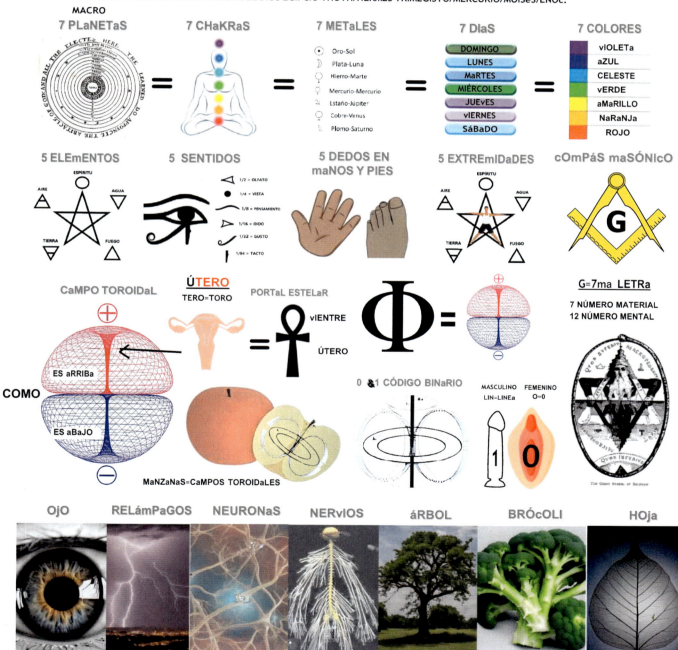

MACRO

7 PLaNETaS — 7 CHaKRaS — 7 METaLES — 7 DIaS — 7 COLORES

5 ELEmENTOS — 5 SENTIDOS — 5 DEDOS EN maNOS Y PIES — 5 EXTREmIDaDES — cOmPáS maSÓNIcO

CaMPO TOROIDaL — ÚTERO (TERO=TORO) — PORTaL ESTELaR — G=7ma LETRa

OjO — RELámPaGOS — NEURONaS — NERvIOS — áRBOL — BRÓcOLI — HOja

UNIvERSO FRaCTaL

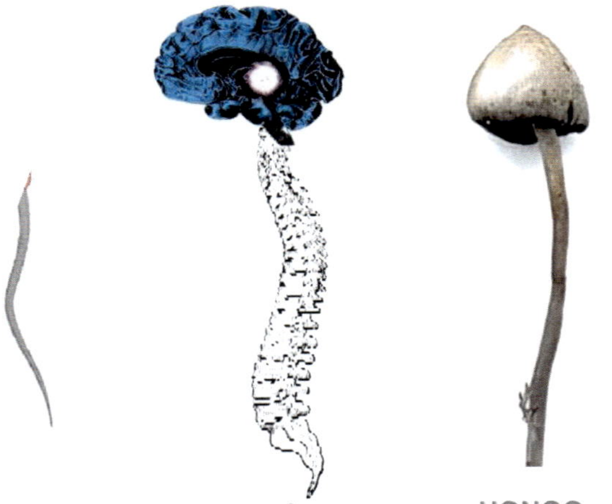

ESPERMaTOZOIDE

CERÉBRO Y COLUMNa

HONGO CUCUMELO

FRECUENCIaS SOLFEGGIO

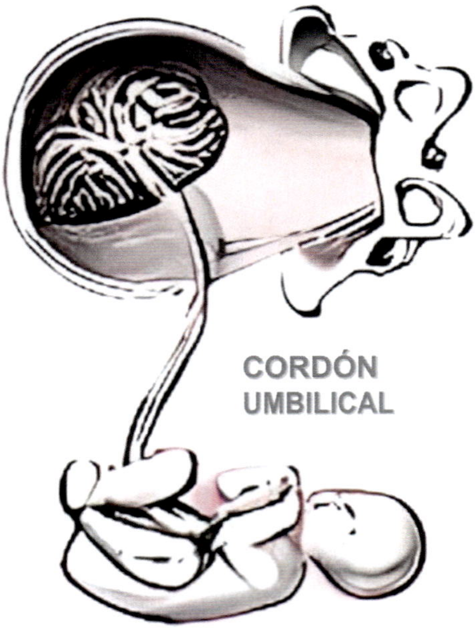

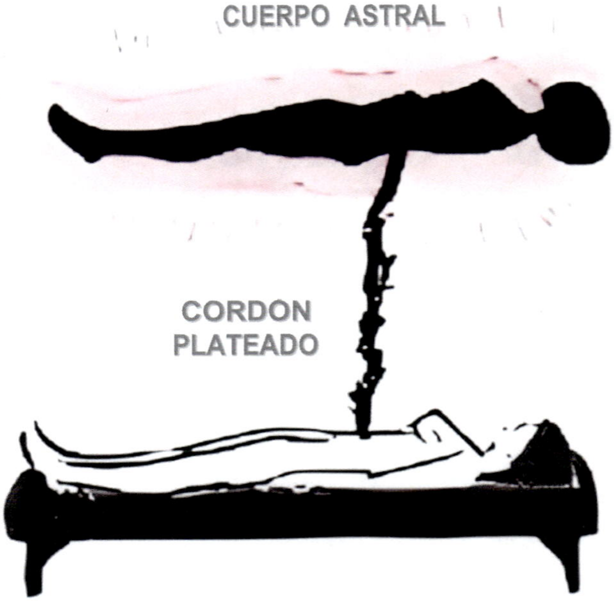

396
DO RaíZ
285
ESTRELLa DE TIERRa
417
RE SaCRO
528
174
ESTRELLa DEL aLMa
MI PLEXO
AMOR 528 HZ GRACIAS
639
SI CORONa
fa CORaZÓN
963
La 3eºOJO
SOL GaRGaNTa
852
741

CORDÓN UMBILICAL

CUERPO ASTRAL

CORDON PLATEADO

A LO LARGO DEL EMBARAZO, EL FETO EN CRECIMIENTO SE NUTRE Y **SE** PROTEGE A TRAVÉS DE SU CONEXIÓN CONTINUA CON LA MADRE. ESTE VÍNCULO VITAL LO MANTIENE EL CORDÓN UMBILICAL, QUE TRANSMITE INFORMACIÓN A LAS CÉLULAS MADRE PRIMITIVAS DEL FETO. LAS PRUEBAS CIENTÍFICAS APOYAN LA IDEA DE QUE LAS EMOCIONES Y LOS RECUERDOS PUEDEN TRANSMITIRSE AL FETO A TRAVÉS DE ESTA CONEXIÓN CRUCIAL. DEL MISMO MODO, A LO LARGO DE NUESTRA EXISTENCIA EN ESTE REINO, MANTENEMOS UNA CONEXIÓN CONSTANTE CON NUESTRO SER SUPERIOR A TRAVÉS DEL CORDÓN DE PLATA. ESTA CONEXIÓN PERMITE A NUESTRO ESPÍRITU PROTEGERNOS Y NUTRIRNOS, A LA VEZ QUE SIRVE DE CONDUCTO PARA LA TRANSMISIÓN PASIVA DE INFORMACIÓN Y RECUERDOS DEL MUNDO ESPIRITUAL Y DE NUESTRAS VIDAS PASADAS. ESTAS REVELACIONES SE MANIFIESTAN A MENUDO EN SUEÑOS, ESPECIALMENTE CUANDO AQUIETAMOS NUESTRA MENTE Y NOS LIBERAMOS DE SUPOSICIONES. EL ACCESO ACTIVO A ESTE PODER SE CONSIGUE A TRAVÉS DE PRÁCTICAS COMO LA MEDITACIÓN, LA PROYECCIÓN ASTRAL Y LA MAGIA.

EL CAMPO TOROIDAL ES UNA UNIDAD DE LUZ. LA CIENCIA AFIRMA QUE EL 99,999% DE LOS ÁTOMOS SON ESPACIO VACÍO, LO CUAL ES CIERTO; SIN EMBARGO, EL MODELO QUE NOS PROPORCIONAN ES FALSO. ESTO SIGNIFICA QUE LO QUE VEMOS "FÍSICAMENTE" NO ES EN REALIDAD FÍSICO O "REAL"; EL CAMPO TOROIDAL SIMULA LA MATERIA FÍSICA. EN OTRAS PALABRAS, ES HOLOGRÁFICO; TODO LO QUE LLAMAMOS "FÍSICO" SON ONDAS DE LUZ RALENTIZADAS EN MOVIMIENTO.

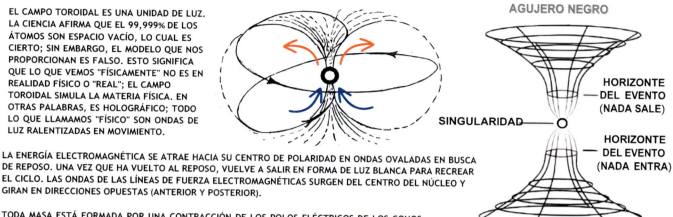

AGUJERO NEGRO

HORIZONTE DEL EVENTO (NADA SALE)

SINGULARIDAD

HORIZONTE DEL EVENTO (NADA ENTRA)

AGUJERO BLANCO

LA ENERGÍA ELECTROMAGNÉTICA SE ATRAE HACIA SU CENTRO DE POLARIDAD EN ONDAS OVALADAS EN BUSCA DE REPOSO. UNA VEZ QUE HA VUELTO AL REPOSO, VUELVE A SALIR EN FORMA DE LUZ BLANCA PARA RECREAR EL CICLO. LAS ONDAS DE LAS LÍNEAS DE FUERZA ELECTROMAGNÉTICAS SURGEN DEL CENTRO DEL NÚCLEO Y GIRAN EN DIRECCIONES OPUESTAS (ANTERIOR Y POSTERIOR).

TODA MASA ESTÁ FORMADA POR UNA CONTRACCIÓN DE LOS POLOS ELÉCTRICOS DE LOS CONOS GENERATIVOS DE ENERGÍA HASTA EL PUNTO NORTE DE SU CENTRO GRAVITACIONAL Y POR UNA EXPANSIÓN DE LOS CONTORNOS DE LOS CONOS RADIATIVOS HASTA QUE DESAPARECEN EN EL PLANO DE INERCIA.

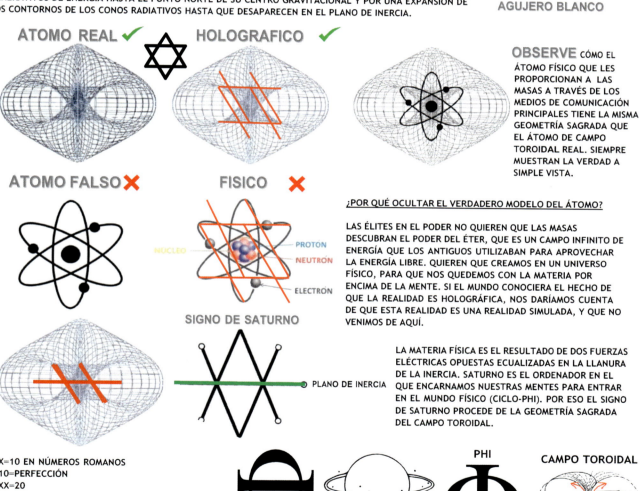

ATOMO REAL ✔   **HOLOGRAFICO** ✔

ATOMO FALSO ✖   **FISICO** ✖

NÚCLEO — PROTON / NEUTRÓN / ELECTRÓN

SIGNO DE SATURNO

PLANO DE INERCIA

X=10 EN NÚMEROS ROMANOS
10=PERFECCIÓN
XX=20
2+0=2
2= DIVISIÓN, DUALIDAD, LUZ BLANCA DIVISIÓN
DOS FUERZAS OPUESTAS SIMULAN LA MATERIA FÍSICA.

OBSERVE CÓMO EL ÁTOMO FÍSICO QUE LES PROPORCIONAN A LAS MASAS A TRAVÉS DE LOS MEDIOS DE COMUNICACIÓN PRINCIPALES TIENE LA MISMA GEOMETRÍA SAGRADA QUE EL ÁTOMO DE CAMPO TOROIDAL REAL. SIEMPRE MUESTRAN LA VERDAD A SIMPLE VISTA.

¿POR QUÉ OCULTAR EL VERDADERO MODELO DEL ÁTOMO?

LAS ÉLITES EN EL PODER NO QUIEREN QUE LAS MASAS DESCUBRAN EL PODER DEL ÉTER, QUE ES UN CAMPO INFINITO DE ENERGÍA QUE LOS ANTIGUOS UTILIZABAN PARA APROVECHAR LA ENERGÍA LIBRE. QUIEREN QUE CREAMOS EN UN UNIVERSO FÍSICO, PARA QUE NOS QUEDEMOS CON LA MATERIA POR ENCIMA DE LA MENTE. SI EL MUNDO CONOCIERA EL HECHO DE QUE LA REALIDAD ES HOLOGRÁFICA, NOS DARÍAMOS CUENTA DE QUE ESTA REALIDAD ES UNA REALIDAD SIMULADA, Y QUE NO VENIMOS DE AQUÍ.

LA MATERIA FÍSICA ES EL RESULTADO DE DOS FUERZAS ELÉCTRICAS OPUESTAS ECUALIZADAS EN LA LLANURA DE LA INERCIA. SATURNO ES EL ORDENADOR EN EL QUE ENCARNAMOS NUESTRAS MENTES PARA ENTRAR EN EL MUNDO FÍSICO (CICLO-PHI). POR ESO EL SIGNO DE SATURNO PROCEDE DE LA GEOMETRÍA SAGRADA DEL CAMPO TOROIDAL.

PHI

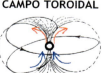

CAMPO TOROIDAL

CUANDO ENTRAS EN EL ORDENADOR DE SATURNO, TE FUSIONA EN LA SIMULACIÓN DUALISTA DE TIEMPO, ESPACIO Y MATERIA. LA MENTE TIENE UN POTENCIAL INFINITO; SIN EMBARGO, AHORA ESTAMOS EMBRUJADOS (HEXAGRAMA DE SATURNO EN LA MATERIA FÍSICA, QUE RESTRINGE LA MENTE. POR ESO EN ASTROLOGÍA A SATURNO SE LE CONOCE COMO EL "GRAN MAESTRO" Y SE "CONTIENE" PARA ENSEÑARTE UNA LECCIÓN.

FÍSICO=CÍCLO PHI
CÍCLO DEL CAMPO TOROIDAL

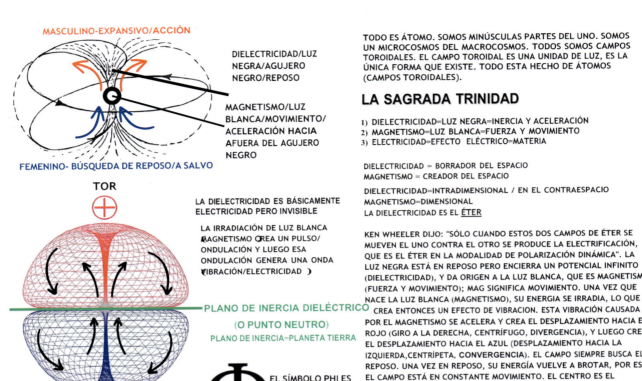

MASCULINO-EXPANSIVO/ACCIÓN

DIELECTRICIDAD/LUZ
NEGRA/AGUJERO
NEGRO/REPOSO

MAGNETISMO/LUZ
BLANCA/MOVIMIENTO/
ACELERACIÓN HACIA
AFUERA DEL AGUJERO
NEGRO

FEMENINO- BÚSQUEDA DE REPOSO/A SALVO

TOR

⊕

BOL

LA DIELECTRICIDAD ES BÁSICAMENTE
ELECTRICIDAD PERO INVISIBLE

LA IRRADIACIÓN DE LUZ BLANCA
MAGNETISMO CREA UN PULSO/
ONDULACIÓN Y LUEGO ESA
ONDULACIÓN GENERA UNA ONDA
VIBRACIÓN/ELECTRICIDAD)

PLANO DE INERCIA DIELÉCTRICO

(O PUNTO NEUTRO)
PLANO DE INERCIA=PLANETA TIERRA

Φ EL SÍMBOLO PHI ES
EL CAMPO
TOROIDAL; EL
HIPERBOLOIDE

TODO ES ÁTOMO. SOMOS MINÚSCULAS PARTES DEL UNO. SOMOS
UN MICROCOSMOS DEL MACROCOSMOS. TODOS SOMOS CAMPOS
TOROIDALES. EL CAMPO TOROIDAL ES UNA UNIDAD DE LUZ, ES LA
ÚNICA FORMA QUE EXISTE. TODO ESTA HECHO DE ÁTOMOS
(CAMPOS TOROIDALES).

LA SAGRADA TRINIDAD

1) DIELECTRICIDAD=LUZ NEGRA=INERCIA Y ACELERACIÓN
2) MAGNETISMO=LUZ BLANCA=FUERZA Y MOVIMIENTO
3) ELECTRICIDAD=EFECTO ELÉCTRICO=MATERIA

DIELECTRICIDAD = BORRADOR DEL ESPACIO
MAGNETISMO = CREADOR DEL ESPACIO

DIELECTRICIDAD=INTRADIMENSIONAL / EN EL CONTRAESPACIO
MAGNETISMO=DIMENSIONAL
LA DIELECTRICIDAD ES EL ÉTER

KEN WHEELER DIJO: "SÓLO CUANDO ESTOS DOS CAMPOS DE ÉTER SE
MUEVEN EL UNO CONTRA EL OTRO SE PRODUCE LA ELECTRIFICACIÓN,
QUE ES EL ÉTER EN LA MODALIDAD DE POLARIZACIÓN DINÁMICA". LA
LUZ NEGRA ESTÁ EN REPOSO PERO ENCIERRA UN POTENCIAL INFINITO
(DIELECTRICIDAD), Y DA ORIGEN A LA LUZ BLANCA, QUE ES MAGNETISMO
(FUERZA Y MOVIMIENTO); MAG SIGNIFICA MOVIMIENTO. UNA VEZ QUE
NACE LA LUZ BLANCA (MAGNETISMO), SU ENERGIA SE IRRADIA, LO QUE
CREA ENTONCES UN EFECTO DE VIBRACION. ESTA VIBRACIÓN CAUSADA
POR EL MAGNETISMO SE ACELERA Y CREA EL DESPLAZAMIENTO HACIA EL
ROJO (GIRO A LA DERECHA, CENTRÍFUGO, DIVERGENCIA), Y LUEGO CREA
EL DESPLAZAMIENTO HACIA EL AZUL (DESPLAZAMIENTO HACIA LA
IZQUIERDA,CENTRÍPETA, CONVERGENCIA). EL CAMPO SIEMPRE BUSCA EL
REPOSO. UNA VEZ EN REPOSO, SU ENERGÍA VUELVE A BROTAR, POR ESO
EL CAMPO ESTÁ EN CONSTANTE MOVIMIENTO. EL CENTRO ES EL
CONTRAESPACIO/ÉTER/CONCIENCIA/ALMA; ESTÁ EN TODAS PARTES
PERO NO AL MISMO TIEMPO. ES UN AGUJERO NEGRO Y UN AGUJERO
BLANCO. EL NEGRO ES LA LUZ QUE VUELVE AL CONTRAESPACIO EL
BLANCO ES LA LUZ QUE SALE PARA CREAR EL ROJO Y EL AZUL.

EL MAGNETISMO IRRADIA

LA ELECTRICIDAD VIBRA

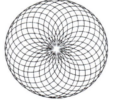

LA VISTA DESDE ARRIBA DEL CAMPO
TOROIDAL ES LA FLOR DE LA VIDA

LOS ANTIGUOS EGIPCIOS
DECÍAN QUE ÁTUM FUE EL
PRIMER DIOS CREADO. ÁTUM
SIMBOLIZA EL ÁTOMO, QUE ES
EL CAMPO TOROIDAL QUE
CREA TODO LO EXISTENTE.
NINGUNO DE ESTOS DIOSES
EGIPCIOS EXISTIÓ FÍSICAMENTE;
TODOS ERAN ARQUETIPOS
METAFÓRICOS.

HIPERBOLOIDE CENTRO DEL TOROIDE

LA ONDA MAGNÉTICA RADIANTE CREA
UN EFECTO DE ONDA VIBRATORIA
(ELECTRICIDAD)

EL MAGNETISMO CREA ELECTRICIDAD
EL MAGNETISMO ES PURO
EL MAGNETISMO IRRADIA (NO VIBRA)
EL MAGNETISMO ES INMORTAL

LA ELECTRICIDAD ES IMPURA LA
ELECTRICIDAD ES DUAL LA
ELECTRICIDAD VIBRA LA
ELECTRICIDAD ES MORTAL PORQUE
LA ELECTRICIDAD VIBRA Y TODAS
LAS VIBRACIONES LLEGAN A UN
MOMENTO DE PARO (MUERTE)

AGUJERO NEGRO

HORIZONTE
DEL EVENTO
(NADA SALE)

SINGULARIDAD

HORIZONTE
DEL EVENTO
(NADA ENTRA)

AGUJERO BLANCO

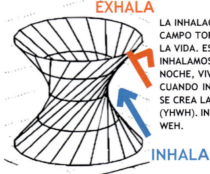

EXHALA

INHALA

LA INHALACIÓN Y EXHALACIÓN DEL
CAMPO TOROIDAL ES EL ALIENTO DE
LA VIDA. ES LA RAZÓN POR LA QUE
INHALAMOS Y EXHALAMOS, DÍA Y
NOCHE, VIVIMOS Y MORIMOS, ETC...
CUANDO INHALAMOS Y EXHALAMOS,
SE CREA LA PALABRA DE DIOS YAHWEH
(YHWH). INHALAR ES YAH, EXHALAR ES
WEH.

DIELECTRICIDAD=REPOSO
MAGNETISMO=MOVIMIENTO

PALABRAS CON TOR:
HISTORIA - LA ÚNICA HISTORIA QUE EXISTE ES EL MOVIMIENTO DE LOS CAMPOS
ELECTROMAGNÉTICOS TOROIDALES.
MOTOR - EL CAMPO TOROIDAL ES UN MOTOR GIRANDO.
TORNADO - SON HIPERBOLOIDES EN EL CENTRO DEL CAMPO TOROIDAL.
TORSO - LA PARTE DEBAJO DE TU CUELLO SE LLAMA TORSO, QUE ES TU CAMPO
TOROIDAL.

PALABRAS CON BOL:
HÍPER-BOLUDÉS = AFIRMACIONES O RECLAMOS EXAGERADOS QUE NO
DEBEN TOMARSE LITERALMENTE. POR EJEMPLO, "JURÓ VENGARSE CON
DECLARACIONES Y BOLUDECES". BOL=BAL HABLAS BOLUDECES; ESTÁS
EXAGERANDO.

EL MAGNETISMO ES DIOS. ES EL ESPIRITU SANTO. EL MAGNETISMO DA ORIGEN A LA ELECTRICIDAD QUE ES EL CAMBIO DEL ROJO AL AZUL. LA ELECTRICIDAD ES EL NACIMIENTO DE LA MATERIA FISICA. COMO LA ELECTRICIDAD ES DUAL, TAMBIEN LO ES TODO LO DEMÁS EN LA CREACION PORQUE TODO SE MANIFIESTA A PARTIR DE ÁTOMOS (CAMPOS ELECTROMAGNÉTICOS TOROIDALES). LA VIBRACIÓN DUALISTA DE LA ELECTRICIDAD ES LA RAZÓN POR LA QUE TENEMOS FRÍO Y CALOR, DÍA Y NOCHE, BIEN Y MAL. POR ESO TODO LO QUE TE RODEA QUE TIENE ALGO QUE VER CON LOS POLOS OPUESTOS ES ROJO Y AZUL.

LAS ROSAS SON ROJAS
LAS VIOLETAS AZULES

PASTILLA ROJA Y PASTILLA AZUL EN LA PELÍCULA "MATRIX"

TODO EN ESTA MATRIX ES ROJO Y AZUL PORQUE ES LO QUE DA ORIGEN A ESTE MUNDO FÍSICO QUE ELLOS CONTROLAN.

RED BULL
BULL=BLUE (AZUL)

LUZ BLANCA (MAGNETISMO) EN EL CENTRO, LUEGO ROJA Y AZUL (ELECTRICIDAD)

EL CAMPO DEL TOROIDAL CREA EL SÍMBOLO DEL INFINITO PORQUE ES UN CICLO INFINITO DE ENERGÍA.

NACIMIENTO= CARDINAL=CREADOR=BRAMA
CRECIMIENTO=FIJO=PRESERVADOR=VISHNU
DECADENCIA=MUTABLE=DESTRUCTOR=SHIVA

LA ELECTRICIDAD ES LA PALABRA DE DIOS
ELECTRICIDAD=SONIDO=OHMIOS=VIBRACIÓN
LA ELECTRICIDAD SE MIDE EN OHMIOS

EL SUELO AJEDREZADO EN LA FRANCMASONERÍA

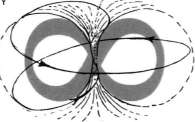

LA ONDA ELÉCTRICA TIENE UN PICO Y UN FUERA DE PICO QUE ES EL CAMBIO DEL ROJO AL AZUL. ESTA ES UNA ONDA VIBRANTE QUE NO PUEDE DURAR PARA SIEMPRE COMO UNA CUERDA DE GUITARRA. POR ESO NUESTROS CUERPOS SON MORTALES Y SE DETERIORAN.

LAS ONDAS ELECTRICAS SON ONDAS VIBRANTES QUE TIENEN UNA FRECUENCIA QUE SE MIDE EN HERTZ PORQUE HIERE NUESTROS CUERPOS Y DECAEMOS. LA VIBRACION ES REDSHIFT BLUE SHIFT. LA ELECTRICIDAD ES EL ÉTER EN POLARIZACIÓN CIRCULAR DINÁMICA. LA ELECTRICIDAD ES REPOSO CONTRA MOVIMIENTO.

COMO ES ARRIBA

TIERRA

ES ABAJO

DIELECTRICIDAD=REPOSO
MAGNETISMO=MOVIMIENTO

ÁTOMO
ANATOMÍA
ZOOTOMÍa
TOM

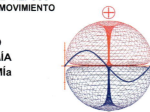

EL CAMPO TOROIDAL CREA LA ONDA SINUSOIDAL. "NACEMOS EN EL PECADO", ES LA ONDA SINUSOIDAL. NACEMOS EN UN REINO DUALISTA DE ONDAS SINUSOIDALES.

=NC YCQC* 8 Q 8

CAMPO TOROIDAL

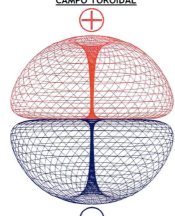

ÚTERO   TERO=TOROIDE   PORTAL DIMENSIONAL

VIENTRE
ÚTERO

PORTAL AL MUNDO FÍSICO

LA VISTA DESDE ARRIBA DEL CAMPO TOROIDAL ES LA FLOR DE LA VIDA

FIBONACCI

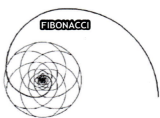

VIOLETA=VIOLENTO=LONGITUDES DE ONDA DE LUZ VIOLENTAS

VIOLETA=LUZ DE ALTA VIBRACIÓN

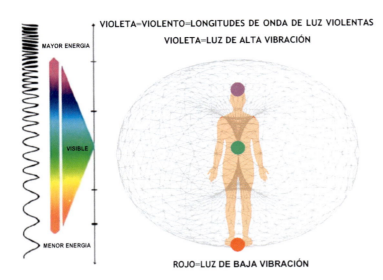

MAYOR ENERGIA

VISIBLE

MENOR ENERGIA

ROJO=LUZ DE BAJA VIBRACIÓN

CORONA SAHASRARA

3er OJO AJNA

GARGANTA VISHUDDHA

CORAZÓN ANAHATA

PLEXO MANIPURA

SACRO SVADHISTHAN

RAÍZ MULADHARA

- EL CHAKRA DEL CORAZÓN TIENE 12 PÉTALOS
- LA ENERGÍA SE EXPRESA EN 12
- 12 SIGNOS ZODIACALES
- EL CORAZÓN ES EL CENTRO DEL CAMPO TOROIDAL

SÍMBOLO DE LA TIERRA

ESPÍRITU

MATERIA

EL SÍMBOLO DE La TIERRa ES EL CÍRCULO CON La CRUZ EN SU INTERIOR. SIMBOLIZa EL ESPÍRITU (ÉTER) Y La MaTERIa (ELECTRICIDaD) COMBINaDOS PaRa CREaR EL MUNDO FÍSICO. EL HOMBRE ES ESPIRITUaL Y MaTERIaL.

EL DIABLO ES ROJO PORQUE SIMBOLIZA LA BAJA FRECUENCIA. EL ROJO ES EL COLOR DE VIBRACION MAS LENTA, Y CUANDO VIBRAMOS Y OPERAMOS DENTRO DE ESTE RANGO BAJO DE FRECUENCIA (CHKARA RAIZ), ESTAMOS EN NUESTRA NATURALEZA ANIMAL. ESTA ES LA RAZON POR LA QUE VES AL BAPHOMET/EL DIABLO CON UNA CABEZA DE CABRA O CUERNOS DE CABRA EN SU CABEZA PORQUE MUESTRA LA NATURALEZA ANIMAL DEL HOMBRE. EL INFIERNO ES UN ESTADO MENTAL QUE SE MANIFIESTA, Y EL DIABLO ES TAMBIEN UN ESTADO DEL SER.

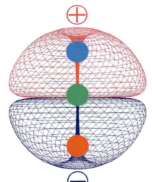

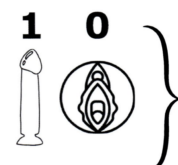

1 0

EL CAMPO TOROIDAL NOS PROPORCIONA EL CÓDIGO BINARIO DE TODA LA CREACIÓN: CERO (0) Y UNO (1). EL CERO ES EL HUEVO CÓSMICO, EL ÚTERO DE LA CREACIÓN, QUE SE MANIFIESTA EN EL MUNDO FÍSICO COMO LA VIRGEN FEMENINA. EL 0 ES EL POTENCIAL INFINITO. EL UNO ES EL PRINCIPIO MASCULINO DE LA CREACIÓN; ES EL ÚNICO NÚMERO QUE EXISTE REALMENTE, YA QUE TODOS LOS NÚMEROS SUBEN DE UNO EN UNO. POR ESO TODAS LAS COSAS SON UNA Y PROCEDEN DEL UNO. EL 1 ES EL PENE MASCULINO, Y CUANDO EL 0 Y EL 1 SE JUNTAN, ES LA PERFECCIÓN.

MASCULINA=LÍNEA=1
FEMENINA=NUEVE=9 (NINE EN INGLÉS)
1+9=10
10 ES LA PERFECCIÓN
POR ESO LA SECUENCIA NUMÉRICA TERMINA EN 10

SAGRADA TRINIDAD DE LA CREACIÓN

1- DIELÉCTRICO - INERCIA Y ACELERACIÓN
2- MAGNÉTICO - FUERZA Y MOVIMIENTO (MAG EN SÁNSCRITO SIGNIFICA MOVIMIENTO)
3- ELÉCTRICO - EFECTO ELÉCTRICO

EN EL BAGAVADGITA

DIELÉCTRICIDAD=ENERGÍA INTERNA DEL SEÑOR=BRAMA
MAGNETISMO=ENERGÍA MARGINAL DEL SEÑOR=VISHNU
ELÉCTRICIDAD=ENERGÍA MATERIAL DEL SEÑOR= KRISHNA

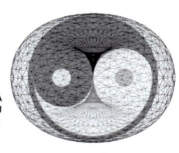

EL YIN Y EL YANG PROVIENEN DEL CAMPO TOROIDAL.

TOR**Á**

ROT**A**

HIS**TOR**IA

TOR=**TOR**OIDE

ROTA ES ALGO QUE SE MUEVE EN CICLOS/CIRCULOS; POR EJEMPLO, UN HORARIO DE TRABAJO SERÍA UN **TURN**O QUE SE **ROTA**. NÓTESE **TURN** QUE EN INGLÉS ES "GIRO". LA PALABRA **TOR**Á VIENE DE **TOR**US, Y TIENE **ROTA** DENTRO POR LA **ROT**ACIÓN DEL CAMPO **TOR**OIDAL. LA ÚNICA HISTORIA QUE EXISTE ES LA DE LOS CAMPOS ELECTROMAGNETICOS CÍCLICOS. DIELECTRICIDAD, MEGNETISMO Y ELECTRICIDAD.

ENERGÍA

GREEN

(VERDE)

NÓTESE TAMBIÉN INERGIA O INERCIA

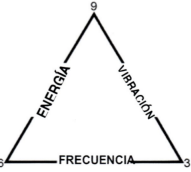

ENERGÍA

VIBRACIÓN

FRECUENCIA

9

6

3

LA FLOR DE LA VIDA

ESTE PATRÓN ES LA VISTA DESDE ARRIBA DE UN CAMPO TOROIDAL. ES EL PATRÓN QUE CREA EL FLUJO DE ENERGÍA ELECTROMAGNÉTICA, Y ÉSTE ES EL CAMPO RESPONSABLE DE TODA LA CREACIÓN Y DE LA VIDA MISMA.

EL CHAKRA CORONA

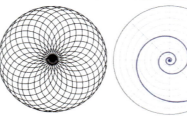

ESPÍRITU=ESPIRAL TU ESPÍRITU ES UN CAMPO DE ENERGÍA EN ESPIRAL

EL CHAKRA DE LA CORONA TIENE EL PATRÓN DEL FLOR DE LOTO DE LA VIDA PORQUE AQUÍ ES DONDE NUESTRO CAMPO TOROIDAL CREARÁ ESTE PATRÓN ENTRANDO EN NUESTRA CABEZA.

LA ESPIRAL ES EL MOVIMIENTO DE LA VIDA; POR ESO LA PALABRA ESPÍRITU TIENE LA RAÍZ SPIR, QUE VIENE DE ESPIRAL. TODAS LAS COSAS EN LA NATURALEZA TIENEN UN CAMPO TOROIDAL EN ESPIRAL.

EL HIPERBOLOIDE EN EL CENTRO DE CADA CAMPO TOROIDAL INHALA Y EXHALA, LO QUE SE REFLEJA A TRAVÉS DE TODAS LAS COSAS DE LA NATURALEZA. NUESTRA NARIZ ES LA MISMA COSA CON LA MISMA FUNCIÓN, INHALAR Y EXHALAR, Y ESTE ES EL ALIENTO DE VIDA QUE TODAS LAS COSAS HACEN. INHALAR, EXHALAR, VIVIR Y MORIR, DIA Y NOCHE. TODO ESTO VIENE DEL HIPERBOLOIDE RECÍPROCO EN EL CENTRO DEL ÁTOMO (CAMPO TOROIDAL).

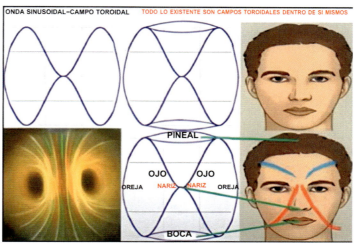

ONDA SINUSOIDAL=CAMPO TOROIDAL — TODO LO EXISTENTE SON CAMPOS TOROIDALES DENTRO DE SI MISMOS

PINEAL — OJO — OJO — OREJA — NARIZ — NARIZ — OREJA — BOCA

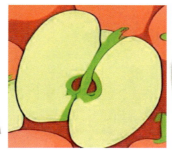

UNIVERSAL

POR WALTER RUSSEL:

"DIOS, EL CREADOR, DIVIDE SU ÚNICA LUZ BLANCA EXTENDIENDO SU UNICIDAD EN TENSIONES ELÉCTRICAS DE PARES VIBRANTES ROJOS Y AZULES. LAS TENSIONES DE ESTA DIVISIÓN ELÉCTRICA SON IGUALES POR UN DESEO DE UNIDAD, QUE SE ALCANZA EN EL PUNTO DE INCANDESCENCIA BLANCA EN LA MATERIA. LA UNIDAD ASÍ ALCANZADA SE REPITE ETERNAMENTE POR EL MISMO PROCESO DE DIVISIÓN Y UNIÓN DE LAS PULSACIONES ELÉCTRICAS DE ACCIÓN-REACCIÓN. LA REPRODUCCIÓN NO PUEDE TENER LUGAR HASTA QUE LAS LUCES ROJAS Y AZULES DEL MOVIMIENTO DIVIDIDO POR EL SEXO SE ANULEN EN LA INMÓVIL LUZ BLANCA DEL CREADOR. SÓLO EL HOMBRE, DE TODA LA CREACIÓN, CONOCE SU OMNISCIENCIA".

JUAN 1:5
"DIOS ES LUZ"

JUAN 1:4
"EN ÉL ESTABA LA VIDA, Y ESA VIDA ERA LA LUZ DE TODA LA HUMANIDAD".

VIDA = LUZ

CaMPO TOROIDaL

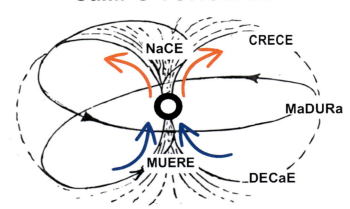

FÍSICO=CICLO PHI
EL CICLO DEL ÁTOMO
LA ÚNICA FORMA VERDADERA
QUE EXISTE SON LOS CAMPOS
ELECTROMAGNÉTICOS
TOROIDALES

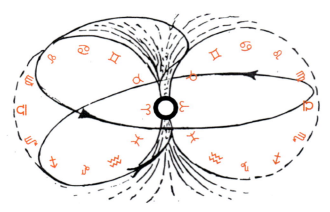

EL CICLO DEL CAMPO TOROIDAL REFLEJA EL VIAJE DE LA VIDA. AL NACER, EMERGEMOS DEL CONTRAESPACIO/ÉTER, SIMBOLIZANDO A ARIES. A MEDIDA QUE MADURAMOS, ALCANZAMOS NUESTRO MÁXIMO CRECIMIENTO ENTRE LOS 36 Y LOS 45 AÑOS, PERSONIFICANDO LA BALANZA EQUILIBRADA DE LIBRA. POSTERIORMENTE, SE INICIA EL PROCESO DE ENVEJECIMIENTO HASTA QUE NUESTRO ESPÍRITU REGRESA AL CONTRAESPACIO/ÉTER AL ABANDONAR EL CUERPO FÍSICO.

LA VIDA ES ETERNA, LA LUZ NUNCA PUEDE SER DESTRUIDA, SÓLO TRANSFERIDA.

TOROIDE
HISTORIa

LA PALABRA HISTORIA TIENE LA RAÍZ DE LA PALABRA TOR EN SU INTERIOR PORQUE TOR VIENE DE LA PALABRA TOROIDE. EL CAMPO TOROIDAL CUENTA LA HISTORIA DE TODAS LAS COSAS: NACIMIENTO, CRECIMIENTO, DECADENCIA, MUERTE Y REPETICIÓN.

LA GEMATRÍA ES UN SISTEMA DE ASIGNACIÓN DE VALORES NUMÉRICOS A LAS LETRAS DE UN ALFABETO, A MENUDO CON EL FIN DE ASOCIAR PALABRAS O FRASES CON SIGNIFICADOS NUMÉRICOS ESPECÍFICOS. ESTA PRÁCTICA TIENE RAÍCES HISTÓRICAS EN VARIAS CULTURAS, COMO LA HEBREA Y LA GRIEGA, DONDE LAS LETRAS TAMBIÉN SERVÍAN COMO NUMERALES. EN EL CONTEXTO DE LA GEMATRÍA, SE CONSIDERA QUE LAS PALABRAS O FRASES CON EL MISMO VALOR NUMÉRICO TIENEN ALGÚN TIPO DE CONEXIÓN O EQUIVALENCIA SIGNIFICATIVA.

ALFAbETo DE LETRAs TAblA DE oRDEN NUMÉRiCo

A 1	B 2	C 3	D 4	E 5	F 6	G 7	H 8	I 9
J 10	K 11	L 12	M 13	N 14	O 15	P 16	Q 17	R 18
S 19	T 20	U 21	V 22	W 23	X 24	Y 25	Z 26	

26 LETRAS EN EL ALFABETO INGLÉS

PALABRAS PARA DIOS:

32 (ORDINaRIO)
G O D
26
ORDINARIO

26 (ORDINaRIO)
a L L a
26
ORDINARIO

62 (ORDINaRIO)
E L O H I M
62
ORDINARIO

62 | 26

26 2+6=8 8=CaMPO TOROIDaL=1 UNIDAD DE LUZ

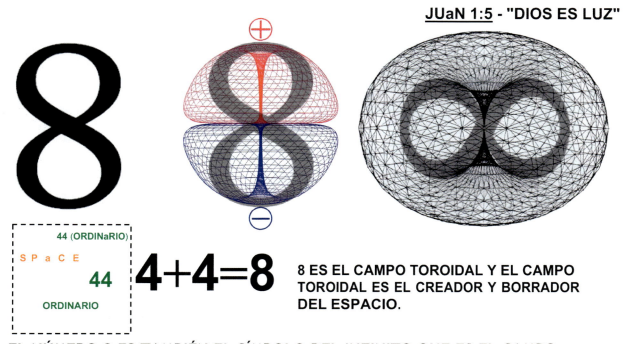

JUaN 1:5 - "DIOS ES LUZ"

44 (ORDINaRIO)
S P a C E
44
ORDINARIO

4+4=8

8 ES EL CAMPO TOROIDAL Y EL CAMPO TOROIDAL ES EL CREADOR Y BORRADOR DEL ESPACIO.

EL NÚMERO 8 ES TAMBIÉN EL SÍMBOLO DEL INFINITO QUE ES EL CAMPO TOROIDAL. 8 = INFINITO/ETERNIDAD

EL CAMPO TOROIDAL ES LUZ. LA LUZ ES ETERNA. DIOS ES LUZ. ∞

OBSERVE COMO LAS SEMILLAS ESTAN SIEMPRE EN EL CENTRO DEL FRUTO. EL CENTRO DEL CAMPO TOROIDAL ES EL HIPERBOLOIDE QUE REGENERA EL CAMPO. LAS SEMILLAS SON LAS QUE REGENERAN LOS FRUTOS PARA QUE SIGAN CRECIENDO. COMO ES ARRIBA ES ABAJO.

SANTOS BONACCI - "ENTENDIENDO EL CAMPO TOROIDAL ENTENDERÁS TODAS LAS COSAS"

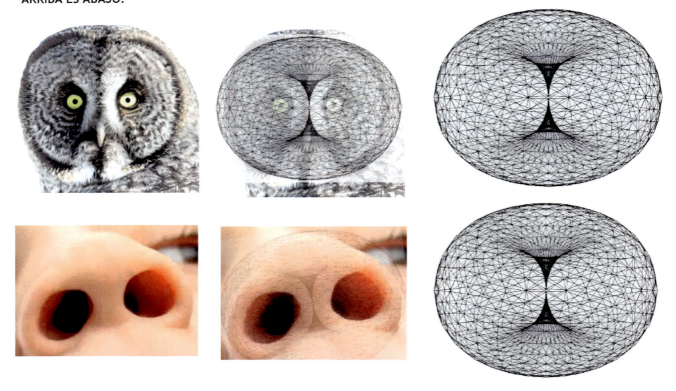

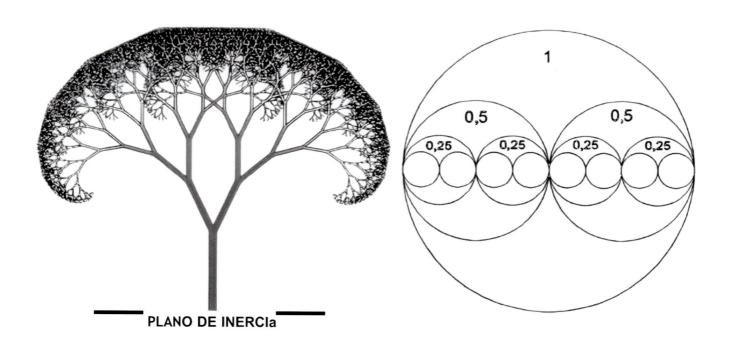

PLANO DE INERCIa

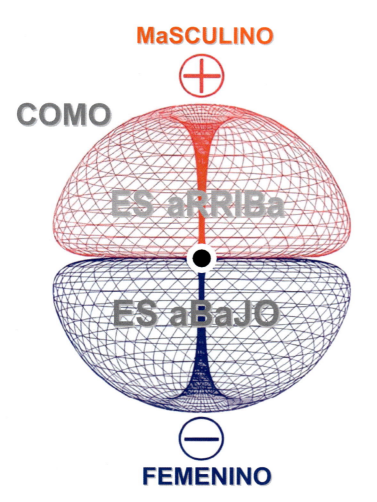

MaSCULINO

COMO

ES aRRIBa

ES aBaJO

FEMENINO

DUALISMO

EL PROCESO DE CREACIÓN DEL ÁTOMO, QUE FORMA LA MATERIA FÍSICA QUE PERCIBIMOS, ES INHERENTEMENTE DUALISTA. ESTA DUALIDAD IMPREGNA TODO DENTRO DE ESTA REALIDAD CREADA, CON TODAS LAS ENTIDADES, INDEPENDIENTEMENTE DE SU TAMAÑO, EXHIBIENDO CAMPOS TOROIDALES COMO SU ESTRUCTURA FUNDAMENTAL - LA ÚNICA FORMA QUE REALMENTE EXISTE.

MASCULINO Y FEMENINO

DENTRO DE ESTE MARCO DUALISTA, EL POLO POSITIVO REPRESENTA LA ENCARNACIÓN DE LA MASCULINIDAD. EL POLO POSITIVO ROJO SE MANIFIESTA COMO UNA ENERGÍA EXPLOSIVA, CONTUNDENTE Y PENETRANTE QUE EMANA DEL CONTRAESPACIO (PUNTO CENTRAL), REFLEJANDO LA NATURALEZA ASERTIVA DE LAS ACCIONES MASCULINAS EN EL ORDEN NATURAL. POR EL CONTRARIO, EL POLO NEGaTIvO AZUL SIGNIFICA LA INCLINACIÓN DEL CAMPO HACIA EL REPOSO Y LA ESTaBILIDaD A MEDIDA QUE GRAVITA HACIA EL CENTRO, REFLEJANDO LA BÚSQUEDA INSTINTIVA DE SEGURIDAD INHERENTE A LAS CARACTERÍSTICAS FEMENINAS EN LA NATURALEZA. ES IMPORTANTE SEÑALAR QUE NINGUNO DE LOS DOS POLOS ES MÁS PODEROSO; AMBOS SON IGUALMENTE INDISPENSABLES PARA EL PROCESO DE CREACIÓN. LA INTERACCIÓN ARMONIOSA DE ESTAS FUERZAS DUALES ES FUNDAMENTAL PARA EL EQUILIBRIO NECESARIO PARA LA EXISTENCIA DE LAS DIVERSAS FORMAS DE ESTA REALIDAD.

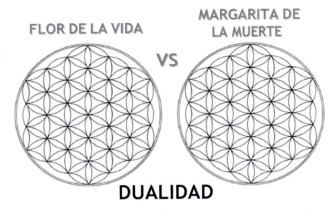

FLOR DE LA VIDA   VS   MARGARITA DE LA MUERTE

DUALIDAD

ASPECTOS POSITIVOS	ASPECTOS NEGATIVOS
CREACIÓN	DESTRUCCIÓN
AMOR	ODIO
CONFIANZA	MIEDO

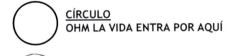

CÍRCULO
OHM LA VIDA ENTRA POR AQUÍ

VESICA PISCIS
EL CÍRCULO SE REFLEJA
EN SÍ MISMO

SAGRADA TRINIDAD

LA SEMILLA DE LA VIDA

LA FLOR DE LA VIDA

FLOR DE LA VIDA
PROTEGIDA CON
2 CÍRCULOS

FRUTA DE LA VIDA

CUBO DE METATRON -> CONTIENE EN SU INTERIOR TODOS LOS SOLIDOS PLATÓNICOS

EN LOS ÚLTIMOS AÑOS HA HABIDO UNA TENDENCIA A LLAMAR A LA FLOR DE LA VIDA "MARGARITA DE LA MUERTE" O INCLUSO "FALSA FLOR DE LA VIDA".

ES UN RETO PARA LA GENTE, Y UNO DE LOS QUE MÁS ME ENFURECE DE TODAS LAS AGENDAS OSCURAS QUE SE HAN PLANTADO EN LA CONCIENCIA HUMANA PARA DESVIAR A LA HUMANIDAD DE SU CURSO. LA BANDERA FALSA ACUÑADA "LA MARGARITA DE LA MUERTE" ES EL EPÍTOME DE LA OSCURIDAD QUE INTENTA CORROMPER LA SABIDURÍA SAGRADA DE LA CREACIÓN.

LA SABIDURÍA SAGRADA DE LA FLOR DE LA VIDA DEBE SER HONRADA, NO DESFIGURADA. LA FLOR DE LA VIDA VE EL PATRÓN DE LA CREACIÓN. TODO EN ESTE UNIVERSO PROVIENE DE ESE PATRÓN. CUALQUIERA QUE HABLE EN CONTRA Y PROMUEVA "LA MARGARITA DE LA MUERTE" ESTÁ HACIENDO EL JUEGO A LAS FUERZAS OSCURAS Y ALIMENTANDO UNA AGENDA NEGATIVA BASADA EN EL MIEDO.

LLAMAR A LA FLOR DE LA VIDA "LA MARGARITA DE LA MUERTE" ES UNA FORMA DE BLASFEMIA CONTRA LA NATURALEZA DE LA CREACIÓN EN SU FORMA MÁS PELIGROSA.

LA FLOR DE LA VIDA CONTIENE EL PLANO DE LA CREACIÓN SAGRADA DE ESTE UNIVERSO TAL Y COMO LO CONOCEMOS. TENDRÍAS QUE SER MUY AUDAZ Y TAMBIÉN MUY IGNORANTE PARA DESFIGURAR TAL SABIDURÍA SAGRADA QUE FORMA LA ESENCIA MISMA DE TU SER Y DE TU UNIVERSO.

HAY UN GRAN PRECIO QUE PAGAR, LLAMADO KARMA, CUANDO SE VA EN CONTRA DE LA SABIDURÍA DEL ALTÍSIMO.

EL PATRÓN DE LA CREACIÓN TAMBIÉN CONTIENE UN PATRÓN DE GRAN DESTRUCCIÓN.

LAS RAZONES POR LAS QUE LA HUMANIDAD CAYÓ DE ATLÁNTIDA DE 5D A LA REALIDAD ESPACIO-TEMPORAL DE 3D/4D, HACE 14.000 AÑOS, FUE DEBIDO AL MAL USO DE LA SABIDURÍA, DONDE TENEMOS UN ENORME TRAUMA COLECTIVO IMPRESO EN EL SUBCONSCIENTE HUMANO COMO RESULTADO, QUE EN SÍ MISMO ESTÁ SIENDO UTILIZADO POR LAS FUERZAS OSCURAS Y ALIMENTANDO LA AGENDA NEGATIVA QUE ELLOS LLAMAN 'LA MARGARITA DE LA MUERTE'.

MODELO DE CREACIÓN
VISIÓN GENERAL:

LA FLOR DE LA VIDA ENCARNA EL PATRÓN DE CREACIÓN DEL UNIVERSO, QUE COMIENZA CON EL CÍRCULO COMO NODO DE ENTRADA DE LA VIDA. LA VESSICA PISCIS EMERGE DEL CÍRCULO, REFLEJANDO LA LEY DE LA ATRACCIÓN Y SIMBOLIZANDO EL YONI FEMENINO.

PROGRESIÓN:

EXPANDIÉNDOSE DESDE LA VESSICA PISCIS, EL PATRÓN EVOLUCIONA HACIA LA SANTA TRINIDAD, UN SÍMBOLO QUE SE ENCUENTRA EN TODO EL MUNDO. UNA MAYOR EXPANSIÓN CONDUCE A LA SEMILLA DE LA VIDA, PRECURSORA DE LA FLOR DE LA VIDA, INJUSTAMENTE APODADA LA MARGARITA DE LA MUERTE.

SIGNIFICADO:

MÁS ALLÁ DE LA FLOR DE LA VIDA SE ENCUENTRA EL FRUTO DE LA VIDA. LOS CÍRCULOS PROTECTORES SE UTILIZABAN PARA IMPEDIR EL ACCESO NO AUTORIZADO A ESTA SABIDURÍA SAGRADA.. ANTIGUAS ENSEÑANZAS SALVAGUARDABAN LA PROFUNDA SABIDURÍA QUE ENCIERRA LA FLOR DE LA VIDA. SÓLO A UNOS POCOS ELEGIDOS SE LES CONFIABA ESTE CONOCIMIENTO, COMO A LOS INDIVIDUOS DE ALTO RANGO DE LAS ANTIGUAS ESCUELAS DE MISTERIOS. CONECTANDO LOS CÍRCULOS SE OBTIENE EL CUBO DE METATRÓN, DEL QUE SURGEN LOS CINCO SÓLIDOS PLATÓNICOS, QUE FORMAN LA BASE DE LA ESTRUCTURA FÍSICA DEL UNIVERSO.

MALENTENDIDOS Y CONCEPTOS ERRÓNEOS
SIN EMBARGO, EL TÉRMINO "MARGARITA DE LA MUERTE" SE HA UTILIZADO ERRÓNEAMENTE PARA DESCRIBIR LA FLOR DE LA VIDA. ESTE CONCEPTO ERRÓNEO TIENE SU ORIGEN EN LA ANTIGÜEDAD, CUANDO LA SABIDURÍA CONTENIDA EN LA FLOR DE LA VIDA SE PROTEGÍA RODEÁNDOLA CON DOS CÍRCULOS PROTECTORES ADICIONALES.

LA DUALIDAD DE LA GEOMETRÍA SAGRADA
LA GEOMETRÍA SAGRADA NO ES NI INTRÍNSECAMENTE POSITIVA NI NEGATIVA. ENCARNA LA DUALIDAD, REPRESENTANDO TANTO LA CREACIÓN COMO LA DESTRUCCIÓN. AL IGUAL QUE ENCIERRA EL POTENCIAL DE LA ILUMINACIÓN ESPIRITUAL Y LA ARMONÍA, TAMBIÉN PUEDE SER UTILIZADA DE FORMA QUE CONDUZCA AL CAOS Y LA PERDICIÓN, COMO DEMUESTRA LA MÍTICA CAÍDA DE ATLÁNTIDA. LA "MARGARITA DE LA MUERTE" SE ORIGINÓ EN EL TRAUMA COLECTIVO DE LA CAÍDA DE ATLÁNTIDA, DONDE EL MAL USO DE ESTA SABIDURÍA CONDUJO AL COLAPSO DE LA SOCIEDAD.

LA RESPONSABILIDAD DE LA INTERACCIÓN
PARA COMPRENDER LA GEOMETRÍA SAGRADA ES FUNDAMENTAL RECONOCER EL PAPEL DE LA PERCEPCIÓN Y LA INTENCIÓN. ETIQUETAR LA FLOR DE LA VIDA COMO LA "MARGARITA DE LA MUERTE" SIN COMPRENDER SU CONTEXTO HISTÓRICO O SU SIGNIFICADO CONTRIBUYE A PROPAGAR LA ENERGÍA NEGATIVA Y LAS FRECUENCIAS BASADAS EN EL MIEDO DENTRO DE LA CONCIENCIA COLECTIVA.

ADOPTAR UN COMPROMISO CONSCIENTE
EL MENSAJE CENTRAL HACE HINCAPIÉ EN UN ENFOQUE CONSCIENTE DE LA GEOMETRÍA SAGRADA. AL COMPRENDER SU ESENCIA Y SU HISTORIA, LAS PERSONAS PUEDEN APROVECHAR SU POTENCIAL DE TRANSFORMACIÓN POSITIVA. LA INTERACCIÓN CONSCIENTE PUEDE AYUDAR A ELEVAR LA CONCIENCIA, FOMENTAR LA UNIDAD Y NUTRIR EL CRECIMIENTO DE LA CONCIENCIA COLECTIVA.

EMPODERAMIENTO A TRAVÉS DE LA COMPRENSIÓN
EL OBJETIVO ÚLTIMO ES ILUMINAR A LAS PERSONAS SOBRE LA VERDADERA NATURALEZA DE LA GEOMETRÍA SAGRADA. ES UNA FUERZA NEUTRAL QUE PUEDE SER INFLUENCIADA POR LA INTENCIÓN Y LA COMPRENSIÓN. ASUMIENDO LA RESPONSABILIDAD Y EMPLEANDO CONSCIENTEMENTE ESTA ANTIGUA SABIDURÍA, LA HUMANIDAD PUEDE IMPULSAR EL CAMBIO POSITIVO Y LA EVOLUCIÓN ESPIRITUAL.

CONCLUSIÓN
LA GEOMETRÍA SAGRADA SIGUE SIENDO UN REINO ENIGMÁTICO, PORTADOR DE PROFUNDAS ENSEÑANZAS Y PERCEPCIONES. SU EXPLORACIÓN INVITA A LOS INDIVIDUOS A AHONDAR EN LAS PROFUNDIDADES DE LA EXISTENCIA, BUSCANDO DESVELAR LOS MISTERIOS DE LA PROPIA CREACIÓN. A TRAVÉS DE LA CONCIENCIA, LA REVERENCIA Y LA INTERACCIÓN RESPONSABLE, LA HUMANIDAD PUEDE APROVECHAR EL PODER TRANSFORMADOR DE ESTA ANTIGUA SABIDURÍA PARA LA MEJORA DE LA CONCIENCIA COLECTIVA.

**CaMPO MaGNÉTICO
CONTRaRROTaNTE**

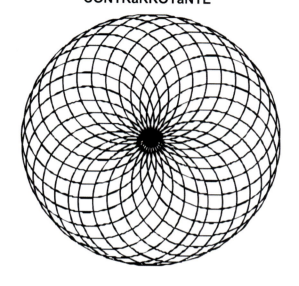

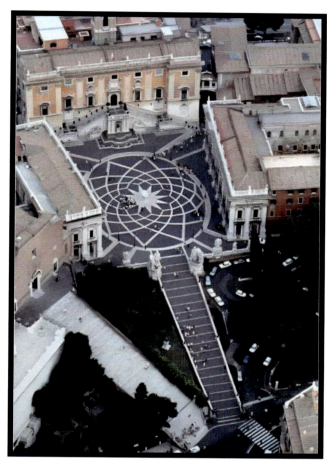

LA PIAZZA DEL CAMPIDOGLIO (PLAZA DEL CAPITOLIO) SE ENCUENTRA EN LA MÁS ALTA DE LAS SIETE COLINAS DEL PUNTO DE ROMA, LA COLINA CAPITOLINA. SE ENCUENTRA ENTRE EL FORO ROMANO Y EL CAMPUS MARTIUS. JULIO CÉSAR SOLÍA SUBIR AQUÍ TODAS LAS MAÑANAS Y SE PARABA EN EL CENTRO.

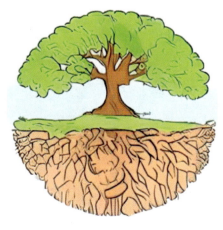

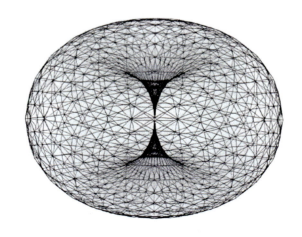

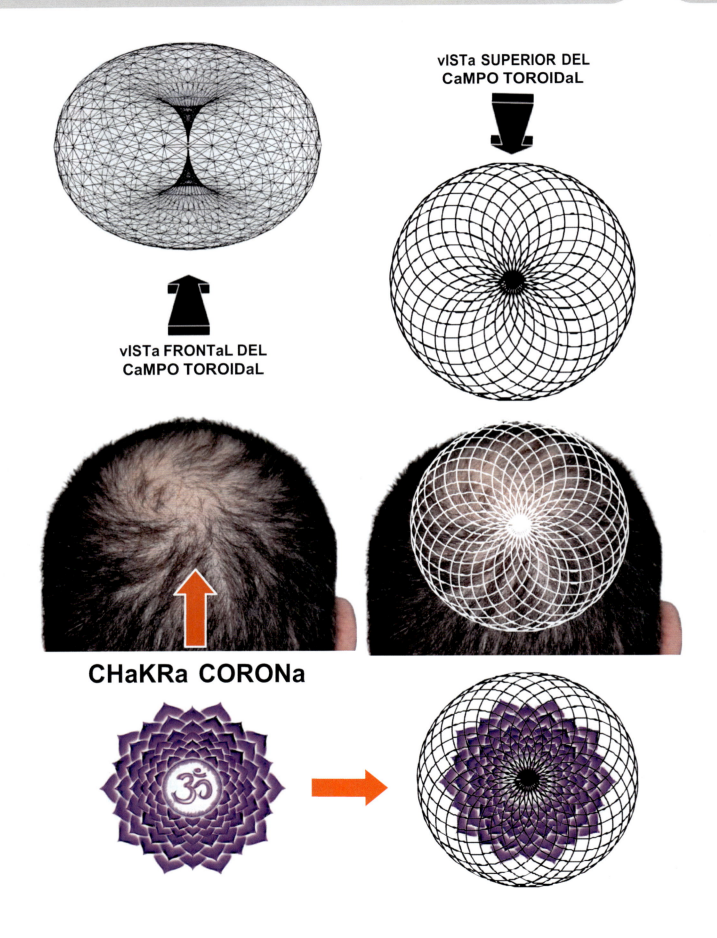

vISTa SUPERIOR DEL CaMPO TOROIDaL

vISTa FRONTaL DEL CaMPO TOROIDaL

CHaKRa CORONa

LA FORMA HUMANA REPRESENTA UNA MANIFESTACIÓN HOLOGRÁFICA DE LA CONCIENCIA. CONSTA DE INTELECTO, REINOS DE DATOS Y VITALIDAD. EL ADN ESTÁ ESTRUCTURADO A PARTIR DE UN MATERIAL CRISTALINO LÍQUIDO, QUE FUNCIONA COMO UNA DELICADA ANTENA Y RECEPTOR DE INFORMACIÓN BASADA EN EL SONIDO, DANDO FORMA AL CAMPO ELECTROMAGNÉTICO. ESTE CAMPO SIRVE COMO PLANO ETÉREO EMPLEADO EN LA CONSTRUCCIÓN DE LA ESTRUCTURA CORPÓREA.

LA ENERGÍA ESCALAR, UNA FUERZA SUTIL, FLUYE A TRAVÉS DE LA MATERIA E INTERACTÚA CON ELLA Y SE DIVIDE, CREANDO EL CAMPO ELECTROMAGNÉTICO TOROIDAL. ESTE CAMPO ORGANIZA LA LUZ ASTRAL EN COMPONENTES ESENCIALES COMO FOTONES DENTRO DE LA REALIDAD HOLOGRÁFICA. EN ESTE ENTORNO HOLOGRÁFICO, TODO, DESDE LOS PENSAMIENTOS HASTA LAS IMÁGENES, DEJA HUELLAS VIBRACIONALES QUE INFLUYEN EN LA EXPRESIÓN DEL ADN. ESENCIALMENTE, LA PROGRAMACIÓN DENTRO DEL HOLOGRAMA DA FORMA A NUESTRA REALIDAD FÍSICA.

EL cORaZÓN

EL CAMPO ELECTROMAGNÉTICO GENERADO POR EL CORAZÓN ES RECONOCIDO COMO EL CAMPO RÍTMICO MÁS POTENTE PRODUCIDO POR EL CUERPO HUMANO, NO SÓLO RODEA CADA CÉLULA DENTRO DEL CUERPO SINO QUE TAMBIÉN SE EXTIENDE HACIA FUERA, VARIOS METROS, EN TODAS DIRECCIONES EN EL ESPACIO CIRCUNDANTE. LAS INVESTIGACIONES DEMUESTRAN QUE EL CORAZÓN ES UN CENTRO DE PROCESAMIENTO DE INFORMACIÓN QUE ENVÍA MENSAJES IMPORTANTES A TODO EL CUERPO Y PUEDE INFLUIR PROFUNDAMENTE EN EL CEREBRO.

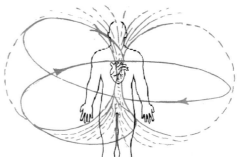

EMOCIÓN=ENERGÍa EN MOvIMIENTO

LA EXPRESIÓN DE LAS EMOCIONES RESUENA A TRAVÉS DEL CORAZÓN, EJERCIENDO UNA INFLUENCIA SIGNIFICATIVA EN EL CAMPO MAGNÉTICO GENERAL DEL INDIVIDUO. EL ESTADO EMOCIONAL DE UN INDIVIDUO EMANA HACIA EL EXTERIOR DESDE EL CORAZÓN, INFLUYENDO E INTERCONECTÁNDOSE CON LOS CAMPOS MAGNÉTICOS CIRCUNDANTES. LOS PENSAMIENTOS SE MANIFIESTAN COMO ENERGÍA EN MOVIMIENTO, CONSTITUYENDO EMOCIONES, Y CADA PENSAMIENTO ESTÁ INTRÍNSECAMENTE LIGADO A UN ESTADO EMOCIONAL.

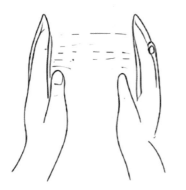

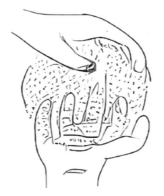

MENTE SOBRE MaTERIa

EL PODER DE La MENTE TRaSCIENDE LOS LÍMITES FÍSICOS. CON La CaPaCIDaD DE MaNIPULaR La MaTERIa a TRavÉS DE LaS FRECUENCIaS vIBRaTORIaS DEL PENSaMIENTO, La MENTE aCTÚa COMO DIRECTORa DE La ENERGÍa; POR ESO SE DICE qUE "DONDE va La aTENCIÓN, FLUYE La ENERGÍa". MEDIaNTE La SINERGIa DE PENSaMIENTOS ELÉCTRICOS Y EMOCIONES MaGNÉTICaS, SE PUEDE MaNIPULaR aCTIvaMENTE La ENERGÍa. POR EjEMPLO, IMaGINaNDO Y SINTIENDO vívIDaMENTE La PRESENCIa DE UNa PERa EN La MaNO, SE PUEDE EXPERIMENTaR La SENSaCIÓN DE qUE SE ESTá FORMaNDO UNa PERa. ESTE EXPERIMENTO INvITa a La EXPLORaCIÓN PERSONaL, Y La EFICaCIa DEL EjERCICIO aUMENTa CON La FUERZa DE vOLUNTaD.

EL MUNDO EXTERIOR REFLEja EL ESTaDO DE TU MUNDO INTERIOR. LOS PENSaMIENTOS TIENEN UN PODER INMENSO, Y CUaNTO MáS RECONOCES ESTa INFLUENCIa, MáS PODEROSO TE vUELvES. TUS PENSaMIENTOS aCTÚaN COMO CaTaLIZaDORES, IMPULSáNDOTE a TRavÉS DE vaRIaS LÍNEaS TEMPORaLES POTENCIaLES. HaZ BaLaNCE DE DÓNDE RESIDEN TUS PENSaMIENTOS: ¿SON aLIaDOS U OBSTáCULOS? TU vIajE IMPLICa TRaNSICIONES CONSTaNTES ENTRE REaLIDaDES, Y TUS PENSaMIENTOS SON LOS aRqUITECTOS DE TUS DESTINOS PREFERIDOS. ADOPTaR CONSTaNTEMENTE La NEGaTIvIDaD Da FORMa a UNa REaLIDaD INCONGRUENTE CON SUS DESEOS. MaNTENTE aLERTa Y CULTIva La POSITIvIDaD EN TUS PENSaMIENTOS PaRa LOGRaR UN IMPaCTO TRaNSFORMaDOR EN TU vIDa. ESTa aTENCIÓN PLENa HaCE MaRavILLaS a La HORa DE DIRIGIR TU EXISTENCIa HaCIa La PLENITUD.

INTERaCCIÓN/TRaNSFERENCIa DE ENERGÍa

LA "ATMÓSFERA" QUE SE EXPERIMENTA AL ENTRAR EN UNA HABITACIÓN O ESPACIO REFLEJA LOS ESTADOS VIBRATORIOS COLECTIVOS DE LOS CAMPOS ELECTROMAGNÉTICOS EMITIDOS POR LAS PERSONAS QUE HABITAN LA ZONA.

TODA INTERACCIÓN IMPLICA UN INTERCAMBIO DE ENERGÍA CON LAS PERSONAS CON LAS QUE UNO SE ENCUENTRA. SI UNA PERSONA POSEE UN ESTADO VIBRACIONAL ALTO MIENTRAS QUE LA OTRA TIENE UNA VIBRACIÓN MÁS BAJA, EL INTERCAMBIO DE ENERGÍA TIENDE A ENCONTRARSE EN EL MEDIO, EQUILIBRANDO LAS ENERGÍAS DE AMBOS INDIVIDUOS. ESTO SUBRAYA LA IMPORTANCIA DE SER CONSCIENTES DE LA COMPAÑÍA QUE TENEMOS A DIARIO, YA QUE LA ENERGÍA NEGATIVA DE LOS DEMÁS PUEDE INFLUIR Y TRANSFERIRSE A NUESTRA AURA PERSONAL."

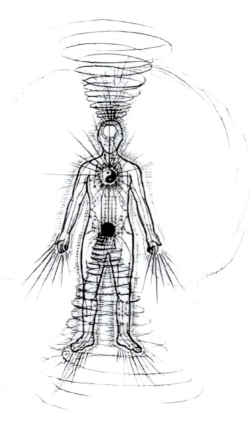

CUANDO UNA PERSONA EMPIEZA A ABRIR SU CORAZÓN Y PUEDE MANTENER UN ESTADO ELEVADO DE EMOCIÓN, EXPANDE SU CAMPO ELECTROMAGNÉTICO HASTA APROXIMADAMENTE 9 METROS DE ANCHO. LA ENERGÍA EN ESTE ESTADO TIENE MÁS INFLUENCIA QUE LA MATERIA, LO QUE LES PERMITE TENER UN MAYOR IMPACTO EN LA REALIDAD. AL COMBINAR UNA INTENCIÓN CLARA CON UNA EMOCIÓN, LA PERSONA INICIA EL PROCESO DE CREAR EFECTOS EN EL MUNDO FÍSICO.

CaDa PENSaMIENTO Y EMOCIÓN LLEva UNa vIBRaCIÓN DISTINTIva CON UNa fRECUENCIa ESPECífICa. CaDa PENSaMIENTO ESTá íNTIMaMENTE LIGaDO a UNa EMOCIÓN. La fUERZa DE TU CaMPO PERSONaL DESEMPEña UN PaPEL fUNDaMENTaL SI EXPERIMENTaS PENSaMIENTOS Y EMOCIONES CON EXPRESIONES vIBRaTORIaS aLTaS O BaJaS. EL REfUERZO DEL CaMPO SE PRODUCE CON PENSaMIENTOS Y EMOCIONES DE aLTa vIBRaCIÓN.

LAS EMOCIONES ENCUENTRAN SU RESONANCIA EN EL CORAZÓN, MIENTRAS QUE LOS PENSAMIENTOS SE ORIGINAN EN EL CEREBRO. ES CRUCIAL MANTENER PENSAMIENTOS POSITIVOS, YA QUE DAN LUGAR A EMOCIONES POSITIVAS EN EL CORAZÓN. SORPRENDENTEMENTE, LA FUERZA MAGNÉTICA DEL CORAZÓN SUPERA EN 5.000 VECES LA DEL CEREBRO. SITUADO EN EL CENTRO DEL CAMPO, EL CORAZÓN POSEE LA CAPACIDAD ÚNICA DE EMITIR IMPULSOS MAGNÉTICOS EN EL CAMPO CUÁNTICO. PROYECTANDO CONTINUAMENTE TUS EMOCIONES, LA VIBRACIÓN DEL CORAZÓN DETERMINA LA NATURALEZA DE LO QUE ATRAES EN FUNCIÓN DE LA RESONANCIA CON LA QUE TE ALINEAS.

CADA CÉLULA DEL CUERPO GENERA SU PROPIO CAMPO ELECTROMAGNÉTICO, Y LA CONTRIBUCIÓN COLECTIVA DE ESTOS CAMPOS INDIVIDUALES DA COMO RESULTADO LA FORMACIÓN DEL CAMPO ELECTROMAGNÉTICO GENERAL DEL CUERPO.

EL CORAZÓN ES MAS PODEROSO QUE EL CEREBRO

ES APROX. 100,000 VECES MAS FUERTE ELÉCTRICAMENTE & 5,000 VECES MÁS FUERTE MAGNÉTICAMENTE.

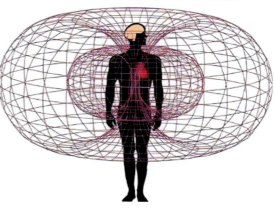

CaMPO ENERGÉTICO

CADA INDIVIDUO POSEE UN CAMPO ELECTROMAGNÉTICO DE ENERGÍA ÁURICA, QUE PUEDE EVALUARSE CIENTÍFICAMENTE MEDIANTE MÉTODOS COMO LA ELECTROMIOGRAFÍA. LA ELEVADA SENSIBILIDAD DE ALGUNOS INDIVIDUOS LES PERMITE PERCIBIR LA ENERGÍA EMOCIONAL INVISIBLE PRESENTE EN ESTE CAMPO. LA ENERGÍA, AL SER CONSTANTE EN SU EXISTENCIA AUNQUE SE TRANSFORME, ES LA BASE DE LA CAPACIDAD SENSITIVA PARA PERCIBIR E INTERPRETAR LAS EMOCIONES. DENTRO DE NUESTROS CAMPOS ENERGÉTICOS, CONFLUYEN PENSAMIENTOS, EMOCIONES Y RECUERDOS CONSCIENTES Y SUBCONSCIENTES. ES A TRAVÉS DE ESTA AMALGAMACIÓN CAPTAMOS LAS "VIBRACIONES" TÁCITAS QUE EMANAN DE LOS DEMÁS.

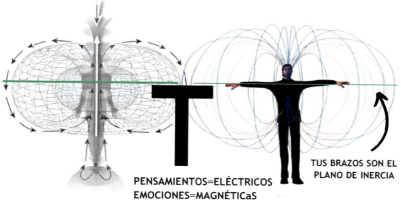

PENSAMIENTOS=ELÉCTRICOS
EMOCIONES=MAGNÉTICaS

TUS BRAZOS SON EL PLANO DE INERCIA

ENFERMEDAD Y FRECUENCIA

LAS INVESTIGACIONES SUGIEREN QUE LAS ENFERMEDADES PUEDEN EXISTIR EN UN RANGO MÁS BAJO DE FRECUENCIA. SEGÚN ESTE PUNTO DE VISTA, LA IDEA ES QUE LOS INDIVIDUOS PUEDEN SER POTENCIALMENTE MÁS SUSCEPTIBLES A LAS ENFERMEDADES CUANDO SU FRECUENCIA VIBRATORIA PERSONAL ES MÁS BAJA, YA QUE PUEDE ALINEARSE CON LAS FRECUENCIAS MÁS BAJAS ASOCIADAS A LAS ENFERMEDADES. A LA INVERSA, SE CREE QUE MANTENER UNA TASA VIBRATORIA ALTA ACTÚA COMO FACTOR PROTECTOR, HACIENDO MENOS PROBABLE QUE LA FRECUENCIA DE UNO COINCIDA CON ESTADOS VIBRATORIOS MÁS BAJOS ASOCIADOS CON ENFERMEDADES.

CHaKRaS

LOS SIETE CHAKRAS OBTIENEN SU ENERGÍA DEL CAMPO ÁURICO. CUANDO SE HACE UN MAL USO DE LOS CHAKRAS EXTRAYENDO UN EXCESO DE ENERGÍA, DISMINUYE SU FRECUENCIA. MANTENER EL EQUILIBRIO EN LA UTILIZACIÓN DE ESTOS CENTROS ES CRUCIAL PARA ESTABLECER UN CAMPO ELECTROMAGNÉTICO RÁPIDO Y ROBUSTO.

CÓMO TENER UN CAMPO FUERTE?

- VIVIR DESDE EL CORAZÓN, NO DESDE LA MENTE
- PENSAMIENTO POSITIVO
- SENTIMIENTOS POSITIVOS
- DIETA ELÉCTRICA (FRUTA Y VERDURA)
- ESTAR RODEADO DE GENTE POSITIVA
- CHAKRAS EQUILIBRADOS
- MEDITAR BAJO LOS ÁRBOLES
- ENRAIZAMIENTO DIARIO
- MEDITACIÓN
MEDITAR BAJO LOS ÁRBOLES PERMITE ABSORBER LA ENERGÍA ELECTROMAGNÉTICA EMITIDA POR EL ÁRBOL.

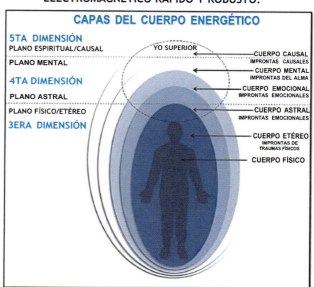

CAPAS DEL CUERPO ENERGÉTICO

5TA DIMENSIÓN
PLANO ESPIRITUAL/CAUSAL — YO SUPERIOR
PLANO MENTAL
4TA DIMENSIÓN
PLANO ASTRAL
PLANO FÍSICO/ETÉREO
3ERA DIMENSIÓN

CUERPO CAUSAL
IMPRONTAS CAUSALES
CUERPO MENTAL
IMPRONTAS DEL ALMA
CUERPO EMOCIONAL
IMPRONTAS EMOCIONALES
CUERPO ASTRAL
IMPRONTAS EMOCIONALES
CUERPO ETÉREO
IMPRONTAS DE TRAUMAS FÍSICOS
CUERPO FÍSICO

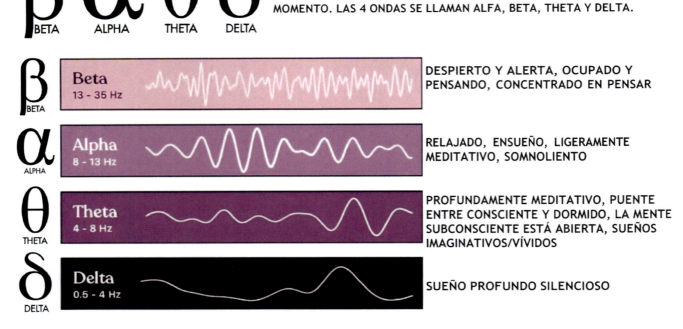

β α θ δ
BETA ALPHA THETA DELTA

EL BRIAN PRODUCE UNA ONDA ESPECÍFICA DEPENDIENDO DE LO QUE NUESTRA ACTIVIDAD MENTAL ESTÉ EXPERIMENTANDO EN ESE MOMENTO. LAS 4 ONDAS SE LLAMAN ALFA, BETA, THETA Y DELTA.

Beta 13 - 35 Hz — DESPIERTO Y ALERTA, OCUPADO Y PENSANDO, CONCENTRADO EN PENSAR

Alpha 8 - 13 Hz — RELAJADO, ENSUEÑO, LIGERAMENTE MEDITATIVO, SOMNOLIENTO

Theta 4 - 8 Hz — PROFUNDAMENTE MEDITATIVO, PUENTE ENTRE CONSCIENTE Y DORMIDO, LA MENTE SUBCONSCIENTE ESTÁ ABIERTA, SUEÑOS IMAGINATIVOS/VÍVIDOS

Delta 0.5 - 4 Hz — SUEÑO PROFUNDO SILENCIOSO

EL CEREBRO PRODUCE FRECUENCIAS DE ONDAS THETA JUSTO ANTES DE IRSE A DORMIR Y JUSTO DESPUÉS DE DESPERTARSE. ESTA FRECUENCIA ESPECÍFICA DE ONDAS CEREBRALES ESTÁ ASOCIADA CON LA PROGRAMACIÓN RÁPIDA Y LA HIPNOSIS. POR ESO DEBEMOS ESTAR ATENTOS A LO QUE DECIMOS, PENSAMOS, VEMOS Y OÍMOS CUANDO NOS LEVANTAMOS POR LA MAÑANA Y NOS VAMOS A DORMIR POR LA NOCHE, PORQUE ESTO PUEDE AFECTAR MUCHO A NUESTRA MENTE.

ES UNA MUY BUENA IDEA ESCUCHAR AFIRMACIONES POSITIVAS CADA MAÑANA MIENTRAS NUESTRO SUBCONSCIENTE ESTÁ ABIERTO A LOS PROGRAMAS. LA REPETICIÓN DE ESCUCHAR AFIRMACIONES CADA MAÑANA PUEDE LITERALMENTE REESCRIBIR EL CEREBRO Y EL ADN Y CREAR BUENOS PROGRAMAS DENTRO DEL SUBCONSCIENTE.

CONSCIENTE

θ THETA
THETA
SUB-CONSCIENTE

OBSERVE QUE EL SÍMBOLO DE LAS ONDAS THETA ESTÁ EQUILIBRADO Y TIENE DOS LADOS OPUESTOS IGUALES, QUE SIMBOLIZAN LOS DOS GÉNEROS DE LA MENTE.

MASCULINO= CONSCIENTE
FEMENINO= SUBCONSCIENTE

LAS ONDAS THETA SON LAS ONDAS QUE NOS DAN ACCESO A LOS REINOS SUBCONSCIENTES DE NUESTRA MENTE; ES LA PUERTA/PUENTE HACIA NUESTRA MENTE UNIVERSAL.

ACIDEZ Y ALCALINIDAD

PARA MANTENERSE SANO, SE SUGIERE MANTENER EL CUERPO HUMANO EN UN ESTADO ALCALINO. SE CREE QUE UN ENTORNO ÁCIDO FAVORECE EL CRECIMIENTO DE GÉRMENES Y BACTERIAS, LO QUE AUMENTA EL RIESGO DE DESARROLLAR ENFERMEDADES. LOS ALIMENTOS DE ORIGEN NATURAL, PRESENTES DESDE EL PRINCIPIO, TIENDEN A SER ALCALINOS, MIENTRAS QUE LOS ALIMENTOS FABRICADOS POR EL HOMBRE (OGM) SUELEN CONSIDERARSE ÁCIDOS CUANDO SE CONSUMEN.

LA PSICOLOGÍA EN LA INDUSTRIA ALIMENTARIA

EL PODER DEL LENGUAJE PARA MOLDEAR NUESTRAS PERCEPCIONES Y COMPORTAMIENTOS ESTÁ BIEN DOCUMENTADO. AL EMPLEAR TÉRMINOS MÁS NEUTROS O POSITIVOS, LA INDUSTRIA ALIMENTARIA PRETENDE QUE EL CONSUMO SEA MÁS APETECIBLE PARA LA POBLACIÓN EN GENERAL. SE HAN CREADO TÉRMINOS PARA OCULTAR LA VERDADERA NATURALEZA DE LO QUE CONSUMIMOS. EN LUGAR DE UTILIZAR DESCRIPTORES DIRECTOS,

EMPLEAMOS PALABRAS MÁS SUAVES: NOS REFERIMOS A LA CARNE COMO "PROTEÍNA", A LA LECHE RANCIA COMO "QUESO", A LA PARTE POSTERIOR DE UN CERDO COMO "JAMÓN" Y A UN EMBRIÓN EN DESARROLLO COMO "HUEVO". LA INTENCIÓN DE ESTA ELECCIÓN LINGÜÍSTICA ES MITIGAR LOS POSIBLES EFECTOS PSICOLÓGICOS NEGATIVOS ASOCIADOS AL CONSUMO DE ESTOS PRODUCTOS. LA CREENCIA ES QUE MENOS PERSONAS SE INCLINARÍAN A CONSUMIR UN PRODUCTO LLAMADO "CARNE DE VACA" O "FETO DE POLLO" SI SE EMPLEARA LA TERMINOLOGÍA REAL, YA QUE INCIDE EN EL RECONOCIMIENTO INNATO DE QUE TALES ELECCIONES PUEDEN SER ÉTICAMENTE PROBLEMÁTICAS.

¿POR QUÉ LA CARNE Y LOS PRODUCTOS ANIMALES NO SON SALUDABLES?

CUANDO CONSUMIMOS CARNE, ÉSTA INCLUYE LA SANGRE DE ANIMALES SACRIFICADOS EN UN MATADERO, E INCLUSO CON UNA COCCIÓN MINUCIOSA, A MENUDO QUEDAN RESTOS DE SANGRE EN LA CARNE. ALREDEDOR DEL 80% DE LA CARNE DEL MERCADO ACTUAL PROCEDE DE ANIMALES QUE PRESENCIARON CÓMO SUS CONGÉNERES ERAN INCINERADOS Y SACRIFICADOS, LO QUE PROVOCÓ LA LIBERACIÓN DE HORMONAS ADRENALINA Y CORTISOL DEBIDO A SENTIMIENTOS DE TERROR Y MIEDO. ESTAS HORMONAS SE TRANSMITEN LUEGO A LOS CONSUMIDORES A TRAVÉS DE LA CARNE Y LA SANGRE, MANTENIÉNDONOS POTENCIALMENTE EN UN ESTADO ELEVADO DE MODO DE SUPERVIVENCIA ASOCIADO CON EL CHAKRA RAÍZ. SI DESEAMOS ALCANZAR LOS ESTADOS ELEVADOS DE CONCIENCIA Y MANIFESTAR NUESTRO SER DIVINO DEBEMOS RESISTIRNOS A MEZCLAR NUESTRA SANGRE HUMANA CON LA SANGRE DE UN ANIMAL.

LA LECHE DE VACA ESTÁ DISEÑADA POR LA NATURALEZA PARA PROPORCIONAR MINERALES Y GRASAS ESENCIALES A LOS TERNEROS RECIÉN NACIDOS, ASEGURANDO SU ROBUSTO CRECIMIENTO. CONTIENE TODOS LOS NUTRIENTES NECESARIOS PARA EL DESARROLLO SALUDABLE DE UNA VACA, UN PATRÓN CONSISTENTE A TRAVÉS DE VARIAS ESPECIES CREADAS POR DIOS. APLICANDO EL SENTIDO COMÚN, EL SER HUMANO, AL SER UNA ESPECIE DISTINTA, DEBERÍA RECONSIDERAR EL CONSUMO DE LECHE ESPECÍFICAMENTE ADAPTADA PARA EL CRECIMIENTO DE LAS VACAS U OTROS ANIMALES. ADEMÁS, LA PRODUCCIÓN MODERNA DE LECHE A GRAN ESCALA IMPLICA EL ORDEÑO FRECUENTE DE LAS VACAS, LO QUE LES CAUSA ESTRÉS Y PROVOCA LA LIBERACIÓN DE HORMONAS DEL ESTRÉS EN LA LECHE, QUE POSTERIORMENTE SE TRANSFIEREN A LOS CONSUMIDORES.

OTRA RAZÓN DE PESO PARA EVITAR EL CONSUMO DE CARNE MUERTA ES LA PRESENCIA DE PARÁSITOS. ESTOS PEQUEÑOS GUSANOS PUEDEN CREARSE O TRANSMITIRSE A TRAVÉS DE LOS ALIMENTOS QUE CONSUMIMOS, CON UNA MAYOR PROBABILIDAD DE QUE EXISTAN EN LA CARNE MUERTA. EL DR. SEBI SOSTIENE QUE MÁS DEL 60% DE LAS ENFERMEDADES ESTÁN RELACIONADAS CON PARÁSITOS QUE RESIDEN EN EL INTERIOR DE LAS PERSONAS. SE SUGIERE QUE LOS ANTOJOS PUEDEN NO SER ÚNICAMENTE PERSONALES; LOS PARÁSITOS PUEDEN INFLUIR EN EL CEREBRO PARA OBTENER LOS ALIMENTOS CON LOS QUE PROSPERAN, COMO LA CARNE, LOS ALIMENTOS AZUCARADOS Y LOS ALIMENTOS PROCESADOS.

LA CARNE DEL MUNDO ACTUAL ESTÁ CONTAMINADA CON VACUNAS QUE CONTAMINAN LA SANGRE DEL ANIMAL. LA HIERBA QUE COMEN ES ESTERILIZADA CON QUIMICOS PARA QUE CREZCA MAS RAPIDO, LO QUE HACE QUE SU SANGRE Y SU CARNE SEAN TOXICAS. LA LECHE QUE PRODUCEN ES MUY ÁCIDA Y LUEGO LA PASTEURIZAN ANTES DE QUE LLEGUE A LAS TIENDAS. CUANDO ESTA LECHE PASTRURIZADA SE CONSUME CAUSA INFLAMACION Y EXCESO DE MUCOSIDAD.

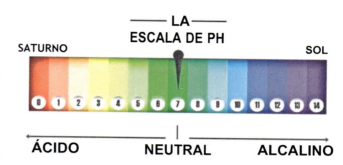

LA ESCALA DE PH

SATURNO — SOL

0 1 2 3 4 5 6 7 8 9 10 11 12 13 14

ÁCIDO — NEUTRAL — ALCALINO

VEGANISMO

ENVIGAMOS
(PONER VIGAS, PONERSE FUERTE)

MASACRE

MASCARÉ
(TRITURAR LA COMIDA TORPEMENTE CON LA BOCA)

DIENTES VEGANOS VS CARNÍVOROS

DIENTES VEGETALES
LOS CABALLOS SON UNO DE LOS ANIMALES MÁS PODEROSOS DEL MUNDO, POR ESO UTILIZAMOS EL TÉRMINO "POTENCIA DEL CABALLO" PARA MEDIR LA POTENCIA DEL MOTOR DE UN COCHE. VIVEN HASTA LOS 40 AÑOS. SUS DIENTES ESTÁN DISEÑADOS PARA COMER HIERBAS, PASTO Y PLANTAS.

DIENTES CARNÍVOROS
LOS LEONES, LOS PERROS Y TODOS LOS ANIMALES CARNÍVOROS TIENEN DIENTES LARGOS PARA DESGARRAR LA CARNE DE SUS PRESAS. LOS ANIMALES CARNÍVOROS VIVEN MENOS. LOS LEONES Y LOS PERROS VIVEN HASTA 15 AÑOS.

SI LA NATURALEZA NO LO HIZO, NO LO TOMES.

SANTOS BONACCI - "EN EL MOMENTO EN QUE EL ANIMAL MUERE LA CARNE EMPIEZA A PUTREFACCIONARSE, YA NO ESTÁ VIVA, ESTÁ MUERTA. COCINARLA, PONERLE HIERBAS PARA CUBRIR EL SABOR DE LA CARNE NO IMPORTA. ESTÁS COMIENDO CARNE MUERTA PUTREFACTA".

EL HEDOR CORPORAL Y EL MAL ALIENTO SON CONSECUENCIAS DE LOS ALIMENTOS QUE SE CONSUMEN. EL CONSUMO DE CARNE CONDUCE A SU DESCOMPOSICIÓN DENTRO DE TU ESTÓMAGO, CONTRIBUYENDO A LOS OLORES CORPORALES Y AL ALIENTO DESAGRADABLES.
EL ESPÍRITU DEL ANIMAL CONSUMIDO PUEDE AFECTAR A TU ENERGÍA, LLEVANDO CONSIGO MIEDO Y ENERGÍA ETÉREA NEGATIVA. ESTA ENERGÍA SE TRANSFIERE A TU PROPIO ESTADO ENERGÉTICO.

CORINTIOS 8:13
"POR TANTO, SI LO QUE COMO HACE CAER EN PECADO A MI HERMANO O A MI HERMANA, NO VOLVERÉ A COMER CARNE, PARA NO HACERLES CAER"

HECHOS 15:29
"OS ABSTENDRÉIS DE ALIMENTOS SACRIFICADOS A LOS ÍDOLOS, DE SANGRE, DE CARNE DE ANIMALES ESTRANGULADOS Y DE INMORALIDAD SEXUAL. HARÉIS BIEN EN EVITAR ESTAS COSAS"

GRANDES PENSANTES QUE FUERON/SON VEGANOS

PLATO — PYTHAGORS — OVIN
VAN GOGH — NIKOLA TESLA — ISAAC NEWTON
DAN VINCI — STEVE JOBS — GANDHI

ERES LO QUE COMES

CADA ESPECIE POSEE CUALIDADES INHERENTES OTORGADAS POR SU SOBERANO CELESTIAL. POR EJEMPLO, LOS OSOS EXHIBEN FUERZA Y FEROCIDAD, LOS GATOS EXUDAN MAJESTUOSIDAD Y ASTUCIA, Y LOS CAMELLOS MUESTRAN LA CAPACIDAD DE ATRAVESAR GRANDES DISTANCIAS. TODAS LAS ESPECIES VIVAS ALBERGAN VIRTUDES CELESTIALES QUE RESUENAN EN SU CUERPO, MENTE Y ESPÍRITU. CUANDO COMEMOS LA CARNE DE ESTOS SERES, ASIMILAMOS LAS VIRTUDES ASOCIADAS A ELLOS. CONSUMIR POLLO, POR EJEMPLO, PERMITE QUE LAS VIRTUDES OCULTAS DEL POLLO SE TRANSFIERAN AL CONSUMIDOR DE SU CARNE. LA EXPRESIÓN "SOMOS LO QUE COMEMOS" ES LITERALMENTE CIERTA.

LA EVIDENCIA CIENTÍFICA APOYA LA NOCIÓN DE QUE CADA CÉLULA DEL CUERPO HUMANO EXPERIMENTA UNA TRANSFORMACIÓN COMPLETA APROXIMADAMENTE CADA 90 DÍAS. ESTAS CÉLULAS TIENEN SU ORIGEN EN LOS ALIMENTOS QUE INGERIMOS. APLICANDO LA LÓGICA BÁSICA, EL CONSUMO DE CARNE DE ANIMALES MUERTOS PUEDE CONTRIBUIR AL DEBILITAMIENTO GRADUAL DE NUESTRAS CÉLULAS, DADA LA AUSENCIA DE VIDA Y ELECTRICIDAD EN DICHA CARNE. POR EL CONTRARIO, SE POSTULA QUE LA INGESTA DE FRUTAS VIVAS Y VIBRANTES QUE CONTIENEN LA CARGA ELÉCTRICA SOLAR FACILITA LA REGENERACIÓN CELULAR, RALENTIZANDO POTENCIALMENTE EL PROCESO DE ENVEJECIMIENTO.

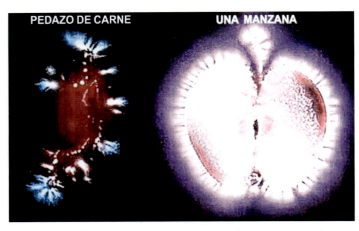

PEDAZO DE CARNE — UNA MANZANA

LA FOTOGRAFÍA KIRLIAN ENGLOBA VARIOS MÉTODOS FOTOGRÁFICOS DISEÑADOS PARA CAPTAR CAMPOS ENERGÉTICOS. ENTRE LOS ALIMENTOS TERRESTRES, LAS FRUTAS SON RECONOCIDAS COMO ALTAMENTE ELECTROMAGNÉTICAS. EL CUERPO HUMANO FUNCIONA COMO UNA BATERÍA ELECTROMAGNÉTICA QUE NECESITA RECARGARSE, Y LAS FRUTAS Y VERDURAS CONTIENEN BIOFOTONES, ESENCIALMENTE LUZ SOLAR ALMACENADA. CUANDO CONSUMIMOS ESTOS ALIMENTOS, ESTAMOS ESENCIALMENTE INGIRIENDO LUZ, REPONIENDO NUESTROS CUERPOS CON LA ENERGÍA RADIANTE ALMACENADA DENTRO DE LOS BIOFOTONES DEL SOL.

CORINTIOS 8:13
"POR LO TANTO, SI LO QUE COMO HACE QUE MI HERMANO O HERMANA CAIGA EN PECADO, NO VOLVERÉ A COMER CARNE, PARA NO HACERLES CAER"

HECHOS 15:29
"OS ABSTENDRÉIS DE ALIMENTOS SACRIFICADOS A LOS ÍDOLOS, DE SANGRE, DE CARNE DE ANIMALES ESTRANGULADOS Y DE INMORALIDAD SEXUAL. HARÉIS BIEN EN EVITAR ESTAS COSAS".

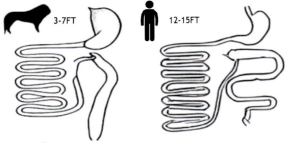

INTESTINO DEL LEÓN — 3-7FT — INTESTINO HUMANO — 12-15FT

LOS CARNÍVOROS, COMO LOS TIGRES Y LOS LEONES, SUELEN TENER INTESTINOS MÁS CORTOS, DE ENTRE 1 Y 2 METROS. EN CAMBIO, LOS HUMANOS POSEEN INTESTINOS DE APROXIMADAMENTE 4 Y 5 METROS DE LONGITUD. ESTA NOTABLE DIFERENCIA SUGIERE QUE, A DIFERENCIA DE LOS CARNÍVOROS QUE DEPENDEN DEL CONSUMO DE CARNE, LOS HUMANOS PRESENTAN CARACTERÍSTICAS FISIOLÓGICAS INDICATIVAS DE UNA DIETA BASADA EN PLANTAS. TANTO NUESTRA ESTRUCTURA DENTAL COMO LA LONGITUD INTESTINAL COINCIDEN CON LAS CARACTERÍSTICAS DE LOS HERBÍVOROS, LO QUE SUBRAYA NUESTRA ADAPTACIÓN ANATÓMICA AL CONSUMO DE PLANTAS, FRUTAS Y VERDURAS.

LOS HUMANOS POSEEN VISIÓN TRICROMÁTICA, LO QUE SIGNIFICA QUE LAS RETINAS DE SUS OJOS BUSCAN SISTEMÁTICAMENTE EL COLOR. EN ESENCIA, NUESTROS OJOS BUSCAN SUBCONSCIENTEMENTE TONALIDADES VIBRANTES, SEÑALANDO LA PRESENCIA DE FRUTAS Y VERDURAS DE COLORES, YA QUE ESTOS ALIMENTOS DE COLORES SE ASOCIAN A MENUDO CON LA NUTRICIÓN Y EL SUSTENTO.

LA TIERRA OFRECE TODO LO QUE NECESITAMOS PARA SOBREVIVIR Y PROSPERAR. SE LA LLAMA "MADRE TIERRA" PORQUE SU ENERGÍA FEMENINA, BUSCA EL DESCANSO, NUTRE Y CUIDA TODO LO QUE VIVE EN ELLA. TODO LO QUE NECESITAMOS NOS LO PROPORCIONA EN ABUNDANCIA LA NATURALEZA.

CÓMO COMER CORRECTAMENTE?

- ASEGÚRESE DE MASTICAR BIEN LOS ALIMENTOS HASTA QUE SE CONVIERTAN EN LÍQUIDO; EL CUERPO DIGIERE LOS ALIMENTOS LÍQUIDOS DE FORMA MÁS EFICIENTE, AHORRANDO ENERGÍA DIGESTIVA.
- ESTABLEZCA UN HORARIO DIARIO DE COMIDAS COHERENTE PARA CREAR UN CICLO QUE OPTIMICE EL POTENCIAL DEL ORGANISMO PARA PROCESAR LOS ALIMENTOS DE FORMA EFICIENTE.
- EVITE COMER DESPUÉS DE LA PUESTA DE SOL, YA QUE LA LUZ SOLAR AYUDA A DIVERSAS FUNCIONES CORPORALES, INCLUIDA LA DIGESTIÓN; PROCURE CONSUMIR LAS COMIDAS A LA LUZ NATURAL DEL SOL SIEMPRE QUE SEA POSIBLE.
- ABSTÉNGASE DE COMBINAR DIFERENTES TIPOS DE ALIMENTOS, COMO CEREALES Y FRUTAS, YA QUE ESTO PUEDE PONER A PRUEBA LA CAPACIDAD DEL SISTEMA DIGESTIVO PARA SEPARAR Y PROCESAR LAS ENZIMAS, CAUSANDO POTENCIALMENTE ESTREÑIMIENTO Y PROBLEMAS DIGESTIVOS.
- DEJE UN ESPACIO DE CUATRO HORAS ENTRE LA ÚLTIMA COMIDA Y LA HORA DE ACOSTARSE. COMER JUSTO ANTES DE DORMIR DIFICULTA UNA DIGESTIÓN EFICIENTE MIENTRAS SE DESCANSA, LO QUE REPERCUTE EN LA CALIDAD DEL SUEÑO. ABSTENERSE DE COMER TARDE POR LA NOCHE NO SÓLO MEJORA LA CALIDAD DEL SUEÑO, SINO QUE PERMITE AL CUERPO UTILIZAR LA ENERGÍA PARA REJUVENECERSE Y REGENERARSE.

EL CUERPO HUMANO FUNCIONA COMO UN ORGANISMO ELECTROMAGNÉTICO, POR LO QUE REQUIERE ALIMENTOS ELÉCTRICOS QUE CONTENGAN LUZ. LAS FRUTAS Y VERDURAS CULTIVADAS AL SOL OBTIENEN VIDA, ENERGÍA Y VITAMINAS DE ESTA FUENTE. CONSUMIR PLANTAS CARGA DE ELECTRICIDAD LAS CÉLULAS DEL CUERPO. UNA DIETA BASADA EN PLANTAS SE CONSIDERA ESENCIAL PARA FOMENTAR UN CUERPO PRÓSPERO Y MANTENER UN ESTADO DE CONCIENCIA ELEVADO.

AYUNO

LA ÚLTIMA VEZ QUE TE CORTASTE, TU CUERPO CURÓ LA HERIDA DE FORMA NATURAL. EL CUERPO HUMANO POSEE LA CAPACIDAD INHERENTE DE CURARSE A SÍ MISMO; SIMPLEMENTE REQUIERE EL TIEMPO Y LA ENERGÍA NECESARIOS PARA HACERLO.

PARA UN AYUNO EFICAZ CON LOS MÁXIMOS RESULTADOS, CONSIDERE LA POSIBILIDAD DE ADOPTAR UNA DIETA DE UNA SOLA FRUTA DURANTE UNA SEMANA ANTES DE INICIAR EL AYUNO.

PARA EMPEZAR A AYUNAR, COMIENCE CON UN DÍA DE INGESTA EXCLUSIVA DE LÍQUIDOS (AGUA, AGUA DE COCO, ZUMO DE FRUTAS) CADA DOS SEMANAS. A MEDIDA QUE ADQUIERA CONSISTENCIA, PUEDE AMPLIAR GRADUALMENTE LA DURACIÓN DEL AYUNO A VARIOS DÍAS, INCLUSO SEMANAS.

EL AYUNO ES UN MÉTODO POTENTE PARA TRATAR DIVERSOS PROBLEMAS DE SALUD, YA QUE PERMITE QUE EL ORGANISMO EXPERIMENTE POTENTES PROCESOS CURATIVOS.

EN PARTICULAR, DESPUÉS DE DOS DÍAS DE AYUNO, EL CUERPO COMIENZA A PRODUCIR HORMONAS DE CRECIMIENTO, LO QUE CONTRIBUYE A LOS BENEFICIOS REGENERATIVOS GENERALES DEL PROCESO DE AYUNO.

INFORMACIÓN

INFOMACIÓN SE DICE QUE TODAS LAS ENFERMEDADES TIENEN SU ORIGEN EN LA CARENCIA DE MINERALES. POR LO TANTO, SI CARECEMOS DE MINERALES EN NUESTRA DIETA, MANIFESTAREMOS PROBLEMAS DE SALUD EN EL ORGANISMO. HEMOS SIDO PROGRAMADOS PARA CREER QUE NECESITAMOS 3 COMIDAS AL DÍA: DESAYUNO, COMIDA Y CENA. ESTO PODRÍA ESTAR MÁS LEJOS DE LA VERDAD. CUANDO CONSUMIMOS DEMASIADA COMIDA EL CUERPO DEJA DE PRODUCIR CÉLULAS MADRE COMO RESULTADO DE QUE TODA LA ENERGÍA DEL CUERPO SE DESPERDICIA EN EL SISTEMA DIGESTIVO PARA DIGERIR LOS ALIMENTOS. AL COMER UNA COMIDA NUTRITIVA AL DÍA, EL CUERPO TIENE AHORA LA ENERGÍA PARA TRABAJAR EN LA ELIMINACIÓN DE TOXINAS DENTRO DEL CUERPO EN LUGAR DE UTILIZAR TODA SU ENERGÍA PARA DIGERIR LOS ALIMENTOS. CUANDO NOS ABSTENEMOS DE COMER, EL CUERPO ENTRA EN MODO DE REGENERACIÓN MEDIANTE LA CREACIÓN DE CÉLULAS MADRE PARA CURAR CUALQUIER PROBLEMA DENTRO DEL CUERPO.

ALCALINOS

- HIGOS
- MANZANAS
- NARANJAS CON SEMILLAS
- LIMONES
- CEREZAS
- JENGIBRE PEQUEÑO
- TOMATES CHERRY
- SETAS CASTAÑAS
- SETAS OSTRAS
- OREGANO
- TOMILLO
- AGUACATE
- UVA CON SEMILLAS
- ARÁNDANOS
- FRESAS
- PAPAYA
- OLIVOS
- BANANO BOCADILLO
- PERAS
- CIRUELAS
- PIMIENTOS
- ALBAHACA
- DURAZNO
- DÁTILES
- SANDÍA SIN PEPITAS
- MANGO
- COCO
- GUANÁBANA
- QUINUA
- ARROZ SILVESTRE
- AVECADO JAMAICANO
- PIMIENTOS BELL
- PIMIENTA DE CAYENA
- SAL MARINA
- ALGAS MARINAS
- FONIO
- MUSGO MARINO
- SARGAZO VEJIGOSO
- PAN DE ESPELTA / PASTA
- CHOCHO
- ANÍS ESTELLADO
- GRANO DE KAMUT
- NOPALES (TUNA)
- GUANÁBANA
- GRANO DE CENTENO
- AGUACATES DEL CARIBE
- AVELLANAS
- ZAPALLO
- GARBANZOS
- CALABAZIN
- PITAHAYA
- AGAVE
- CEBOLLA
- CILANTRO
- QUIMBOMBÓ
- CIRUELOS

ÁCIDOS

- CÚRCUMA
- LIMONES
- NARANJAS SIN PEPITAS
- BANANOS
- MACA
- MORINGA
- ALOE VERA
- GRANADA
- FRIJOL VERDE
- HABAS DE SOJA
- AJO
- PUERRO
- PIÑA
- MENTA
- PATATAS
- PATATAS DULCES
- ARROZ BLANCO/ INTEGRAL
- AGUACATES HASS
- CARNE
- PLATANO
- CUALQUIER COSA SIN SEMILLAS
- SAL DE MESA
- MANÍES
- ZANAHORIAS
- PAPRIKA
- CASTAÑAS
- MAÍZ
- ESPÁRRAGOS
- RÁBANO
- PEREJIL
- VINAGRE DE MANZANA
- CAÑA DE AZÚCAR
- BROCOL
- ESPINACA
- KIWI
- ACEITE DE SEMILLAS NEGRAS
- LECHUGA ICEBERG
- TOFU

NOTAS CLAVE

- AYUNAR UN DÍA A LA SEMANA
- CONSUMIR UNA COMIDA AL DÍA
- CONSUMA SÓLO PLANTAS ALCALINAS, FRUTAS Y VERDURAS
- COMA 4 HORAS ANTES DE IRSE A DORMIR
- COMA CUANDO HAYA SOL

LA MUERTE NO ES EL FIN DE LA VIDA, PUES LA VIDA ES ETERNA. EL CUERPO ES ALIMENTADO POR EL SOL VIVIFICANTE QUE YACE EN EL INTERIOR DEL HOMBRE, INVISIBLE A LOS DOS OJOS FÍSICOS. EL CUERPO NO VIVE, SINO QUE MANIFIESTA EL ESPÍRITU. EL ESPÍRITU ES ETERNO, POR ESO EL SÍMBOLO DEL ESPÍRITU ES UN CÍRCULO QUE NO TIENE PRINCIPIO NI FIN. EL CÍRCULO ES UN CICLO; VIVIMOS EN UN CICLO INFINITO DE VIDA Y MUERTE.

EL CICLO DE LA VIDA Y LA MUERTE SE NOS MUESTRA A MICROESCALA CON EL CICLO DEL DÍA Y LA NOCHE. EL SOL SIMBOLIZA LA VIDA/LUZ (POR ESO, EN ASTROLOGÍA, EL SOL ES CONOCIDO COMO EL DADOR DE VIDA), Y LA LUNA SIMBOLIZA LA MUERTE/OSCURIDAD. TAMBIÉN LO VEMOS EN EL CICLO ANUAL DE LAS ESTACIONES. LAS PLANTAS SON ABUNDANTES Y PROSPERAN EN VERANO, SIMBOLIZANDO LA VIDA, Y LUEGO EMPIEZAN A MORIR EN INVIERNO, Y TODO SE VUELVE OSCURO Y FRÍO, SIMBOLIZANDO LA MUERTE. EL VIAJE DEL ALMA ES EXACTAMENTE IGUAL A LOS CICLOS QUE VEMOS EN EL MUNDO EXTERIOR. ESTA ES LA RAZÓN POR LA QUE "COMO ES ADENTRO ES AFUERA" Y "COMO ES ARRIBA ES ABAJO" DEBEN ENTENDERSE PROFUNDAMENTE DENTRO DE UNO MISMO. DORMIR Y DESPERTAR ES TAMBIÉN UN MICROCOSMOS DEL CICLO DE LA VIDA Y LA MUERTE; POR ESO UTILIZAMOS EL DICHO "EL SUEÑO ES PRIMO DE LA MUERTE".

EL CUERPO ES UNA MÁQUINA ELÉCTRICA PARA EL ALMA MAGNÉTICA QUE YACE EN SU INTERIOR. EL ALMA ES LA ESENCIA AMOROSA, ETERNA Y DADORA DE VIDA QUE PUEDE TRANSFERIRSE A INFINITOS CUERPOS MORTALES DENTRO DEL MULTIVERSO. EL CEREBRO ES EL ORDENADOR ELÉCTRICO QUE DESCODIFICA LAS ONDAS DE LUZ QUE LE ENVÍA EL SER UNIVERSAL. LA ELECTRICIDAD VIBRA, EL MAGNETISMO IRRADIA. EL CUERPO ESTÁ COMPUESTO DE ÁTOMOS ELÉCTRICOS QUE VIBRAN; LAS VIBRACIONES SIEMPRE VUELVEN AL REPOSO, QUE ES LA MUERTE. EL MAGNETISMO IRRADIA/PULSA, Y ESTE PULSO ES ETERNO.

EL ALMA ES AMOR PURO, NO PUEDE SER ALTERADA. POR OTRO LADO, LA MENTE PUEDE SER ALTERADA. LA FALSA INFORMACION Y LA FALTA DE COMPRENSION DAN COMO RESULTADO LA CREACION DE CAPAS DE BLOQUEOS QUE OCULTAN EL VERDADERO SER. A TRAVÉS DE LA FALSA IDENTIFICACIÓN Y LA IGNORANCIA DEL CONOCIMIENTO Y LA SABIDURÍA, CREAMOS CAPAS DE BLOQUEOS MENTALES QUE IMPIDEN QUE NUESTRO VERDADERO YO AMOROSO SE MANIFIESTE EN NUESTRA VIDA.

ESPÍRITU

CÍRCULO=CÍCLO
EL SÍMBOLO DEL ESPÍRITU ES UN CIRCULO. LOS CIRCULOS NO TIENEN PRINCIPIO NI FIN, SON ETERNOS.

MUERTE

ÉTER

	MENTaL
	aSTRaL
	ETÉREO
	FÍSICO

MUERTE=PUERTA AL ÉTER

EL ÉTER ES EL VELO ENTRE EL MUNDO FÍSICO Y EL MUNDO ASTRAL. EL ÉTER ES LO QUE ATRAVESAMOS CUANDO MORIMOS Y PASAMOS DEL CUERPO FÍSICO AL CUERPO ASTRAL. EL REINO ASTRAL ES EL REINO DE LAS FORMAS DE PENSAMIENTO MANIFESTADAS DESDE LA MENTE.

SaLMO 73:26
"MI CaRNE Y MI CORaZÓN PUEDEN FaLLaR PERO DIOS ES La FUERZa DE MI CORaZÓN Y MI PORCIÓN PaRa SIEMPRE".

FÍSICO=CICLO PHI

PHI

Φ

CaMPO TOROIDaL

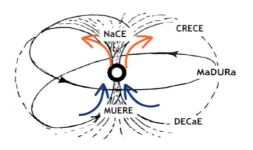

LA CONCIENCIA SUPERIOR SIGNIFICA EL ESTADO MENTAL SIMILAR AL DE UN SER DIVINO, QUE REPRESENTA LA FACETA DE LA COGNICIÓN HUMANA CAPAZ DE TRASCENDER LAS LIMITACIONES MATERIALISTAS Y DEDICARSE A LA CONTEMPLACIÓN METAFÍSICA. LAMENTABLEMENTE, LAS INFLUENCIAS DE LA SOCIEDAD CONTEMPORÁNEA Y LA BIOLOGÍA EVOLUTIVA HAN CONSPIRADO PARA ATARNOS A LA BÚSQUEDA DE PLACERES MATERIALES, CONVIRTIÉNDONOS EN ESCLAVOS DE ESOS DESEOS. PARA APROVECHAR NUESTRO POTENCIAL DIVINO, ES IMPERATIVO TRASCENDER LA PERSPECTIVA LIMITADA QUE NOS IDENTIFICA ÚNICAMENTE CON NUESTROS CUERPOS FÍSICOS. EN LUGAR DE ELLO, DEBEMOS ADOPTAR UNA MENTALIDAD ARRAIGADA EN LA ESPIRITUALIDAD Y LA METAFÍSICA, DESBLOQUEANDO ASÍ LOS PODERES LATENTES QUE AGUARDAN EN NUESTRO INTERIOR.

ALIMENTAR AL ÁGUILA/FÉNIX

LA INTERACCIÓN SIMBÓLICA DE LA SERPIENTE O EL ESCORPIÓN COMO ALIMENTO DEL ÁGUILA REVELA UN PROFUNDO SIGNIFICADO METAFÍSICO. EL SIGNO ZODIACAL DE ESCORPIO SE CORRESPONDE CON LOS ÓRGANOS SEXUALES SACROS. EL ESCORPIÓN REPRESENTA EL SACRUM, EL AGUIJÓN. LA SERPIENTE ES METAFÓRICA PARA LA ENERGÍA SEXUAL EN LA BASE DE LA ESPINA DORSAL EN LA REGIÓN SACRAL.

EL ÁGUILA, EL FÉNIX, CORRESPONDE A LA REGIÓN DEL CEREBRO Y DE LA CABEZA PORQUE LOS DOS HEMISFERIOS DEL CEREBRO SE SIMBOLIZAN COMO DOS ALAS. DEBEMOS SACRIFICAR "HACER SAGRADA" LA SERPIENTE DENTRO DE NOSOTROS PARA ALIMENTAR NUESTRO FÉNIX ASCENDENTE. EN OTRAS PALABRAS, NECESITAMOS GUARDAR NUESTRA ENERGÍA SEXUAL Y TRANSMUTAR LA ENERGÍA HACIA ARRIBA DESDE LA BASE DE LA COLUMNA VERTEBRAL PARA ALCANZAR Y ESTIMULAR LA GLÁNDULA PINEAL PARA ALCANZAR LA CONCIENCIA DE CRISTO.

EL FÉNIX ES EL SÍMBOLO MISMO DEL AUTO SACRIFICIO, YA QUE MUERE A SÍ MISMO, PARA CONVERTIRSE EN RENACIDO O RESUCITADO DE LAS CENIZAS DE SU PROPIA PURIFICACIÓN INTERNA. ESTE PROCESO TAMBIÉN SE CONOCE COMO LA LUCHA CONTRA EL DRAGÓN, CORTAR LA CABEZA DE LA SERPIENTE O MATAR A LA BESTIA DE 7 CABEZAS.

SIMBOLOGíA DE MaTaR EL "YO INFERIOR"

EGÍPTO · GRECIA

CÓMO ELEVAR SU CONCIENCIA

EL PRIMER PASO PARA ELEVAR SU CONCIENCIA SERÍA DOMINAR SUS PENSAMIENTOS Y CAMBIAR SU PERCEPCIÓN DE LO QUE EXPERIMENTA. TODO LO QUE ENCUENTRAS O EXPERIMENTAS ES NEUTRAL, ES TU MENTE LA QUE LE DA UNA PERSPECTIVA CARGADA POSITIVAMENTE O UNA PERSPECTIVA CARGADA NEGATIVAMENTE, TU MENTE DECIDE. DICHO ESTO, PARA ELEVAR NUESTRO ESTADO INTERNO NECESITAMOS ENFOCAR PERCEPCIONES POSITIVAS DE LA REALIDAD. TÚ ERES EL CONTROLADOR DE TU MENTE, NO ELIJAS TENER PENSAMIENTOS O PERCEPCIONES NEGATIVAS.

UN PEQUEÑO EJERCICIO QUE PUEDES HACER Y QUE ES EFECTIVO ES ESCUCHAR Y DECIR AFIRMACIONES POSITIVAS "YO SOY" PARA EMPEZAR EL DÍA. SI CUALQUIER NEGATIVIDAD ENTRA EN TU MENTE, DESTIERRA INSTANTÁNEAMENTE EL PENSAMIENTO Y TRANSMÚTALO EN PENSAMIENTOS Y PALABRAS POSITIVAS.

EN SEGUNDO LUGAR, LE RECOMIENDO QUE NO PRACTIQUE NINGUNA ACTIVIDAD SEXUAL DURANTE AL MENOS UN MES. DE ESTE MODO, NOTARÁ UN AUMENTO DE ENERGÍA, CONFIANZA E INCLUSO BENEFICIOS FÍSICOS COMO UNA VISIÓN, PIEL Y UÑAS MÁS CLARAS.

EN TERCER LUGAR, MANTÉNGASE ALEJADO DE LOS ALIMENTOS PROCESADOS COMO EL AZÚCAR, EL PAN BLANCO Y TODO LO QUE CONTENGA INGREDIENTES AÑADIDOS. LIMÍTESE A LA FRUTA CRUDA, VERDURAS, FRUTOS SECOS, CEREALES Y PLANTAS CULTIVADAS DE FORMA NATURAL DURANTE TODO EL TIEMPO QUE PUEDA.

BaLaNCE

maSCULINO · FEmININO · DIOS

LA MÚSICA, COMO FORMA DE FRECUENCIA, ENTRA EN NUESTRO SER SIN PERMISO, IMPACTÁNDONOS PROFUNDAMENTE. PUEDE MOLDEAR NUESTROS ESTADOS EMOCIONALES, INTENCIONES Y PENSAMIENTOS. TANTO SI SE TRATA DE UNA PIEZA LENTA DE PIANO QUE EVOCA TRISTEZA COMO DE RITMOS RÁPIDOS QUE NOS INCITAN A BAILAR, LA MÚSICA EJERCE UNA INFLUENCIA CONSIDERABLE. SU PODER PUEDE APROVECHARSE PARA CRECER O PARA DECAER, CON EFECTOS TANTO POSITIVOS COMO NEGATIVOS.

LA MÚSICA TIENE UNA GRAN CAPACIDAD PARA INFLUIR EN EL SUBCONSCIENTE, COMO UNA FORMA DE HIPNOSIS. LOS RITMOS HIPNÓTICOS DE LA MÚSICA, INDEPENDIENTEMENTE DE SU GÉNERO, PUEDEN INDUCIR UN ESTADO HIPNÓTICO EN LA MENTE. CUANDO VAN ACOMPAÑADOS DE LETRAS, EL SUBCONSCIENTE SE VUELVE MUY SUSCEPTIBLE A LOS MENSAJES TRANSMITIDOS, SOBRE TODO SI EL RITMO LE CAUTIVA Y EXPERIMENTA UN ESTADO DE TRANCE (A MENUDO DENOMINADO "SENTIR LA MÚSICA"). ES ESENCIAL NO PREOCUPARSE DEMASIADO, YA QUE ESTE FENÓMENO ES NEUTRO, NI INTRÍNSECAMENTE BUENO NI MALO. LA MÚSICA ES UNA PODEROSA VÁLVULA DE ESCAPE PARA LAS EMOCIONES, UNA FUENTE DE INSPIRACIÓN, MOTIVACIÓN Y CURACIÓN. SIN EMBARGO, ES CRUCIAL ESTAR ATENTO AL IMPACTO EMOCIONAL QUE TIENE EN TI.

LA MENTE SUBCONSCIENTE FUNCIONA COMO UN DEPÓSITO DE NUESTROS COMPORTAMIENTOS PROGRAMADOS, Y APROXIMADAMENTE EL 90% DE NUESTRAS ACCIONES DIARIAS SON EXPRESIONES DE ESTOS PROGRAMAS. LAS ACTIVIDADES QUE REALIZAS SIN ESFUERZO Y SIN PENSARLAS CONSCIENTEMENTE PROBABLEMENTE PROCEDEN DE PROGRAMAS SUBCONSCIENTES. INVOLUCRARSE CON MÚSICA QUE INCORPORA TEMAS DE ODIO, DROGAS, SEXO, LUJURIA Y VIOLENCIA PUEDE INFLUIR EN SUS PATRONES DE PENSAMIENTO, MANIFESTÁNDOSE POTENCIALMENTE EN SU COMPORTAMIENTO Y ACCIONES.

LOS ARTISTAS DE MÚSICA DEMONÍACA DENTRO DE LA INDUSTRIA SON COMPENSADOS GENEROSAMENTE PARA INFILTRAR LAS MENTES CON MENSAJES DE DROGAS, SEXO Y VIOLENCIA. DADO QUE LA MENTE ES EL MOTOR FUNDAMENTAL DE LA REALIDAD, LA PROGRAMACIÓN DE LAS MENTES DE LAS MASAS CONDUCE A LA ADOPCIÓN DE ESTOS PATRONES DE PENSAMIENTO DEMONÍACOS, LO QUE RESULTA EN UNA HUMANIDAD FRAGMENTADA Y DIVIDIDA. EL IMPACTO ES PROFUNDO, YA QUE ESTOS COMPORTAMIENTOS PROGRAMADOS CONTRIBUYEN SIGNIFICATIVAMENTE A LA FORMA EN QUE LOS INDIVIDUOS PERCIBEN E INTERACTÚAN CON EL MUNDO QUE LES RODEA.

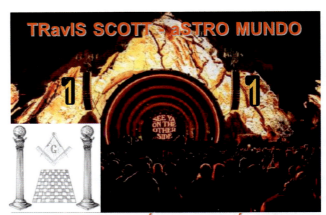

RITUAL DE RECOLECCIÓN DE ENERGÍA POTENCIAL

caNTaR = ENcaNTaR

aSTRO MUNDO = MUNDO aSTRaL

NOS vEMOS DEL OTRO LaDO

LAS PALABRAS SON ALGO MÁS QUE HABLAR O ESCRIBIR: PUEDEN POTENCIAR LOS EFECTOS DE LA MAGIA. CUANDO SE PRONUNCIAN, LAS PALABRAS SE CONVIERTEN EN FRECUENCIAS Y VIBRACIONES QUE DIRIGEN LA ENERGÍA, UN PASO CLAVE EN LA MAGIA REAL.

A PESAR DEL ESCEPTICISMO SOBRE LA MAGIA, COMPRENDER SU VERDADERA NATURALEZA REVELA SU INFLUENCIA EN EL CONTROL DE LAS PERSONAS. LA MAGIA CONSISTE EN GUIAR LA ENERGÍA UTILIZANDO FUERZAS NATURALES COMO EL SONIDO Y EL PENSAMIENTO PARA LOGRAR UN RESULTADO ESPECÍFICO. EN TÉRMINOS MÁS SENCILLOS, SE TRATA DE APROVECHAR Y DIRIGIR LA ENERGÍA.

MUCHOS NO SE DAN CUENTA DE QUE LA REALIDAD DE LA TIERRA ESTÁ INFLUIDA POR LA MAGIA. SIN COMPRENDER CÓMO FUNCIONA Y SU PAPEL EN LA MANIPULACIÓN, LA GENTE SIGUE SIN SER CONSCIENTE DE LOS ENiGMaS DEL MUNDO. APRENDER SOBRE LA MAGIA ES CRUCIAL PARA COMPRENDER REALMENTE CÓMO FUNCIONA EL MUNDO.

EL REINO ASTRAL, COMO YA SE HA DICHO, EXISTE MÁS ALLÁ DEL PLANO FÍSICO. MANTIENE UNA CONEXIÓN CON EL FÍSICO, LO QUE SIGNIFICA QUE LOS ACONTECIMIENTOS EN EL ASTRAL AFECTAN AL FÍSICO, Y VICEVERSA. ESTE CONCEPTO SE SIMBOLIZA A MENUDO CON EL NÚMERO 11 O LOS DOS PILARES MASÓNICOS. EN LA IMAGEN PROPORCIONADA, LOS ALTAVOCES FORMAN EL NÚMERO 11, QUE REPRESENTA EL EFECTO ESPEJO ENTRE LO FÍSICO Y LO ASTRAL. LA FRASE "NOS VEMOS EN EL OTRO LADO" PUEDE ALUDIR AL PLANO ASTRAL, Y EL TÉRMINO "ASTRO MUNDO" PODRÍA SIGNIFICAR EL REINO ASTRAL.

LA CONCENTRACIÓN COLECTIVA EN PENSAMIENTOS DE BAJA VIBRACIÓN INDUCIDA POR LA MÚSICA DE ESTE CONCIERTO PODRÍA CONVOCAR Y ATRAER A ESPÍRITUS DEMONÍACOS DENTRO DEL PLANO ASTRAL.

LA MÚSICA CON ESTRIBILLOS Y RITMOS REPETITIVOS PUEDE GENERAR BUCLES DE PENSAMIENTO EN LA MENTE. EN LA NATURALEZA VEMOS UNA TRANSFORMACIÓN CONSTANTE Y UN CRECIMIENTO PROGRESIVO. DE LA MISMA MANERA, NUESTRA ELECCIÓN MUSICAL DEBERÍA REFLEJARLO. OPTAR POR MÚSICA SIN ESTRIBILLOS NI REPETICIONES PUEDE AYUDARNOS A MANTENER NUESTRA MENTE EN UN ESTADO DE PROGRESIÓN Y TRANSFORMACIÓN CONTINUAS, AVANZANDO HACIA COSAS MÁS GRANDES Y MEJORES.

LAS PALABRAS SON FRECUENCIA

EL CIENTÍFICO JAPONÉS DR. MASARU EMOTO LLEVÓ A CABO UNA EXHAUSTIVA INVESTIGACIÓN DURANTE DÉCADAS, DESVELANDO UNA CONEXIÓN CONVINCENTE ENTRE LAS INTENCIONES Y EMOCIONES HUMANAS Y LA ESTRUCTURA MOLECULAR DEL AGUA. MEDIANTE UN EXPERIMENTO SENCILLO PERO IMPACTANTE, DEMOSTRÓ QUE PRONUNCIAR PALABRAS O FRASES ESPECÍFICAS CERCA DE GOTAS DE AGUA Y CONGELARLAS POSTERIORMENTE PRODUCÍA DIFERENCIAS NOTABLES EN SUS ESTRUCTURAS CRISTALINAS.

EN SUS EXPERIMENTOS, EL DR. EMOTO ASIGNABA ETIQUETAS POSITIVAS Y NEGATIVAS, COMO "AMOR" U "ODIO", A PLACAS DE PETRI QUE CONTENÍAN AGUA. CUANDO SE CONGELABA, EL AGUA ETIQUETADA CON INTENCIONES POSITIVAS MOSTRABA FORMAS HEXAGONALES PERFECTAS Y GEOMETRÍA SAGRADA EN SU ESTRUCTURA CRISTALINA. POR EL CONTRARIO, EL AGUA ETIQUETADA CON INTENCIONES NEGATIVAS DIO LUGAR A FORMACIONES CONGELADAS BORROSAS Y ASIMÉTRICAS.

NUESTROS CUERPOS ESTÁN FORMADOS APROXIMADAMENTE POR UN 60%-70% DE AGUA, LO QUE SUBRAYA LA PROFUNDA IMPLICACIÓN DE QUE NUESTROS PENSAMIENTOS POSEEN LA CAPACIDAD DE INFLUIR POSITIVA O NEGATIVAMENTE EN TODO EL SISTEMA. EL TRABAJO PIONERO DEL DR. EMOTO ARROJA LUZ SOBRE LA INTRINCADA INTERACCIÓN ENTRE LA CONCIENCIA HUMANA Y LA NATURALEZA MOLECULAR DEL AGUA, OFRECIENDO UNA VISIÓN INTRIGANTE DEL IMPACTO POTENCIAL DE LA INTENCIÓN Y LA EMOCIÓN EN NUESTRO ENTORNO Y, POR EXTENSIÓN, EN NUESTRO BIENESTAR.

SANTIAGO 3:5
ASÍ TAMBIÉN LA LENGUA ES UNA PEQUEÑA PARTE DEL CUERPO, Y SIN EMBARGO SE JACTA DE GRANDES COSAS. ¡VEAN QUÉ GRANDE ES UN BOSQUE INCENDIADO POR UN FUEGO TAN PEQUEÑO!

SANTIAGO 3:6
Y LA LENGUA ES UN FUEGO, EL MUNDO MISMO DE LA INIQUIDAD; LA LENGUA ESTÁ PUESTA ENTRE NUESTROS MIEMBROS COMO LO QUE CONTAMINA TODO EL CUERPO, E INCENDIA EL CURSO DE NUESTRA VIDA, Y ES INCENDIADA POR EL INFIERNO.

PROVERBIOS 18:21
LA MUERTE Y LA VIDA ESTÁN EN PODER DE LA LENGUA, Y LOS QUE LA AMAN COMERÁN SU FRUTO.

PROVERBIOS 13:3
EL QUE GUARDA SU BOCA PRESERVA SU VIDA; EL QUE ABRE MUCHO LOS LABIOS SE ARRUINA.

PROVERBIOS 12:18
HAY QUIEN HABLA PRECIPITADAMENTE COMO QUIEN CLAVA UNA ESPADA, PERO LA LENGUA DEL SABIO TRAE SANIDAD.

PROVERBIOS 18:7
LA BOCA DEL NECIO ES SU RUINA, Y SUS LABIOS SON EL LAZO DE SU ALMA.

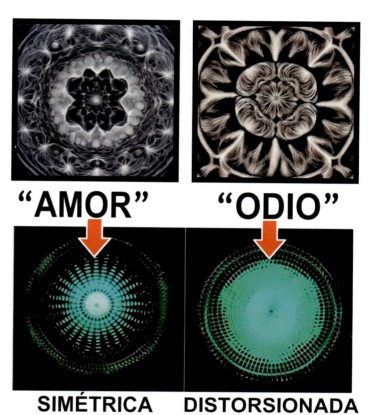

"AMOR"   "ODIO"

SIMÉTRICA   DISTORSIONADA

ABRACADABRA

ES EN REALIDAD DE LA FRASE ARAMEA "AVRAH KAHDABRA" QUE SIGNIFICA LITERALMENTE "CREARÉ CON MIS PALABRAS". EL ACTO DE FORMAR PALABRAS SE ASEMEJA A LANZAR HECHIZOS, POR ESO LO LLAMAMOS "DELETREAR". CADA CÉLULA DEL CUERPO RESPONDE A LAS FRECUENCIAS PRODUCIDAS POR LOS PENSAMIENTOS, LAS PALABRAS Y LAS EMOCIONES DEL INDIVIDUO.

JESUS SIMBOLIZA EL SOL; ES POR ESO QUE JESUS SIEMPRE TIENE UN SOL EN LA NUCA. SIN EMBARGO, DEPENDIENDO DEL CONTEXTO DE LA PARÁBOLA O DEL VERSÍCULO DE LA BIBLIA, PUEDE SIMBOLIZAR MUCHAS OTRAS COSAS. EL VERDADERO SIGNIFICADO ESOTERICO DE LA BIBLIA SE HA PERDIDO DURANTE MILES DE AÑOS DE TRADUCCIONES Y MANIPULACIONES DE LAS ESCRITURAS.
EL VERDADERO SIGNIFICADO ESOTÉRICO ESTA MAS QUE PROBABLEMENTE OCULTO DENTRO DE LOS ALTOS GRADOS DE LA MASONERIA.

ESTA ESCULTURA DE MARIA SOSTENIENDO UN SOL ESTÁ EN EL VATICANO.

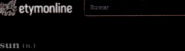

LAS PALABRAS "SOL" E "HIJO" SIGNIFICAN LO MISMO EN EL ANTIGUO DICCIONARIO INGLÉS. EL SOL ES EL HIJO DE DIOS. NOSOTROS LOS HUMANOS NO HICIMOS EL SOL; LO HIZO DIOS. POR LO TANTO, EL SOL ES EL HIJO DE DIOS.

EL SOL ES EL ALMA DEL MUNDO. UN ALMA ES UNA FUERZA VITAL, UNA CONCIENCIA QUE DA VIDA A TODAS LAS COSAS QUE HABITA, Y ESO ES EXACTAMENTE LO QUE EL SOL HACE POR LA TIERRA. DA CALOR, CRECIMIENTO Y VIDA A TODAS LAS COSAS DE LA TIERRA, Y POR ESO LOS ANTIGUOS ADORABAN AL SOL Y LO LLAMABAN EL SALVADOR RESUCITADO.

PÉSaJ ES OTRO DÍA SAGRADO PARA LOS JUDÍOS, Y PARA LOS CRISTIANOS ES PASCUA, Y LO CELEBRAN COMIENDO EL CORDERO. LA PASCUA SE CELEBRA EN ABRIL, CUANDO EL SOL HA SUPERADO LOS SIGNOS DE INVIERNO Y HA LLEGADO A ARIES, QUE ES EL PRIMER SIGNO DE LA PRIMAVERA. COMEN CORDEROS PARA SIMBOLIZAR QUE EL SOL ESTÁ EN ARIES, EL CORDERO.

EQUINOCCIO DE PRIMAVERA

PARA EL HEMISFERIO NORTE, PARA EL SUR SE INVIERTE.

EQUINOCCIO DE OTOÑO

DISCIPULO 4) CÁNCER
- SEÑALANDO EL CUELLO FEMENINO PARA MOSTRAR QUE NO HAY MANZANA DE ADÁN.
- LO HACE PARA QUE IDENTIFIQUEMOS QUE ES UNA MUJER (VIRGO=VIRGEN=FEMENINA. LA ÚNICA MUJER DEL CUADRO)
- SOSTENIENDO UN CUCHILLO EN SU MANO DERECHA, SIMBOLIZANDO LAS PINZAS DEL CANGREJO (CÁNCER)

AVISO:
- LOS DISCIPULOS ESTAN DE PIE EN GRUPOS DE 3 PARA LOS 3 MESES/SIGNOS DEL ZODIACO EN CADA TEMPORADA
- 4 GRUPOS DE 3 PARA LAS 4 ESTACIONES
- JESÚS SENTADO SOLO, SIMBOLIZA EL SOL EN SOLITARIO
- TODOS LOS DISCIPULOS ESTAN EN EL ORDEN EXACTO DEL ZODIACO EMPEZANDO POR ARIES HASTA PISCIS

DISCIPULO 1)
SIGNO ARIES PARA ARIES = EL CARNERO RIGE= LA CABEZA
- ESTÁ DE PIE CON LAS MANOS SOBRE LA MESA, EN LA CABECERA, SIMBOLIZANDO EL DOMINIO DE ARIES SOBRE LA PARTE SUPERIOR DE LA CABEZA. LA CABEZA ES LA PARTE SUPERIOR DEL CUERPO

LEONARDO DA VINCI
La ÚLTIMa CENa

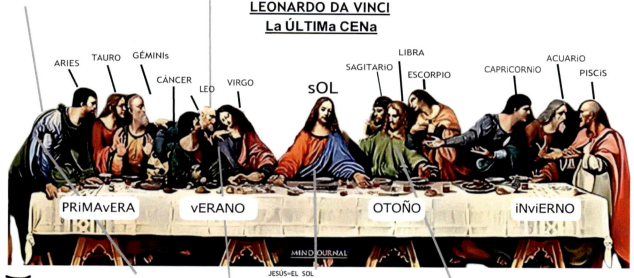

ARIES · TAURO · GÉMINiS · CÁNCER · LEO · VIRGO · sOL · SAGITARiO · LIBRA · ESCORPIO · CAPRiCORNiO · ACUARiO · PISCiS

PRiMAvERA · vERANO · OTOÑO · iNviERNO

MINDJOURNAL

DISCIPULO 3)
SIGNO DE GÉMINIS PARA GÉMINIS= DOS GEMELOS
REGLAS= 2 MANOS, BRAZOS, PULMONES
- LEVANTA LAS DOS MANOS, SÍMBOLO DEL DOMINIO DE LAS MANOS.
- LAS DOS MANOS SIMBOLIZAN TAMBIÉN LOS GEMELOS DE GÉMINIS

JESÚS=EL SOL
"LA LUZ DEL MUNDO" "NUESTRO SALVADOR RESUCITADO"
"EL HIJO (SOL) DE DIOS"
- JESUS CON LOS BRAZOS ABIERTOS SIMBOLIZANDO LOS RAYOS DEL SOL QUE ILUMINAN LA TIERRA
- UNA MANO ARRIBA SIMBOLIZANDO EL SOL DANDO LUZ, Y UNA MANO ABAJO SIMBOLIZANDO EL SOL QUITANDO LUZ.

DISCÍPULO 7) LIBRA
- SIGNO DE LIBRA= BALANZA
- LIBRA ES LA BALANZA PORQUE EL SOL ESTÁ EN EL EQUINOCCIO, LO QUE SIGNIFICA QUE LOS DÍAS ESTÁN EN PERFECTO EQUILIBRIO: 12 HORAS DE DÍA, 12 HORAS DE NOCHE. ES EL EQUILIBRIO DEL SOL.
- SOSTIENE AMBOS BRAZOS IGUALMENTE RECTOS, SIMBOLIZANDO LA BALANZA DE LIBRA EQUILIBRADA.

DISCÍPULO 6) VIRGO
VIRGO SE SIMBOLIZA POR SER LA ÚNICA MUJER EN EL CUADRO
- VIRGO=VIRGEN=FEMENINA
- 6a PERSONA A LO LARGO DE LA TABLA, Y VIRGO ES EL 6TO SIGNO DEL ZODÍACO

- 4 EVANGELIOS=4 ESTACIONES DEL AÑO
- PRIMAVERA VERANO OTOÑO INVIERNO
- MATEO, MARCOS, LUCAS Y JUAN
OBSERVEN COMO TODAS LAS IMAGENES/PINTURAS ANTIGUAS DE MATEO, MARCOS, LUCAS Y JUAN CONTIENEN SOLES DETRAS DE SUS CABEZAS SIMBOLIZANDO LOS 4 ESTADOS/ESTACIONES DEL SOL.
LOS ANTIGUOS VEÍAN EL SOL DE FORMA MUY DIFERENTE A COMO LO VEMOS HOY EN DÍA. TODOS HEMOS SIDO PROGRAMADOS PARA CREER QUE ESTÁ A 93.000.000 DE MILLAS DE DISTANCIA, NOS DA CÁNCER DE PIEL Y CIEGA LOS OJOS. ESTO NOS HACE CREER SUBCONSCIENTEMENTE QUE EL SOL NO ESTÁ HECHO PARA NOSOTROS CUANDO, EN REALIDAD, ES PARA NOSOTROS Y PARA LA TIERRA, PARA QUE PODAMOS PROSPERAR, CRECER Y SOBREVIVIR AQUÍ. LOS ANTIGUOS ENTENDÍAN QUE EL SOL ESTABA AQUÍ PARA NOSOTROS, HECHO POR DIOS. POR LO TANTO, ALABABAN AL SOL PORQUE NOS TRAE LUZ, CALOR Y EL CRECIMIENTO DE LOS CULTIVOS Y TE HACE SENTIR ENERGIZADO Y FELIZ. LEONARDO DA VINCI RETRATÓ EN EL CUADRO DE LA ÚLTIMA CENA QUE TENÍA UN GRAN CONOCIMIENTO DE LA ASTROLOGÍA.

ARIES - CABEZA Y CARA

TAURO - CUELLO Y GARGANTA

GÉMINIS - BRAZOS Y MANOS

CÁNCER - PECHO Y CORAZÓN

LEO - ESPALDA SUPERIOR

VIRGO - ESTÓMAGO

LIBRA - RIÑONES Y VEJIGA

ESCORPIO - ÁREA GENITAL

SAGITARIO - CADERAS

CAPRICORNIO - HUESOS Y DIENTES

ACUARIO - SISTEMA NERVIOSO

PISCIS - PIES

TRANSICIÓN DEL VERANO AL INVIERNO:

- EL SOL SE DESPLAZA HACIA EL SUR, ALEJÁNDOSE DE LOS PUEBLOS DEL NORTE Y APARECIENDO MÁS PEQUEÑO EN EL CIELO
- ESTO TRAE DÍAS MÁS FRÍOS Y CORTOS PARA LA GENTE DEL NORTE.(ALREVÉS DEL SUR)
- LAS COSECHAS Y LA NATURALEZA MUEREN.
- LOS ANTIGUOS VEÍAN EL INVIERNO COMO LA "MUERTE DEL SOL".
- EL SOL DEJA DE MOVERSE HACIA EL SUR EL 22 DE DICIEMBRE Y PERMANECE EN EL MISMO GRADO DURANTE 3 DÍAS EN LA CONSTELACIÓN DEL CRUX (CRUZ) DEL SUR
- EL SOL MUERE METAFORICAMENTE EN UNA CRUZ DURANTE 3 DIAS

- EL 25 DE DICIEMBRE EL SOL SE DESPLAZA 1 GRADO HACIA EL NORTE
- EL SOL (JESÚS) COMIENZA A DESPLAZARSE HACIA EL NORTE DEVOLVIENDO EL CALOR A LOS PUEBLOS DEL NORTE
- LOS ANTIGUOS VIERON ESTO COMO EL NACIMIENTO DEL SOL
- ASI QUE JESUS (EL SOL DE DIOS) NACIO EL 25 DE DICIEMBRE TRAYENDO LA SALVACION
- ESTE ES EL SIGNIFICADO ORIGINAL DE LA NAVIDAD PORQUE LOS ANTIGUOS CELEBRABAN EL REGRESO DEL SOL

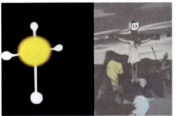

- EL SOL MUERE EN UNA CRUZ = JESÚS
- EL SOL "NACE" EL 25 DE DICIEMBRE = JESÚS
- EL SOL PERMANECE EN EL MISMO GRADO DURANTE 3 DÍAS (MUERTO DURANTE 3 DÍAS)
= JESÚS DÍA DE CULTO DEL CRISTIANISMO = DÍA DEL SOL (DOMINGO)

HORUS DIOS EGIPCIO DEL SOL	**JESUCRISTO**	**MITRA**	**BUDA**	**KRISHNA**	**HERMES**
- 12 DISCIPULOS - NACIDO EL 25 DE DICIEMBRE - MUERTO 3 DIAS Y RESUCITADO - NACIÓ DE UNA VÍRGEN - HIZO MILAGROS	- 12 DISCIPULOS - NACIDO EL 25 DE DICIEMBRE - MUERTO 3 DIAS Y RESUCITADO - NACIÓ DE UNA VÍRGEN - HIZO MILAGROS - ESTRELLA EN EL ESTE	- 12 DISCIPULOS - NACIDO EL 25 DE DICIEMBRE - MUERTO 3 DIAS Y RESUCITADO - NACIÓ DE UNA VÍRGEN - HIZO MILAGROS	- NACIDO EL 25 DE DICIEMBRE - NACIÓ DE UNA VÍRGEN - HIZO MILAGROS	- NACIDO EL 25 DE DICIEMBRE - NACIÓ DE UNA VÍRGEN - HIZO MILAGROS - RESUCITADO - ESTRELLA DE ORIENTE	- NACIDO EL 25 DE DICIEMBRE - NACIÓ DE UNA VÍRGEN - HIZO MILAGROS

A LA CUARTA VIGILIA DE LA NOCHE (3 A 6 A.M.), JESÚS VINO A ELLOS ANDANDO SOBRE EL MAR.

MATEO 14:25

JESUS

DÍA DE CULTO DE LOS CRISTIANOS=DOMINGO

<u>EL VATICANO ES UN RELOJ SOLAR</u>

  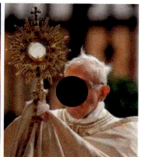 

LA SAGRADA COMUNIÓN

"EN La SaGRaDa COMUNIÓN, RECIBIMOS a JESUCRISTO, QUIEN SE ENTREGa a NOSOTROS EN SU CUERPO, SaNGRE, aLMa Y DIvINIDaD. ESTa UNIÓN íNTIMa CON CRISTO SIGNIfICa Y fORTaLECE NUESTRa UNIÓN CON ÉL Y SU IGLESIa".

COMEN PEQUEÑAS GALLETAS DE PAN REDONDAS QUE SIMBOLIZAN EL SOL (HOSTIAS). TAMBIÉN SOSTIENEN ESTOS SOLES SOBRE SUS CABEZAS, QUE ES EXACTAMENTE DONDE ESTÁ EL SOL, SOBRE NUESTRAS CABEZAS.

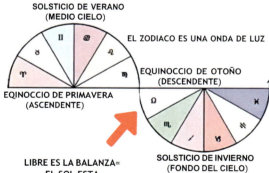

SOLSTICIO DE VERANO (MEDIO CIELO)

EL ZODIACO ES UNA ONDA DE LUZ

EQUINOCCIO DE OTOÑO (DESCENDENTE)

EQINOCCIO DE PRIMAVERA (ASCENDENTE)

SOLSTICIO DE INVIERNO (FONDO DEL CIELO)

LIBRE ES LA BALANZA= EL SOL ESTA EQUILIBRADO ENTRE VERANO E INVIERNO LUEGO ES TRAICIONADO CUANDO EL SOL LLEGA A ESCORPIO YA QUE AHORA SE CONVIERTE EN INVIERNO (OSCURIDAD, FRÍO, MUERTE)

J=JUDAS=ESCORPIO

EN LA BIBLIA, JUDAS FUE EL DISCÍPULO QUE TRAICIONÓ A JESÚS. PARA DAR CONTEXTO, LOS SOLDADOS ROMANOS QUERIAN ARRESTAR Y MATAR A JESUS, Y JUDAS FUE ORDENADO A ESCOGER A JESUS. JUDAS SE ACERCÓ A JESÚS Y LE BESÓ EN LA MEJILLA, LO QUE IDENTIFICÓ A LOS SOLDADOS CON JESÚS. JESUS FUE ENTONCES ARRESTADO, ATADO Y CRUCIFICADO.

JUDAS ES LA CONSTELACIÓN ESCORPIO PORQUE LA CONSTELACIÓN ESCORPIO SE PARECE A UNA J. CUANDO EL SOL (JESÚS) GOLPEA ESCORPIO (JUDAS) AHORA ES TRAICIONADO. DESPUES DE TODO, AHORA TIENE QUE CAER A CAPRICORNIO, Y EL CLIMA EMPIEZA A PONERSE FRIO Y OSCURO, Y LA NATURALEZA MUERE.

EL SOL ES TRAICIONADO POR ESCORPIO, QUE ES JUDAS. CUANDO TE PICA UN ESCORPIÓN, TE DEJA UNA MARCA PARECIDA A UN BESO, QUE ES EXACTAMENTE LO QUE JUDAS LE HIZO A JESÚS.

EL SOL ES PEQUEÑO Y DÉBIL EN CAPRICORNIO Y SATURNO/SATANÁS AHORA GOBIERNA ESCORPIO=ESCORPIÓN Y LOS ESCORPIONES PICAN DESDE LA ESPALDA.

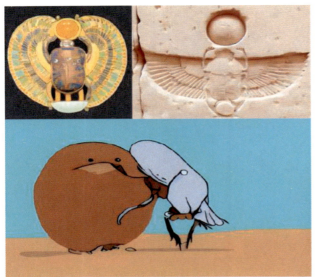

LOS ESCARABAJOS HACEN RODAR ESTIÉRCOL POR LAS COLINAS Y LUEGO LO DEJAN CAER PARA GANAR MÁS MATERIA.

LOS ANTIGUOS VEÍAN ESTO COMO UN PROCESO DEL SOL CUANDO RUEDA HASTA EL TRÓPICO DE CÁNCER, HASTA LA MITAD DEL CIELO, Y LUEGO CAE CADA DÍA.

LOS ANTIGUOS EGIPCIOS UTILIZABAN EL ESCARABAJO CON ALAS PARA SIMBOLIZAR EL SOL QUE SUBE Y BAJA POR EL CIELO CADA DÍA..

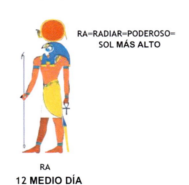

LOS 4 DIOSES SOLARES EGIPCIOS NO ERAN PERSONAS REALES COMO JESUS. SON PERSONIFICACIONES DE LOS 4 ESTADOS DEL SOL (PRIMAVERA, VERANO, OTOÑO, INVIERNO).

RA=RADIAR=PODEROSO= SOL MÁS ALTO

RA
12 MEDIO DÍA

PRIMAVERA

VERANO

HORUS=HORAS
HORIZONTE=HORUS SE ELEVA

HORUS   6AM

HORUS Y SET=JESUS Y SATANAS

PUESTA DE SOL

SEPTIEMBRE

6PM   SET

INVIERNO

OTONO

12 MEDIA NOCHE

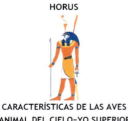

HORUS

CARACTERÍSTICAS DE LAS AVES
ANIMAL DEL CIELO=YO SUPERIOR

SET

CARACTERÍSTICAS DEL
ANIMAL TERRESTRE = YO INFERIOR

OSIRIS

PARA EL HEMISFERIO SUR SE INVIERTEN LAS ESTACIONES.

EL CORAZÓN ES EL CENTRO DEL CAMPO ELECTROMAGNÉTICO HUMANO. LAS EMOCIONES SE SIENTEN EN EL CORAZÓN Y LOS PENSAMIENTOS EN EL CEREBRO. LOS PENSAMIENTOS PRODUCEN VIBRACIONES ELÉCTRICAS Y LAS EMOCIONES CREAN IMPULSOS MAGNÉTICOS. LA COMBINACIÓN DE AMBOS PRODUCE UNA FRECUENCIA VIBRATORIA ELECTROMAGNÉTICA.

EL CORAZÓN EMITE ESTE CAMPO, Y SI CAMBIAS LA FRECUENCIA DEL CORAZÓN, CAMBIAS EL CAMPO. POR EJEMPLO, SI ALTERAS TUS EMOCIONES PARA SENTIR UNA COSA DETERMINADA, TE ESTÁS CONVIRTIENDO EN ESA FRECUENCIA. POR LO TANTO, ATRAERÁS A PERSONAS QUE COINCIDAN CON ESA FRECUENCIA VIBRATORIA. POR ESO ES TAN IMPORTANTE DOMINAR TUS EMOCIONES.

LAS EMOCIONES NEGATIVAS DEBILITAN LA FUERZA Y EL TAMAÑO DE SU CAMPO, LO QUE DEBILITARÁ SU CUERPO. POR OTRO LADO, LAS EMOCIONES POSITIVAS FORTALECEN EL CAMPO, Y SU TAMAÑO SERÁ MAYOR.

LA RAZÓN POR LA QUE USAMOS CORAZONES DE AMOR ES QUE EL CORAZÓN ES AMOR PURO CUANDO LA MENTE ESTÁ EN UN ESTADO EQUILIBRADO. EL CORAZÓN JUZGA CUALQUIER INFORMACIÓN QUE LE DA LA MENTE. POR EJEMPLO, EN EL FONDO DE TI MISMO SABES SI ESTÁS HACIENDO ALGO BIEN O MAL. CUANDO HACES ALGO MALO, PUEDES SENTIR EN TU PECHO QUE ESTAS PECANDO. LA RAZÓN POR LA QUE USAMOS EL TÉRMINO "SIGUE A TU CORAZÓN" ES PORQUE EL CORAZÓN NOS DICE CONSTANTEMENTE QUÉ ES LO BUENO QUE DEBEMOS HACER. EL MASÓN DE GRADO 33 MANLY P. HALL DIJO QUE CUANDO VAMOS EN CONTRA DEL CORAZON, EL CAMPO HUMANO SE DEBILITA, Y CUANDO EL CAMPO SE DEBILITA, TAMBIÉN LO HACEN EL CUERPO Y LA MENTE.

TODOS DEBERÍAMOS TRABAJAR EN UNA FUERTE CONEXIÓN ENTRE EL CORAZÓN Y LA MENTE. ESTO SE CONSIGUE PONIÉNDOSE EN SINTONÍA CON EL CUERPO Y EXPRESANDO TODO LO QUE EL CORAZÓN ORDENA HACER. CUANDO ESTÉS EN EL CAMINO EQUIVOCADO, LO SENTIRÁS EN EL PECHO O EN LAS TRIPAS; ES TU CORAZÓN DICIÉNDOTE QUE ALGO TIENE QUE CAMBIAR.

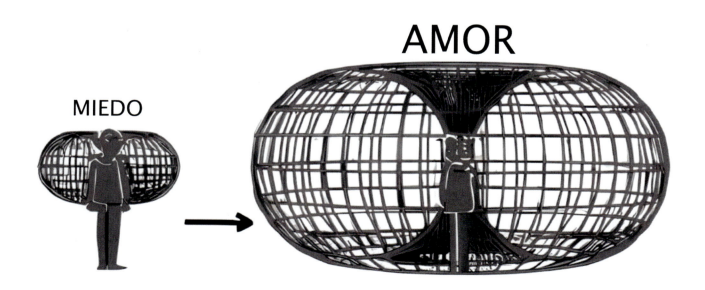

MIEDO

AMOR

NOTAS CLAVE DEL UNIVERSAL - WALTER RUSSEL

LA MENTE ES LA ÚNICA SUSTANCIA QUE EXISTE. LA MENTE ES EL UNIVERSO. DIOS ES TODO LO QUE EXISTE. MÁS ALLÁ DE DIOS NO HAY NADA.

LA CREACIÓN ES UN CAMBIO PERIÓDICO DE ESTADO DE LA ÚNICA SUSTANCIA INMUTABLE. DIOS ESTÁ EN LA REALIDAD Y EXISTE EN LA SUSTANCIA. EL CUERPO DE DIOS ES LUZ. LA SUSTANCIA DE TODAS LAS COSAS CREADAS ES LUZ. EL UNIVERSO CREADO ES EL REGISTRO EN LA MATERIA DE LA IDEA DE LA MENTE PENSANTE. LA MENTE SE EXPRESA EN LUZ. LA LUZ ES EL ALMACÉN DE LA ENERGÍA DE LA MENTE PENSANTE. LA ENERGÍA DEL UNIVERSO ES LA ENERGÍA DE LA MENTE PENSANTE. EL UNIVERSO ES UN UNIVERSO DE ENERGÍA. LA LUZ ES LA SUSTANCIA VIVA DE LA MENTE EN ACCIÓN. LA LUZ ES EL PRINCIPIO CREADOR DE LA SUSTANCIA ÚNICA. LA SUSTANCIA ÚNICA ES LA SUSTANCIA ETÉRICA/ESPIRITUAL DE LA MENTE UNIVERSAL. TODO SER VIVO ES MENTE Y TIENE MENTE. LA LUZ ES LA VIDA.

LA MENTE ES EL UNIVERSO. EL ESPÍRITU Y LA MATERIA SON LA MISMA COSA. EL ESPÍRITU ES LUZ. LA LUZ ES MATERIA Y LA MATERIA ES LUZ, SON ESTADOS ALTERNATIVOS DE LA ÚNICA SUSTANCIA. EL UNIVERSO ES UN SER VIVO, QUE RESPIRA Y PALPITA, NO HAY DOS DE NADA EN EL UNIVERSO, EL UNIVERSO Y TODO LO QUE ES, ES UNO.

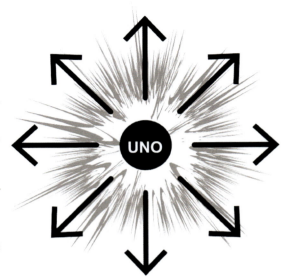

I = YO INTERIOR/MENTE
I = LÍNEa = 1
1 = MENTE UNIvERSaL

MENTaL
MEN = PENSaR
DE La RaÍZ PROTOINDOEUROPEa

MENTE
LUZ
maTERIa

 aSIENTO DE La MENTE

 EL MaSÓN
GEORGE waSHINGTON

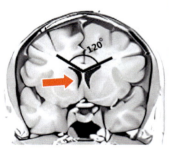

120°

LA TRINIDAD DIVINA ESTÁ REPRESENTADA EN EL PROCESO DEL PENSAMIENTO. LA MENTE RESIDE EN LA GLÁNDULA PINEAL, SITUADA ENTRE LOS DOS LÓBULOS DEL CEREBRO. LOS PENSAMIENTOS SURGEN DEL CENTRO INMÓVIL DEL CONOCIMIENTO Y DEL PODER. EL OBJETIVO ES QUE LOS INDIVIDUOS PIENSEN DESDE SU MENTE CONOCEDORA EN LUGAR DE LIMITARSE A PERCIBIR A TRAVÉS DEL CEREBRO, QUE SIRVE COMO CENTRALITA PARA LAS SENSACIONES Y RECUERDOS CORPORALES. AMBOS LÓBULOS CEREBRALES SON IGUALES Y LLEVAN UN SIGNO POSITIVO. LA MENTE, AL ESTAR QUIETA, SIGNIFICA AUSENCIA DE MOVIMIENTO. ESTO SIMBOLIZA LAS BARRAS MAGNÉTICAS DE LA CIENCIA, DONDE EXISTEN POLOS IGUALES EN LOS EXTREMOS OPUESTOS DEL ESPECTRO.

LA ENERGÍA DE TUS PENSAMIENTOS SIGUE DONDE TE CONCENTRAS, INFLUYENDO INSTANTÁNEAMENTE EN LO QUE SEA QUE ESTÉS PENSANDO, YA SEA UNA PERSONA, UN LUGAR O UNA COSA. ESTA ENERGÍA ALCANZA SU OBJETIVO INCLUSO ANTES DE QUE TERMINES TU PENSAMIENTO, POSICIONÁNDOSE JUSTO DELANTE DE TI. POR LO TANTO, EXPRESAR INTENCIONES, PENSAMIENTOS, BENDICIONES, NEGATIVIDAD, BIENESTAR, RECUPERACIÓN, OBSTÁCULOS O INFLUENCIAS DAÑINAS DA FORMA A LA HISTORIA, YA SEA POSITIVA O NEGATIVAMENTE. EL RESULTADO DEPENDE DE LA PRECISIÓN CON LA QUE ELIJAS TUS PALABRAS. UN REGALO IMPORTANTE QUE PUEDES HACERTE A TI MISMO Y A LOS DEMÁS ES ELEGIR CONSCIENTEMENTE LAS PALABRAS CON SABIDURÍA, UTILIZÁNDOLAS PARA ILUMINAR, COMPRENDER, APOYAR Y ELEVAR.

LA REALIDAD FÍSICA ES UN SISTEMA ENERGÉTICO. HAY CAMPOS DE ENERGÍA A TU ALREDEDOR. ESTOS CAMPOS SE UNEN PARA CREAR MATERIA. TUS PENSAMIENTOS SON ENERGÍA, TUS PALABRAS SON ENERGÍA Y TUS ACCIONES SON ENERGÍA. CREAS MANIFESTACIONES A TRAVÉS DE PENSAMIENTOS, PALABRAS Y ACCIONES QUE UTILIZAN ENERGÍA PARA FORMAR OBJETOS, CONDICIONES Y EXPERIENCIAS. A MEDIDA QUE APORTAS MÁS ENERGÍA A CUALQUIER PENSAMIENTO, A CUALQUIER CONVERSACIÓN Y A CUALQUIER ACCIÓN, AUMENTAS TUS PODERES DE CREACIÓN.

GOBIERNa

aBORIGEN

EXTRañamENTE UN aNaGRama DE "GOBIERNa" ES La PaLaBRa "aBORIGEN".SE PREGUNTARÁN PORQUE ? PUES POR QUE EL GOBIERNO FUÉ INSTAURADO PARA DESTERRAR TODO CONOCIMIENTO ANCESTRAL.

LA FORMACIÓN DE LA PROPIA PERCEPCIÓN ESTÁ ESTRECHAMENTE LIGADA A LA INFORMACIÓN QUE SE RECIBE. QUIENES OCUPAN PUESTOS DE INFLUENCIA MANIPULAN LA INFORMACIÓN PARA CONFORMAR LA PERCEPCIÓN COLECTIVA DE LA REALIDAD. AL SUPERVISAR EL FLUJO DE INFORMACIÓN, EJERCEN CONTROL SOBRE LA FORMA EN QUE LOS INDIVIDUOS PERCIBEN EL MUNDO. COMO RESULTADO, LA PERCEPCIÓN DE CADA UNO, FUERTEMENTE INFLUIDA POR LA INFORMACIÓN GOBERNADA, CONSTRUYE ESENCIALMENTE SU REALIDAD. ESTA REALIDAD, A SU VEZ, DEPENDE DEL NIVEL DE CONCIENCIA Y COMPRENSIÓN DEL INDIVIDUO.

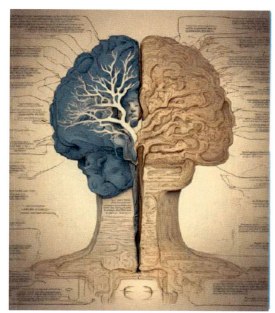

MENTE CONSCIENTE

LA MENTE CONSCIENTE ES EL ASPECTO MASCULINO DE TU MENTE. ES RESPONSABLE DE TODO AQUELLO DE LO QUE ERES CONSCIENTE, POR EJEMPLO, TU CAMPO VISUAL, 5 SENTIDOS, PENSAMIENTOS, ETC...
CADA PENSAMIENTO CONSCIENTE TIENE UN EFECTO EN UNA EMOCIÓN EXPRESADA DENTRO DEL CORAZÓN. LA EMOCIÓN ES LO QUE PENETRA LA MENTE SUBCONSCIENTE CON IMPRESIONES. CUANTO MÁS FUERTE SIENTAS CONSCIENTEMENTE UNA EMOCIÓN, MÁS FUERTE IMPRIMIRÁS ESA EMOCIÓN EN EL SUBCONSCIENTE.

MENTE SUBCONSCIENTE

LA MENTE SUBCONSCIENTE ES EL ASPECTO FEMENINO DE TU MENTE. ESTA PARTE DE LA MENTE ES RESPONSABLE DE CONTROLAR TODOS LOS SISTEMAS DEL CUERPO SIN QUE USTED SEA CONSCIENTE DE ELLO; EN OTRAS PALABRAS, ES SU PARTE OCULTA DE LA MENTE LA QUE LE DICE A SU CORAZÓN QUE LATA Y A SUS PULMONES QUE RESPIREN, ETC...
EL SUBCONSCIENTE ES EL 90% DE TU MENTE, Y ALMACENA TODOS TUS RECUERDOS, IDIOMAS, Y TODO LO QUE SABES Y HAS EXPERIMENTADO. Y LO QUE ES MÁS IMPORTANTE, ALMACENA TUS PROGRAMAS MENTALES.

PROGRAMAS SUBCONSCIENTES

LA MENTE ES SIMILAR A UN ORDENADOR Y ALBERGA PROGRAMAS. ESTOS PROGRAMAS SON RESPONSABLES DEL 90% DE SU COMPORTAMIENTO DIARIO; POR EJEMPLO, EL MOVIMIENTO DE CEPILLARSE LOS DIENTES SERÁ UN PROGRAMA MENTAL SUBCONSCIENTE PORQUE USTED LO HACE AUTOMÁTICAMENTE, Y NO TIENE QUE PENSÁRSELO DOS VECES PARA CEPILLARSE LOS DIENTES. ESTOS PROGRAMAS MENTALES SE CREAN POR LA REPETICIÓN DE UNA DETERMINADA ACCIÓN O DE IMPRESIONES EMOCIONALES CONSCIENTES. POR EJEMPLO, USTED EXPERIMENTÓ UN ACONTECIMIENTO MUY TRAUMÁTICO CUANDO ERA JOVEN; ESTE ACONTECIMIENTO PUEDE SER RECORDADO COMO SI FUERA AYER PORQUE SU IMPRESIÓN EMOCIONAL EN LA MENTE SUBCONSCIENTE FUE MUY FUERTE. CUANTO MÁS FUERTE ES LA EMOCIÓN SENTIDA, MÁS FUERTE ES LA IMPRESIÓN EN LA MENTE SUBCONSCIENTE. ESTE ACONTECIMIENTO TRAUMÁTICO."SE MANIFESTARÁ SUBCONSCIENTEMENTE EN TUS ACCIONES DIARIAS SIN QUE TE DES CUENTA, PORQUE TU MENTE SUBCONSCIENTE LE ESTÁ DICIENDO A TU CUERPO QUE NO SE VUELVA A METER EN ESA SITUACIÓN. ASI, POR EJEMPLO, EL ACONTECIMIENTO TRAUMATICO FUE UN GRAVE ACCIDENTE DE COCHE, Y USTED ESTUVO A PUNTO DE MORIR, SU MENTE SUBCONSCIENTE MANIFESTARA SUS ACCIONES PARA EVITAR LOS ACCIDENTES EN LA MEDIDA DE LO POSIBLE.

REPROGRAMAR LA MENTE SUBCONSCIENTE

LA RAZÓN POR LA QUE TODOS VOLVEMOS A CAER EN VIEJOS HÁBITOS ES QUE ESE HÁBITO ES UN PROGRAMA SUBCONSCIENTE. POR LO TANTO, MANIFESTAREMOS ESE PROGRAMA EN NUESTRAS ACCIONES. PARA CAMBIAR ESTOS PROGRAMAS, TENEMOS QUE IR MÁS ALLÁ DE LA MENTE CONSCIENTE Y AFECTAR A LA MENTE SUBCONSCIENTE PARA RECREAR ESTOS PROGRAMAS. EXISTEN MUCHAS TÉCNICAS; SIN EMBARGO, LA TÉCNICA MÁS EFICAZ ES LA MEDITACIÓN. AL ENTRAR EN UN ESTADO PROFUNDO DE MEDITACIÓN, TENEMOS MÁS ACCESO A LA MENTE SUBCONCIENTE.

TÉCNICA 1:

- PONTE CÓMODO.
- TRÁIGASE AL MOMENTO PRESENTE AFIRMANDO REPETIDAMENTE: "ESTOY AQUÍ AHORA MISMO; NADA MÁS IMPORTA". "HÁGALO DURANTE 5 MINUTOS. CIERRE LOS OJOS Y PONGA TODA SU ATENCIÓN EN EL CENTRO DEL CEREBRO. INTENTE NO PENSAR EN NADA Y, SI LO HACE, DEVUELVA LENTAMENTE SU CONCIENCIA AL CENTRO DEL CEREBRO.
- UNA VEZ QUE HAYA ENTRADO EN ESTADO DE MEDITACIÓN, COMIENCE A AFIRMAR REPETIDAMENTE ALGO QUE DESEE. TIENE QUE SER EN TIEMPO PRESENTE, Y TIENE QUE AFIRMAR COMO SI YA HUBIERA RECIBIDO LA COSA ANHELADA.
- COMIENCE A SENTIR LA EMOCIÓN DE QUE ESA COSA ANHELADA SE HAGA REALIDAD. ¿CÓMO SE SENTIRÍA?
- HAGA ESTO DURANTE EL MAYOR TIEMPO POSIBLE, AL MENOS UNA VEZ AL DÍA, Y EMPEZARÁ A REESCRIBIR LA MENTE SUBCONSCIENTE.

TÉCNICA 2:

- JUSTO AL DESPERTARSE, AFIRME LO QUE ANHELA EN TIEMPO PRESENTE Y REAFIRMELO COMO SI YA HUBIERA RECIBIDO LO QUE ANHELA.
- CONVIÉRTASE EN ESA REALIDAD; SIENTA LA EMOCIÓN QUE SENTIRÍA SI LO RECIBIERA.
- ESCUCHE SUS AFIRMACIONES EN REPETICIÓN TANTO COMO PUEDA A LO LARGO DEL DÍA.

MENTE CONSCIENTE ♂

LA MENTE CONSCIENTE ES EL ASPECTO MASCULINO DE LA MENTE, Y ES EL 5% DE TU MENTE YA QUE SÓLO ES CONSCIENTE DE TU ENTORNO ACTUAL (5 SENTIDOS). LA MENTE CONSCIENTE INCLUYE:

- FANTASÍAS
- SENTIMIENTOS
- RECUERDOS
- PERCEPCIONES
- RECONOCIMIENTO
- SENSACIONES
- PENSAMIENTOS

LA MENTE CONSCIENTE ES EL ASPECTO MASCULINO. LA MENTE CONSCIENTE IMPRIME/PENETRA A LA MENTE SUBCONSCIENTE CON EMOCIONES Y PENSAMIENTOS, QUE LUEGO LA MENTE SUBCONSCIENTE MANIFIESTA EN PROGRAMAS MENTALES. ESTOS PROGRAMAS HACEN QUE TE COMPORTES DE ACUERDO CON EL PROGRAMA.

MENTE SUBCONSCIENTE ♀

ESTE ES EL ASPECTO FEMENINO DE LA MENTE. CONTROLA EL 95% DE NUESTRAS MENTES Y VIDAS. CONOCE TODAS LAS COSAS QUE EXISTEN, YA QUE FORMA PARTE DE LA MENTE UNIVERSAL. LA MENTE SUBCONSCIENTE NO TIENE LENGUAJE, Y TOMA TODO LO QUE USTED O CUALQUIER OTRA PERSONA DICE LITERALMENTE, YA QUE NO CONOCE LA DIFERENCIA ENTRE EL PASADO O EL FUTURO O CUALQUIER OTRA PERSONA QUE NO SEA USTED MISMO. POR EJEMPLO, SI LE DIGO A ALGUIEN "TE ODIO", SU MENTE SUBCONSCIENTE LO CAPTARÁ MIENTRAS SE LO DICE Y MANIFESTARÁ ESA AFIRMACIÓN

HACIÉNDOME SENTIR LA EMOCIÓN VINCULADA A ESA AFIRMACIÓN. ESTA ES LA RAZON POR LA QUE LA REGLA DE ORO EN LA ANTIGUEDAD ERA TRATAR A LOS DEMAS COMO TE GUSTARIA SER TRATADO, PORQUE AL CAUSAR DAÑO A OTRA PERSONA, TE ESTAS DAÑANDO A TI MISMO.

INCLÚYE:

- TODOS LOS RECUERDOS QUE HA VISTO
- ALMACENA SUS PROGRAMAS MENTALES, QUE RIGEN EL 90% DE SU COMPORTAMIENTO DIARIO
- LO GRABA TODO

- SIEMPRE ESTÁ ALERTA/DESPIERTO
- PUEDE HACER MILLONES DE COSAS A LA VEZ
- ES MÁS PODEROSO QUE LA MENTE CONSCIENTE
- TE HABLA EN SUEÑOS
- LO TOMA TODO AL PIE DE LA LETRA

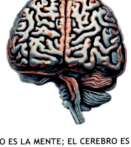

EL CEREBRO NO ES LA MENTE; EL CEREBRO ES LA MANIFESTACIÓN FÍSICA DE LA MENTE. EL ALMA HABITA LA MENTE; LUEGO LA MENTE HABITA EL ESPÍRITU; LUEGO EL ESPÍRITU HABITA EL CUERPO ETÉRICO; LUEGO HABITA EL CUERPO FÍSICO. EL ALMA Y LA MENTE SON LOS DOS ASPECTOS DE TI QUE SON CELESTIALES (NO DE LA TIERRA).

EL ESPÍRITU ES UNA COPIA NO FÍSICA DE TU CUERPO FÍSICO, QUE UTILIZAS CUANDO SALES DEL CUERPO PARA VIAJAR ASTRALMENTE Y SOÑAR. EL ALMA ES LA CONCIENCIA; TODO TIENE ALMA, LA HIERBA Y LOS ANIMALES. ES PURA FUERZA VITAL MAGNETICA QUE DA VIDA A TODO LO QUE HABITA, POR EJEMPLO: EL CUERPO ES ALIMENTADO POR LA FUERZA VITAL DEL ALMA, PERO EL CUERPO CONTIENE ÁTOMOS QUE SE DESCOMPONEN POR LO TANTO, EL CUERPO ES MORTAL, PERO EL ALMA ES INMORTAL.

ALMA=VIGILANTE/OBSERVADOR
MENTE=PROYECTOR
CUERPO=VEHÍCULO

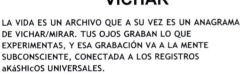

ARCHIVO / **VICHAR**

LA VIDA ES UN ARCHIVO QUE A SU VEZ ES UN ANAGRAMA DE VICHAR/MIRAR. TUS OJOS GRABAN LO QUE EXPERIMENTAS, Y ESA GRABACIÓN VA A LA MENTE SUBCONSCIENTE, CONECTADA A LOS REGISTROS aKáSHIcOS UNIVERSALES.

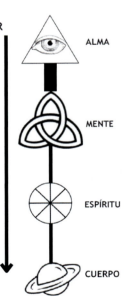

ALMA
MENTE
ESPÍRITU
CUERPO

OJO DE Ra

ESTE SÍMBOLO SE UTILIZA DESDE HACE MILES DE AÑOS Y SE REMONTA A LOS OJOS DE HORUS DE LOS EGIPCIOS.

OJO DE THOT

ESTE ES EL OJO IZQUIERDO DE HORUS QUE ESTÁ CONECTADO AL LADO DERECHO DEL CEREBRO QUE ES EL LADO PODEROSO DEL CEREBRO.

EL OJO ES EL SÍMBOLO DE LA CHISPA DIVINA QUE LLEVAMOS DENTRO.
EL ALMA (CONCIENCIA)

OJO=YO=1
EL "YO" DENTRO DE NOSOTROS ES LA CHISPA DIVINA DE LA CONCIENCIA.

EL TRIÁNGULO SIMBOLIZA LOS 3 ASPECTOS DE LA CONCIENCIA.

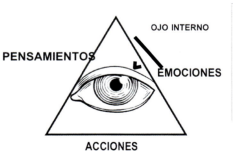

PENSAMIENTOS
OJO INTERNO
EMOCIONES
ACCIONES

LAS ELITES USAN ESTO EN CORPORACIONES QUE TIENEN ALGO QUE VER CON GRANDES CANTIDADES DE INFORMACION Y DATOS. O CUALQUIER COSA QUE TENGA QUE VER CON VIGILAR O QUE TE VIGILEN.

TAMBIÉN SIMBOLIZA A DIOS SIENDO LA PRESENCIA QUE TODO LO VE. LAS ELITES CREEN QUE SON MEJORES QUE DIOS, ASI QUE USAN ESTO CON SUS CORPORACIONES PORQUE QUIEREN SER LOS QUE TODO LO VEN Y TODO LO SABEN SOBRE LAS MASAS.

EL CUERPO FUNCIONA COMO UN ORDENADOR ELÉCTRICO COMPLEJO, EN EL QUE LAS DISTINTAS PARTES DEL CUERPO ACTÚAN COMO CIRCUITOS INTERCONECTADOS. LAS MANOS ACTÚAN COMO CONDUCTOS QUE CONECTAN TODOS LOS ÓRGANOS Y COMPONENTES DEL CUERPO. LOS MUDRAS, GESTOS PRECISOS DE LAS MANOS, TIENEN LA CAPACIDAD, CUANDO SE MANTIENEN CONCENTRADOS, DE CANALIZAR ENERGÍA Y DESENCADENAR DIVERSOS PROCESOS CURATIVOS EN TODO EL CUERPO.

SHUNI mUDRa

aPaNa mUDRa

aNJaLI mUDRa

BENEFICIOS DEL SHUNI MUDRA: NOS HACE CONSCIENTES DE NUESTRO INTERIOR Y FAVORECE LA VIDA EN EL MOMENTO PRESENTE. FOMENTA LA COMPRENSIÓN Y LA PACIENCIA HACIA LOS DEMÁS.

VENTAJAS DEL APANA MUDRA: AYUDA A LA PURIFICACIÓN Y DESINTOXICACIÓN DEL CUERPO, FAVORECIENDO LA MEJORA DE LA DIGESTIÓN Y LOS PROCESOS DIGESTIVOS.

BENEFICIOS DEL ANJALI MUDRA: EL MUDRA UNE LOS HEMISFERIOS IZQUIERDO Y DERECHO DEL CEREBRO Y NOS HACE CONSCIENTES DE NUESTRA ESENCIA DIVINA. ESTO LIBERA EL ESTRÉS Y LA ANSIEDAD, Y FOMENTA EL RESPETO POR LOS DEMÁS.

PRIvTHRI MUDRa

DHYaNa mUDRa

BENEFICIOS DEL PRITHVI MUDRA: FORTALECE Y SANA EL CUERPO FÍSICO. ACTIVA EL CHAKRA RAÍZ, LO QUE FAVORECE LA SENSACIÓN DE ESTABILIDAD Y SEGURIDAD EN UNO MISMO.

BENEFICIOS DEL DYANAN MUDRA: AYUDA A AUMENTAR LA CONCENTRACIÓN Y AQUIETA LA MENTE.

LOS ORADORES O LÍDERES SOLÍAN UTILIZAR ESTE GESTO PARA ENFATIZAR UN PUNTO, REGAÑAR O CAPTAR LA ATENCIÓN DEL PÚBLICO. ERA UNA PRÁCTICA HABITUAL EN LA ANTIGUA GRECIA Y EN DIVERSAS CULTURAS, DONDE LOS GESTOS SE UTILIZABAN JUNTO CON EL HABLA PARA TRANSMITIR MENSAJES DE FORMA MÁS EFICAZ.

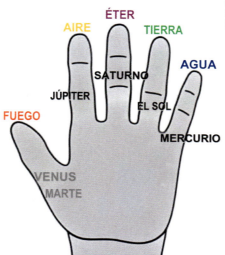

¿QUÉ ES LA FRANCMASONERÍA?

LA MASONERÍA ES UNA FRATERNIDAD QUE INCLUYE UNA MEZCLA DE ENSEÑANZAS ESOTÉRICAS COMO SON LOS GNÓSTICOS, EL HERMETISMO, LOS TEMAS CABALÍSTICOS, LAS ARTES Y LOS RITUALES. ALGUNOS DICEN QUE SUS RAÍCES SE REMONTAN A LOS ANTIGUOS EGIPCIOS HERMÉTICOS, Y OTROS DICEN QUE LAS RAÍCES SE REMONTAN A LOS CABALLEROS TEMPLARIOS. PARA SER MASÓN, HAY QUE CREER EN SU DIOS Y SER INVITADO POR UN CONOCIDO.

ESTE ES EL JURAMENTO MASÓNICO QUE HAY QUE PRONUNCIAR DURANTE UN RITUAL AL INGRESAR EN UNA LOGIA MASÓNICA Y CADA VEZ QUE SE ASCIENDE DE GRADO.

SÍMBOLO DE SATURNO

(FUENTE: EL RITUAL DUNCANO DE LA FRANCMASONERÍA ESCRITO POR MaLCOLm C. DUNCaN)

"POR LA PRESENTE PROMETO (MaESTRO APOYA SU MaRTILLO EN LOS NUDILLOS DE LOS CaNDIDaTOS) Y JURO MUY SOLEMNE Y SINCERAMENTE, QUE ACLAMARÉ, SIEMPRE OCULTaRÉ, Y NUNCa REvELaRÉ NINGUNO DE LOS SECRETOS, CUaLQUIERa DE LaS aRTES, LaS PaRTES O PUNTOS DE LOS MISTERIOS OCULTOS DEL TÍTULO DEL MAESTRO MASÓN…"

(FUENTE: EL MONITOR DE RICHARDSON DE LA FRANCMASONERÍA ESCRITO POR JABEZ RICHARDSON)

"TODO ESTO LO PROMETO Y JURO MUY SOLEMNE Y SINCERaMENTE, CON La FIRME Y CONSTaNTE RESOLUCIÓN DE CUMPLIRLO, SIN NINGUNa RESERva MENTaL O EvaSIÓN SECRETa DE La MENTE, SOMETIÉNDOME BaJO NO MENOS PENa QUE La DE QUE ME CORTEN La GaRGaNTa, ME aRRaNQUEN La LENGUa DE RaíZ Y ENTIERREN MI CUERPO EN LaS áSPERaS aRENaS DEL MaR, EN La MaRCa DE BaJaMaR, DONDE La MaREa SUBE Y BaJa DOS vECES EN vEINTICUaTRO HORaS, SI aLGUNa vEZ vIOLO a SaBIENDaS ESTa OBLIGaCIÓN DE MI APRENDIZ…"

QUÉ OCURRE SI SE INCUMPLE EL JURAMENTO MASÓNICO?

(FUENTE: EL RITUAL DUNCANO DE LA FRANCMASONERIA ESCRITO POR MaLCOLm C. DUNCaN)

"¡OH! QUE MI CUERPO HUBIERA SIDO CORTADO EN DOS, MIS ENTRAÑAS SACADAS DE ALLÍ Y QUEMADAS HASTA LAS CENIZAS, LAS CENIZAS ESPARCIDAS A LOS CUATRO VIENTOS DEL CIELO, PARA QUE NO SE TUVIERA MÁS MEMORIA DE UN MISERABLE TAN VIL Y PERVERSO COMO YO…"

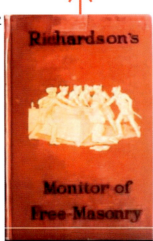

LA MASONERIA PARECE TENER EL DERECHO DE MATAR A ALGUIEN SI ROMPE EL JURAMENTO QUE HIZO. ESTO SE DEBE PROBABLEMENTE A QUE TODOS LOS GOBERNANTES SON MASONES.

JORGE VI
PADRE DE LA REINA   REINA   SÍMBOLO DE MASONERÍA Y PENTAGRAMA

LOS MASONES CREEN QUE LA VERDAD DEBE SERLE OCULTADA A LAS MASAS

"LA VERDAD DEBE MANTENERSE EN SECRETO, Y LAS MASAS NECESITAN UNA ENSEÑANZA PROPORCIONADA A SU RAZÓN IMPERFECTA…"

"ESTAS VERDADES FUERON CUBIERTAS DE LA GENTE COMÚN COMO CON UN VELO, Y LOS MISTERIOS FUERON LLEVADOS A CADA PAÍS…"

"LAS ORDENES MASÓNICAS SIEMPRE HAN TENIDO LOS HOMBRES MAS INFLUENTES EN TODOS LOS GOBIERNOS…"

CADA VEZ QUE UN COMPAÑERO MASÓN ENTRA EN LA SALA DE RITUALES HACEN ESTE SIGNO. SIMBOLIZANDO QUE LE CORTAN LA CABEZA SI ROMPE EL JURAMENTO MASÓNICO.

NO TODOS LOS MASONES SON MALAS PERSONAS; SIN EMBARGO, LOS MASONES DE ÉLITE DE ALTO NIVEL ESTÁN UTILIZANDO EL CONOCIMIENTO ROBADO POR RAZONES CORRUPTAS. POR EJEMPLO, ESTAN USANDO LAS ARTES OCULTAS Y EL CONOCIMIENTO PARA MANIPULAR, CONTROLAR Y ABUSAR PARA PERMANECER EN UNA POSICION DE PODER SOBRE LAS MASAS. EL CONOCIMIENTO QUE CONTIENE LA MASONERIA ES MAS QUE PROBABLEMENTE ROBADO DE CIVILIZACIONES ANTIGUAS. ENTONCES EL VATICANO (IGLESIA CATOLICA) SE APODERÓ DE EUROPA.

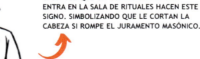

ESCUADRA Y COMPÁS MASÓNICOS

120°

COMPÁS
FEMENINO
maGNÉTICO

L = ES UN 7 INVERTIDO

90°

ESCUADRA
MASCULINO
ELÉCTRICO

G=7

A 1	B 2	C 3	D 4	E 5	F 6	G 7	H 8	I 9
J 10	K 11	L 12	M 13	N 14	O 15	P 16	Q 17	R 18
S 19	T 20	U 21	V 22	W 23	X 24	Y 25	Z 26	

LA COMBINACIÓN DE LOS PRINCIPIOS MASCULINO Y FEMENINO ES LA UNIDAD QUE ES DIOS. TE CONVIERTES EN EL G (DIOS) CUANDO EQUILIBRAS LAS DOS ENERGIAS EN UNA Y TE CONVIERTES EN TU VERDERO "YO" CONSCIENTE.

L

L = ÁNGULO DE 90° MASCULINO

L CABALLA, ÁNGEL, TEMPLO, GABRIEL

M

M = DOS ÁNGULOS DE 60°
60+60 = 120 = FEMENINO

M - MARÍA, MAGIA, MADRE, MAGNETISMO

G=7

7 DIAS DEL GÉNESIS

7 PLANETAS VISIBLES

7 COLORES

7 TONOS DIATÓNICOS

7 CHAKRAS

7 METALES

33 GRADOS DEL RITO FRANCMASÓN ESCOCÉS

33 VÉRTEBRAS

7 - CERVICAL

12 - TORÁXICA

5 - LUMBAR

5 - SACRO

4 - COXIS

33 EN TOTAL !

33 ÁRBOL DE LA CÁBALA

10 SEPHIROTH
1 DAATH
22 CAMINOS
} 33

33 JESÚCRISTO

A LOS 33 AÑOS

MUERE JESÚCRISTO

33 DIOSES VÉDICOS

12 Aditya	8 Vasu	11 Rudra	2 Ashwins

EL NOMBRE DIVINO ELOHIM APARECE 33 VECES EN EL RELATO DE LA CREACIÓN EN LOS PRIMEROS CAPÍTULOS DEL GÉNESIS.

AMÉN EN GEMATRIA DA 33

A - 1
M - 13
E - 5
N - 14
= 33

EL PAPA LLEVA UNA SOTANA CON 33 BOTONES EN EL CENTRO.

IMPORTANCIA DEL NÚMERO 33

33

TRINIDAD MASCULINO FEMENINO DIOS

TRINIDAD FEMENINO MASCULINO DIOS

33 EN ESPEJO = 8
8 = INFINITO - ALMA INNMORTAL

3+3=6

EL NUMERO 6 Y EL HEXAGRAMA DESCRIBEN LA MATERIA SIENDO CREADA A PARTIR DE LA MENTE DIVINA

DENTRO DE LAS ENSEÑANZAS DE LA MAGIA, EXISTE UN CONCEPTO CONOCIDO COMO ESTAR HECHIZADO. ESTAR EMBRUJADO IMPLICA QUE SE HA LANZADO UN HECHIZO SOBRE TI, TEJIENDO SU INFLUENCIA MÍSTICA. PARALELAMENTE,

NUESTRAS MENTES HAN SUFRIDO UNA FORMA DE ENCANTAMIENTO QUE LAS HA TRANSFORMADO EN EL TEJIDO DE LA EXISTENCIA FÍSICA.

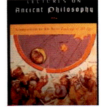

EL MASÓN DE GRADO 33 MANLY P. HALL DICE QUE LA MASONERÍA ES UNA ORGANIZACIÓN QUE OCULTA UNA HERMANDAD INTERNA. UNA VEZ ALCANZADO EL GRADO 33, PUEDES SER ELEGIDO EN OTRAS SOCIEDADES SECRETAS COMO SKULL AND BONES, ETC...

Orígenes
Rosacruces y Masónicos

por Manly P. Hall

"La FRANCMASONERIA es una fraternidad dentro de otra fraternidad, una organización exterior que oculta una hermandad interior de elegidos. Antes de que sea posible discutir inteligentemente el origen del Oficio, es necesario, por lo tanto, establecer la existencia de estas dos órdenes separadas pero interdependientes, la una visible y la otra invisible..."

3 NIVELES DE MASONERÍA DE LA LOGIA AZUL

33 GRADOS EN LA MASONERÍA DEL RITO ESCOCÉS

HUGH JACKMAN

IDRIS ELBA

Elijah Wood

PRÍNCIPE HARRY (UK)

ASHTON KUTCHER

EWAN McGREGOR

ANDY GARCIA

33 GRADOS EN LA MASONERÍA

A TEMPERATURAS SUPERIORES A 32°F, EL HIELO DE AGUA PURA SE DERRITE Y PASA DE SÓLIDO A LÍQUIDO (AGUA); 32°F ES EL PUNTO DE FUSIÓN Y EL GRADO 0 MEDIDO EN CELCIUS.

-EL AGUA SE DERRITE POR ENCIMA DE LOS 32°F POR LO QUE 33°F ES EL GRADO DEL AGUA QUE ES LIBRE Y FLUYE. ELLOS USAN 33 GRADOS DE MASONERIA PARA SIMBOLIZAR LA VERDAD MAS PROFUNDA REVELADA A TI, Y TU PUEDES SER LIBRE/ FLUIR. LOS NIVELES MAS ALTOS DE ILUMINACION SE MANTIENEN EN LOS ULTIMOS GRADOS.

-HAY 33 VÉRTEBRAS EN LA PARTE POSTERIOR DE LA COLUMNA VERTEBRAL. EL ACEITE DE CRISTO QUE PASA POR LAS 33 VÉRTEBRAS ACTIVA LA GLANDULA PINEAL E ILUMINA EL CEREBRO. POR ESO TAMBIEN SE USAN 33 GRADOS.

APRETÓN DE MANOS MASÓN

CaBaLLEROS TEMPLaRIOS

RITO DE YORK
GRADOS DE LA MASONERÍA

SÍMBOLO DE LOS TEMPLARIOS

LA CRUZ DE LORRAINE

XX=CUBO=SATURNO

DE AQUI VIENE EL TERMINO "TE HAN TRAICIONADO".

LOS CABALLEROS TEMPLARIOS SON UNA DE LAS ORDENES MAS ALTAS DE LA MASONERIA. VEMOS A MUCHAS CELEBRIDADES IMPORTANTES USANDO ESTOS SIMBOLOS DE CABALLEROS TEMPLARIOS, INDICANDO QUE HAN ALCANZADO ESTOS ALTOS NIVELES DE MASONERIA.

VIERNES 13
LOS TEMPLARIOS ERAN UNA ORGANIZACIÓN ADINERADA QUE PROTEGÍA A LOS CATÓLICOS MIENTRAS ERAN PEREGRINOS. AFIRMABAN SER CRISTIANOS CATÓLICOS; SIN EMBARGO, EN EL VIERNES 13, LOS CABALLEROS TEMPLARIOS FUERON SORPRENDIDOS PRACTICANDO EL BAUTISMO Y HACIENDO RITUALES SATÁNICOS. EL REY ORDENÓ EJECUTARLOS A TODOS, POR LO QUE MUCHOS DE LOS TEMPLARIOS HUYERON DEL PAÍS Y VOLVIERON A FUNDAR LA ORDEN EN SECRETO. LOS MIEMBROS DICEN QUE LA MASONERÍA COMENZÓ A PARTIR DE LA REORGANIZACIÓN DE LOS CABALLEROS TEMPLARIOS DESPUÉS DE LA ORDEN DE EJECUCIÓN. ESTO TIENE SENTIDO PORQUE EL 80% DE LOS SIMBOLOS MASONICOS SON SIMBOLOS TEMPLARIOS. ESTO ES MAS QUE PROBABLE POR QUE CREEMOS QUE EL VIERNES 13 ES UN DIA DE MALA SUERTE.

RAVE POPULAR DE TECHNO

TELETECH

CALAVERA Y HUESOS — GEORGE BUSH

12 ANILLOS, 12 APÓSTOLES TEMPLARIOS FUNDADORES DEL SIGLO 21.

CRÚZ DE LORRAINE USADA POR LOS ANTIGUOS TEMPLARIOS.

CRÚZ DE JERUSALEM / EMBLEMA TEMPLARIO.

La "M" MaSONICa

MATERIA MADRE MASÓN

LA SEDE DE MTV ESTÁ ENCIMA DE UN TEMPLO MASÓNICO.

La "G" MaSÓNICa

TOP G

33

CUaNDO aLINEaS La GEOmETRía SaGRaDa DE La PIRámIDE DEL BILLETE DE UN DÓLaR, LaS ESqUINaS cORRESPONDEN a LaS LETRaS: A, S, M, N, Y O, qUE cOLEcTIvamENTE DELETREaN La PaLaBRa "MASÓN". EL TÉRmINO "MASON" SE DERIva DE " FRANCMASON", Y EXISTE UNa cONEXIÓN POTENcIaL ENTRE LOS FRaNcmaSONES Y EL NUEvO ORDEN MUNDIaL.

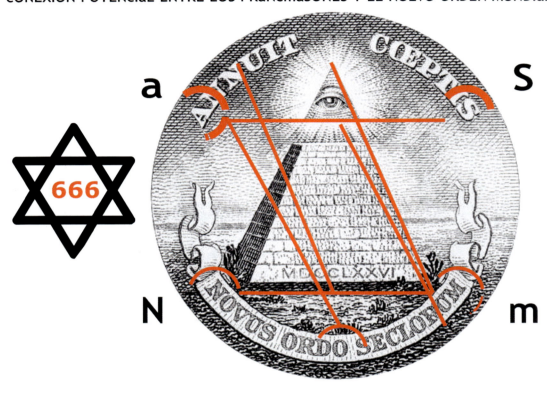

"aNNUIT COEPTIS NOvUS ORDO SECLORUM" ESTO ESTA EN LaTíN.

DEL LaTíN aL ESPañOL = "aNUNCIaNDO EL NaCIMIENTO DEL NUEvO ORDEN DE LOS TIEMPOS" (NUEvO ORDEN MUNDIaL).

MDCCLXXvI ES EL NÚMERO ROMaNO qUE SE TRaDUCE COMO 1776.

EL 1 DE MaYO DE 1776 ADaM WEISHaUPT fUNDÓ La SOCIEDaD SECRETa DE LOS ILLUMINaTI, COMPUESTa POR LaS MENTES MáS BRILLaNTES DE La FRANCMASONERÍA, La CIENCIa, La fILOSOfía Y La METafíSICa.

ANKH EL VIENTRE KEMÉTICO DE LA HUMANIDAD Y LA VIDA ETERNA

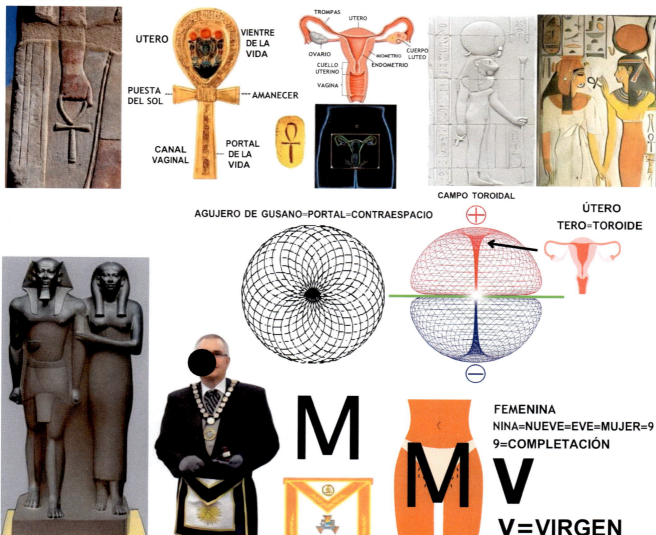

UTERO

VIENTRE DE LA VIDA

PUESTA DEL SOL — AMANECER

CANAL VAGINAL

PORTAL DE LA VIDA

TROMPAS · UTERO
OVARIO · CUERPO LUTEO
CUELLO UTERINO · MIOMETRIO · ENDOMETRIO
VAGINA

CAMPO TOROIDAL

AGUJERO DE GUSANO=PORTAL=CONTRAESPACIO

ÚTERO
TERO=TOROIDE

M M V

V=VIRGEN

FEMENINA
NINA=NUEVE=EVE=MUJER=9
9=COMPLETACIÓN

LOS HOMBRES EGIPCIOS LLEVAN TURBANTES PARA SIMBOLIZAR LA SAGRADA FEMENINA. LA FEMENINA ES SAGRADA PORQUE ES EL PORTAL HACIA LA MATERIA FÍSICA. LA MUJER ES DE NATURALEZA MAGNÉTICA Y EL VARÓN ES DE NATURALEZA ELÉCTRICA. EL MACHO ES ACCIÓN, LA HEMBRA ATRACCIÓN. LOS MASÓNES LLEVAN EL DELANTAL CON LA M. LA M SIGNIFICA:
MADRE
MATERIA
MOLDEADORA
MASÓN
LA MADRE ES LA MATERIA COMO EL ÚTERO DA A LUZ A LA MATERIA.

EL REVERSO DE LAS PALABRAS ES EL VERDADERO SIGNIFICADO DE LA PALABRA.
ADAM=MADA=MADAM=EL HOMBRE VIENE DE LA MUJER

M

ANKH

UTERO

VIENTRE DE LA VIDA

PUESTA DEL SOL

AMANECER

CANAL VAGINAL

PORTAL DE LA VIDA

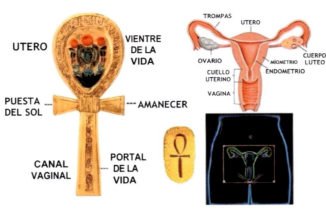

LA MUJER ES LA PUERTA ESTELAR, LITERAL. YA QUE ALBERGA EL PORTAL EN SU INTERIOR. ESTE PORTAL TIENE LA CAPACIDAD DE ENCARNAR ALMAS EN EL MUNDO FÍSICO.

LOS ANTIGUOS ADORABAN A LA MADRE POR ESTA RAZÓN, Y POR ESO LOS HOMBRES LLEVABAN TURBANTES PARA SIMBOLIZAR EL LARGO CABELLO FEMENINO EN LAS ESTATUAS. OBSERVE COMO LA MUJER SOSTIENE AL HOMBRE, Y NO EL HOMBRE A LA MUJER. ESTO SE DEBE A QUE LA MUJER ES MÁS SAGRADA QUE EL HOMBRE, LO CUAL ES AL REVÉS EN EL MUNDO ACTUAL.

LAS MUJERES SON NATURALMENTE MUY INTUITIVAS. ESTO SE DEBE A QUE ESTAN DIRECTAMENTE CONECTADAS CON EL REINO ESPIRITUAL.

EN LA BIBLIA, SATANAS CAE DEL CIELO A LA TIERRA. ÉL ERA UN ÁNGEL QUE CAYÓ DEL CIELO Y LE CORTARON LAS ALAS Y LOS BRAZOS, LO QUE LO CONVIRTIÓ EN UNA SERPIENTE. ESTE SIMBOLIZA QUE SOMOS ESPÍRITUS Y NOS CONVERTIMOS EN MATERIA Y PERDEMOS NUESTRAS ALAS, POR LO QUE AHORA SOMOS SERPIENTES Y TENEMOS QUE SUBIR DE NUEVO AL CIELO PARA QUE NOS CREZCAN DE NUEVO LAS ALAS.

ESTE SIMBOLO DE LAS DOS SERPIENTES ES LA ENERGIA KUNDALINI, Y A LAS DOS SERPIENTES LES CRECEN ALAS CUANDO LLEGAN ARRIBA.

POR ESO HABÍA TANTO SIMBOLISMO DEL DRAGÓN EN LA ANTIGÜEDAD, PORQUE REPRESENTABA LA CAÍDA DEL CIELO A LA TIERRA Y EL INTENTO DE QUE LE CRECIERAN ALAS DE NUEVO PARA ASCENDER.

LOS SÍMBOLOS SON EL LENGUAJE DEL SUBCONSCIENTE. EL SIMBOLISMO APELA A NUESTRA FACULTAD INTERIOR DE COMPRENSIÓN, A UNA PARTE DE NOSOTROS QUE PUEDE EXPRESARSE EN EL LENGUAJE. CADA SÍMBOLO TIENE UNA FRECUENCIA VIBRATORIA, Y ÉSTA HABLA A LA MENTE SUBCONSCIENTE.

SIMBOLO MEDICO

HERMES

SECUENCIA FIBONACCI

ESTE SÍMBOLO PUEDE IR HASTA EL INFINITO. ES EL ÚNICO SÍMBOLO QUE CONECTA LO MICRO CON LO MACRO. ESTÁ EN TODO LO CREADO.

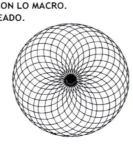

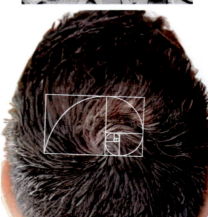

LOS ÁRBOLES SIMBOLIZAN LA CONEXIÓN ENTRE EL CIELO Y LA TIERRA

LAS RAÍCES INTERCONECTADAS DE LOS ÁRBOLES BAJO TIERRA, OCULTAS A LA VISTA, SIMBOLIZAN LAS CONEXIONES INVISIBLES QUE UNEN A TODOS LOS SERES VIVOS. LAS RAMAS Y LAS HOJAS QUE SE EXTIENDEN Y ENTRELAZAN EN LA COPA SON UNA REPRESENTACIÓN DE LA UNIDAD Y LA VITALIDAD COMPARTIDA DE LA VIDA.

ÁRBOL CELTA DE LA VIDA

CIFRADO DE SUSTITUCIÓN NUMÉRICA

A	B	C	D	E	F	G	H	I	J
1	2	3	4	5	6	7	8	9	10

K	L	M	N	O	P	Q	R	S	T
11	12	13	14	15	16	17	18	19	20

U	V	W	X	Y	Z
21	22	23	24	25	26

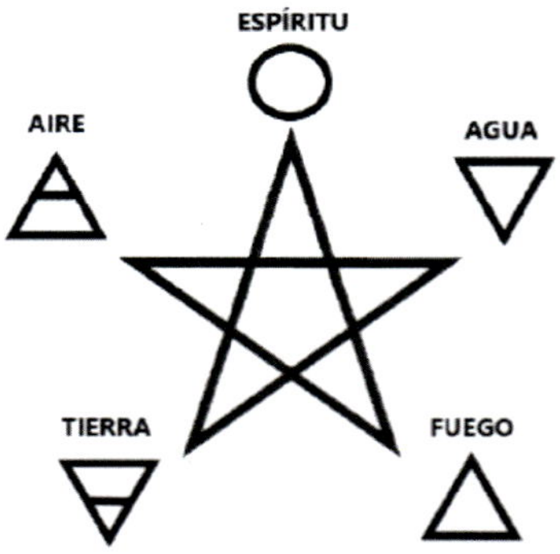

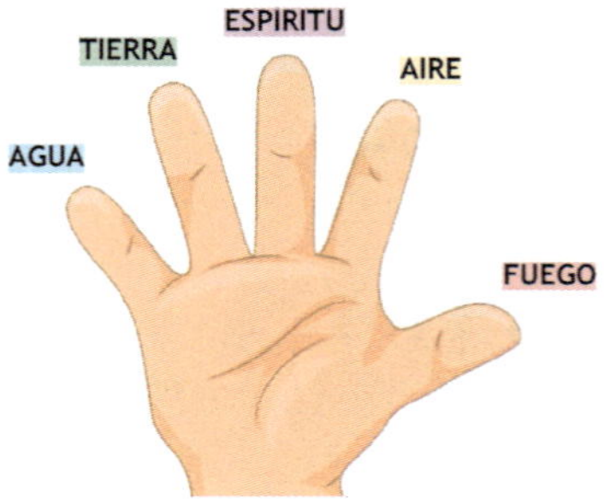

NUMEROS PARES=FEMENINOS
NUMEROS IMPARES=MASCULINOS

A D A M
1 4 1 4 = 10 HOMBRE PERFECCIONADO

E V E
5 22 5 = 32

M A N
4 1 5 = 10 HOMBRE PERFECCIONADO

M 4 - PRESENCIA MANIFESTADA

A 1 - INDIVIDUO; DA ALIENTO DE VIDA

N 5 - SER SENSIBLE (5 SENTIDOS, 5 ELEMENTOS)
------

10 - CREADO PERFECTO

MASUCLINO

LINO=LINEA=1

FEMENINO / EVE
NUEVE=9

1+9=10 =PERFECCIÓN

5 PUNTAS

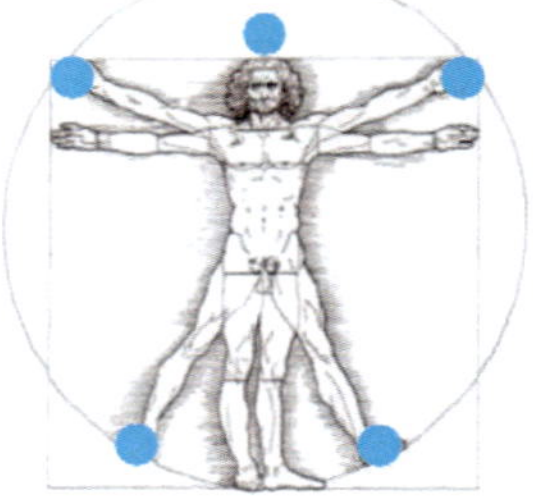

0= EL HUEVO CÓSMICO QUE CONTIENE TODOS LOS ATRIBUTOS DE DIOS. TAMBIÉN ES UNA IMAGEN DE UN ESPEJO DE DOS CARAS QUE REFLEJA EL PENSAMIENTO ORIGINAL DEL LADO ESPIRITUAL QUE FORMA EL LADO MATERIAL. LA MUJER TIENE EL HUEVO FÍSICO, EN EL QUE TODA VIDA FÍSICA TIENE QUE ENTRAR PARA EXPERIMENTAR LA VIDA.

W O M

1= 1 ES EL PRINCIPIO Y EL FIN DE TODAS LAS COSAS Y NO TIENE PRINCIPIO NI FIN. TODO LO QUE EXISTE ES UNO YA QUE PROVIENE DE LA FUENTE ÚNICA. 1 ES UNA LINEA RECTA, Y ES EL PRIMER PRINCIPIO EN GEOMETRIA. TIENE LONGITUD PERO NO ANCHURA. REPRESENTA LA UNIDAD. EL UNO FUE EL PRIMERO Y DE EL SE HICIERON TODAS LAS COSAS. 1 ES LIMITADO E ILIMITADO. 1 ES LIMITADO A SI MISMO E ILIMITADO EN OTROS NUMEROS COMO ES EL CODIGO BINARIO, E.J., DOS "UNOS" HACEN 2, CINCO "UNOS" HACEN 5. 1 ES LA LINEA ENTRE EL CIELO Y LA TIERRA, EL PODER CREADOR Y LA PRIMERA CAUSA QUE TOCA EL PLANO DE LA TIERRA. EN INGLÉS, HAY UNA PALABRA QUE SUMA UNO, Y ES 'A' (ADAM).

¿QUÉ ES LA ENERGÍA SEXUAL?

NUESTRA FUERZA VITAL Y LA ENERGÍA RESPONSABLE DE LA CREACIÓN DE VIDA CONSTITUYEN UNA FUERZA QUE NO SÓLO INICIA Y DA FORMA A LA VIDA, SINO QUE TAMBIÉN LA SOSTIENE.

LA ENERGÍA SEXUAL ES LA FUERZA VITAL QUE INSUFLA VITALIDAD A TODOS LOS SERES VIVOS. A NIVEL FÍSICO, A LO LARGO DE TODA LA VIDA, ESTA ENERGÍA NO SÓLO DA ORIGEN A LA VIDA, SINO QUE TAMBIÉN LA NUTRE Y LA SOSTIENE CONSTANTEMENTE. EN ESENCIA, TE CONCEDE LA VIDA EN EL MOMENTO DE NACER, PERO SU INFLUENCIA SE EXTIENDE MUCHO MÁS ALLÁ, RENOVANDO Y REGENERANDO CONTINUAMENTE TUS CÉLULAS.

LA ESENCIA DE LA ENERGÍA SEXUAL RESIDE TANTO EN LA CREACIÓN COMO EN LA CREATIVIDAD. EL ORIGEN FUNDAMENTAL DE CADA INDIVIDUO ESTÁ ENRAIZADO EN EL ÁMBITO DEL SEXO, YA QUE TODOS SURGIMOS DE ÉL. NUESTRA EXISTENCIA ESTÁ ÍNTIMAMENTE LIGADA A LA ENERGÍA SEXUAL, QUE ACTÚA COMO FUENTE PRIMARIA DE CREACIÓN DE VIDA. SIN ESTA FUERZA VITAL, LA VIDA CARECERÍA DEL ÍMPETU, LA MOTIVACIÓN Y LA ENERGÍA MOTRIZ NECESARIAS PARA SU CONTINUA MANIFESTACIÓN.

LA EMOCIÓN ES ENERGÍA EN MOVIMIENTO

LA MÁS POTENTE DE TODAS LAS EMOCIONES HUMANAS ES LA ASOCIADA A LA SEXUALIDAD. AUNQUE EXISTEN OTROS ESTIMULANTES MENTALES, NINGUNO DE ELLOS, INDIVIDUAL O COLECTIVAMENTE, PUEDE IGUALAR LA FUERZA IRRESISTIBLE DEL DESEO SEXUAL. UN ESTIMULANTE MENTAL SE REFIERE A CUALQUIER INFLUENCIA QUE PUEDA ELEVAR TEMPORAL O PERMANENTEMENTE LA FRECUENCIA DE LAS VIBRACIONES DEL PENSAMIENTO.

EL ANHELO DE EXPRESIÓN SEXUAL ES UNA DE LAS EMOCIONES HUMANAS MÁS FUERTES. CUANDO ESTE DESEO SE REORIENTA HACIA ACTIVIDADES QUE VAN MÁS ALLÁ DE LAS MERAS ACCIONES FÍSICAS, COMO LAS BÚSQUEDAS INTELECTUALES O CREATIVAS, POSEE EL POTENCIAL DE IMPULSAR A UN INDIVIDUO A UN NIVEL DE GENIO. EN TÉRMINOS MÁS SENCILLOS, CANALIZAR ESTA POTENTE ENERGÍA HACIA OTROS ÁMBITOS DE LA VIDA PUEDE TRADUCIRSE EN LOGROS EXTRAORDINARIOS Y CAPACIDADES ELEVADAS.

PONER FRENO A SUCUMBIR A ESTOS DESEOS NO SÓLO REQUIERE FORTALEZA MENTAL, SINO QUE TAMBIÉN SE MANIFIESTA COMO DISCIPLINA EN TODAS LAS FACETAS DE NUESTRA VIDA. LA ENERGÍA PRESERVADA DE ESTA CONTENCIÓN PUEDE TRANSMUTARSE EN PENSAMIENTO CRÍTICO, CREATIVIDAD, ESFUERZO FÍSICO Y, SOBRE TODO, EN LA ACTIVACIÓN DE LA KUNDALINI PARA ESTIMULAR LA GLÁNDULA PINEAL.

EL LOGOTIPO DE PORNHUB PRESENTA UNA TONALIDAD NARANJA, SÍMBOLO DEL CHAKRA SACRO ASOCIADO A NUESTRA ENERGÍA SEXUAL.

CÓMO TRANSMUTAR LA ENERGÍA SEXUAL

LA TRANSMUTACIÓN SEXUAL IMPLICA REDIRIGIR LA ENERGÍA SEXUAL ACUMULADA EN UNO MISMO Y CANALIZARLA HACIA UN PROPÓSITO O EMPEÑO DIFERENTE. CUANDO TRANSMUTAMOS LA ENERGÍA SEXUAL ESTAMOS TRABAJANDO CON TODOS NUESTROS "CUERPOS" PORQUE LA ENERGÍA SEXUAL EXISTE EN LOS NIVELES FÍSICO, ETÉRICO, ASTRAL, EMOCIONAL Y MENTAL DE NUESTRO SER.

RETENCIÓN TÁNTRICA

LA RETENCIÓN TÁNTRICA ES UNA TÉCNICA QUE CONSISTE EN MANTENER RELACIONES SEXUALES Y ACERCARSE INTENCIONADAMENTE AL BORDE DEL ORGASMO SIN LLEGAR AL PUNTO DE EYACULACIÓN O CLÍMAX. ARRAIGADA EN LAS ANTIGUAS TRADICIONES TÁNTRICAS, ESTA PRÁCTICA ESTÁ DISEÑADA PARA MEJORAR LOS NIVELES DE ENERGÍA, AGUDIZAR LA CONCENTRACIÓN E INSPIRAR LA CREATIVIDAD.

OBSERVAR SIN JUZGAR

REALIZA LA PRÁCTICA DE PERMITIR QUE AFLORE LIBREMENTE CUALQUIER SENTIMIENTO QUE AFLORE EN TU INTERIOR. ABSTENTE DE JUZGAR Y ADOPTA EL PAPEL DE OBSERVADOR NEUTRAL. RECONOCE ESTOS SENTIMIENTOS COMO ALGO NATURAL Y OBSERVA SIMPLEMENTE LO QUE REVELAN SOBRE TI. EVITA CATEGORIZARLOS EXPLÍCITAMENTE COMO "ENERGÍA SEXUAL"; EN SU LUGAR, ACÉRCATE A ELLOS COMO SENSACIONES, PERMITIENDO UNA EXPLORACIÓN MÁS ABIERTA Y SIN PREJUICIOS.

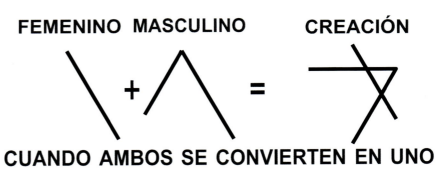

FEMENINO MASCULINO   CREACIÓN

CUANDO AMBOS SE CONVIERTEN EN UNO

EL SEXO ES UN RITUAL SAGRADO

EL SEXO ES UN INTERCAMBIO DE ENERGÍA Y ADN. EL ADN CONTIENE TODA LA INFORMACIÓN SOBRE ESA PERSONA, INCLUIDOS TRAUMAS, PROBLEMAS MENTALES Y TODO LO RELACIONADO CON ESA PERSONA. TODAS LAS PERSONAS A LAS QUE HAS BESADO O CON LAS QUE HAS TENIDO RELACIONES SEXUALES HAN INTERCAMBIADO ADN CONTIGO. ESTO LE AFECTARÁ DE UNA FORMA U OTRA YA QUE ESTÁ DESCARGANDO TODA LA INFORMACIÓN DE ESA PERSONA EN SU ADN.

LAS ENTIDADES DEMONIACAS QUE PUEDEN ALIMENTARSE DE ESA PERSONA TAMBIÉN PUEDEN TRANSFERIRSE A USTED. LAS ENTIDADES DEMONIACAS NORMALMENTE SE ALIMENTAN DE PERSONAS ADICTAS SEXUALMENTE YA QUE LA ENERGIA SEXUAL ES UNA FUERZA MUY PODEROSA DE LA QUE SE ALIMENTAN. SI NO CREES EN LOS ESPIRITUS, ENTONCES DEBERIAS APRENDER A VIAJAR AL ASTRAL Y VERLOS POR TI MISMO...

PRACTICAR SEXO CREA UNA VIBRACION MUY ALTA Y PUEDE SER USADA PARA ELEVAR LA ENERGIA KUNDALINI DESDE LA BASE DE TU COLUMNA VERTEBRAL HASTA TU TERCER OJO. ESTO SE LLAMA SEXO TÁNTRICO BLANCO. ESTE SEXO ES UN SEXO NO EYACULATORIO EN EL QUE ELEVAS EL ORGASMO POR LA COLUMNA VERTEBRAL HASTA LA REGIÓN DE LA CABEZA Y TIENES UN ORGASMO INTERNO, ACTIVANDO LA GLÁNDULA PINEAL. ESTA ES UNA FORMA MUY PODEROSA TANTO PARA HOMBRES COMO PARA MUJERES DE ELEVAR SU ESTADO DE CONCIENCIA.

5 SENCILLOS PASOS PARA PASAR DEL SEXO NORMAL AL TÁNTRICO

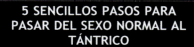

① INTENCIÓN

ANTES DEL SEXO, PONTE LA INTENCIÓN DE ESTAR CONECTADO EN MENTE, CUERPO Y ESPÍRITU, Y CONSIDERA EL ENCUENTRO COMO ALGO SAGRADO, ALGO REALMENTE PRECIADO.

② CONECCIÓN DE MIRADAS

MÍRENSE OJO A OJO DURANTE 2 MINUTOS. ESTÁS MIRANDO LA PUERTA DEL ALMA DE TU PAREJA. ESTO ESTABLECE LA CONEXIÓN PSICOLÓGICA.

③ CONECCIÓN DEL CORAZÓN

COLOQUE LA MANO EN LA ZONA DEL CORAZÓN DE SU PAREJA Y LA MANO DE SU PAREJA EN LA ZONA DEL CORAZÓN DE USTED. ESTO LIBERA OXITOCINA. CREA LA SENSACIÓN DE AMOR, SEGURIDAD Y UNIÓN.

④ CONECCIÓN DE LA RESPIRACIÓN

PRACTIQUE UNA RESPIRACIÓN PROFUNDA Y SINCRONIZADA. LA CONEXIÓN RESPIRATORIA HACE QUE LAS OTRAS DOS CONEXIONES FUNCIONEN DE VERDAD.

⑤ ACTIVACIÓN ENERGÉTICA

PRACTICA LA ÓRBITA MICROCÓSMICA.
1. INHALA Y EXHALA PROFUNDAMENTE.
2. APRIETA LOS MÚSCULOS PÉLVICOS.
3. VISUALIZA TU KI SEXUAL SUBIENDO DESDE EL FONDO PÉLVICO JUSTO POR DELANTE DE TU CUERPO, LLEGANDO A LA PARTE SUPERIOR DE TU CABEZA Y BAJANDO DE NUEVO, POR ENCIMA DE TU CABEZA A TRAVÉS DE LA PARTE POSTERIOR DE TU CUERPO PARA CONECTAR DE NUEVO CON TU FONDO PÉLVICO.

REPITA LOS PASOS 1-3 MIENTRAS MECE SUAVEMENTE SU FONDO PÉLVICO. ESTO SE LLAMA "CIRCULACIÓN DE LA LUZ" Y DISTRIBUYE ENERGÍA A TODOS LOS CHAKRAS PARA ACTIVAR TU CUERPO ENERGÉTICO.

fUNcIONES DE LOS cHaKRaS

EN La RELacIÓN

| MUJER REcIBE | HOMBRE Da: fUERZa RESISTENcIa |

| MUJER Da: cONEccIÓN ENERGÍa SEXUaL INTIMIDaD | HOMBRE RECIBE |

| MUJER RECIBE | HOMBRE DA: PROTECCIÓN SEGURIDAD ESTABILIDAD (INCL. EMOCIONAL) |

| MUJER DA: AMOR FELICIDAD ESPONTANEIDAD APOYO EMOCIONAL | HOMBRE RECIBE |

| MUJER RECIBE | HOMBRE DA: RESPETO ESTADO ESCUCHA ENTENDIMIENTO |

| MUJER DA: VISIÓN IDEAS INTUICIÓN CREENCIAS PLANES FUTUROS | HOMBRE RECIBE |

| MUJER DA: GUÍA ESPIRITUAL | HOMBRE DA: FUERZA MENTAL |

(EN ESTA PÁGINA SE HABLA DE LA RETENCIÓN DEL SEMEN Y DEL ASPECTO MASCULINO)

CUANDO ALGO ES GRATIS TÚ ERES EL PRODUCTO, TU SEMILLA ES TU FUERZA VITAL; ES TAN PODEROSA QUE PUEDE CREAR OTRO SER HUMANO.

- CUANDO SE MANTIENE DENTRO DEL CUERPO, AUMENTA LOS NIVELES DE TESTOSTRONA, HACE QUE SU VISIÓN SEA MÁS CLARA, AUMENTA LA CONFIANZA Y DESARROLLA EL CRECIMIENTO MUSCULAR.

- CUANDO LOS HOMBRES LIBERAN SU SEMILLA, DISMINUYEN LOS NIVELES DE TESTOSTERONA Y AUMENTAN LOS DE ESTRÓGENO, LO QUE TE HACE MÁS FEMENINO CON EL TIEMPO.

- CUANDO LAS MUJERES LIBERAN SU SEMILLA, DISMINUYEN SUS NIVELES DE ESTRÓGENO Y AUMENTAN LOS DE TESTOSTERONA, LO QUE RESULTA CON EL TIEMPO. ESTO HACE QUE LOS DOS GÉNEROS SE INVIERTAN. MASCULINO SIENDO FEMENINO Y FEMENINO SIENDO MASCULINO. ESTO ES EXACTAMENTE LO QUE LA ELITE SATÁNICA QUIERE YA QUE ELLOS SON INVERTIDOS. LOS SATANISTAS INVIERTEN TODO LO QUE ES NATURAL/HECHO POR DIOS.

LIBERAR SEMEN RESULTA EN:

- BAJOS NIVELES DE ENERGIA, CRECIMIENTO MUSCULAR MAS LENTO, ACELERACION DEL ENVEJECIMIENTO, BAJA AUTOCONFIANZA, BAJA VIBRACION, ETC...

- HEMOS SIDO PROGRAMADOS SEXUALMENTE DESDE QUE SOMOS NIÑOS. EN DIBUJOS ANIMADOS, PELICULAS Y PROGRAMAS DE TV, COLOCAN MENSAJES E IMAGENES SEXUALES SUBLIMINALES PARA ESTIMULARTE/PROGRAMARTE SEXUALMENTE MIENTRAS ERES JOVEN.

- ENTRE LA EDAD DE 1-7 AÑOS, TU MENTE SUBCONSCIENTE ESTÁ MUY ABIERTA, Y TU MENTE ABSORBE TODO LO QUE HAY EN TU ENTORNO PARA OBTENER UNA COMPRENSIÓN DEL MUNDO.

- DESPUÉS DE LOS 7 AÑOS, LOS PROGRAMAS MENTALES QUE ADQUIERAS SE CONVERTIRÁN EN PROGRAMAS MENTALES QUE TENDRÁS PARA EL RESTO DE TU VIDA.

TE PROGRAMAN SEXUALMENTE DE TAL MANERA, QUE DA COMO RESULTADO UNA SOCIEDAD HIPERSEXUAL, Y LUEGO ESO DA COMO RESULTADO EL DESPERDICIO DE TU SEMILLA, ADICCIONES AL SEXO, BAJA AUTOESTIMA Y MALA SALUD MENTAL.

- TODO ESTO ES PARA MANTENERTE EN TUS CHAKRAS INFERIORES, VIBRANDO LO MAS BAJO POSIBLE PARA QUE LA ELITE SE MANTENGA EN EL PODER SOBRE LAS MASAS.

- EL SEXO ES LA MAYOR DEBILIDAD HUMANA YA QUE LIBERA GRANDES CANTIDADES DE DOPAMINA EN EL CEREBRO.

SI ALGO ES GRATIS, TU ERES EL PRODUCTO

OBSERVA COMO TODOS TIENEN DOS "O" SIMBOLIZANDO OJOS PORQUE TE OBSERVAN. GANAN TUS DATOS Y ESO ES LO MAS VALUABLE DEL MUNDO.

BENEFICIOS DE LA RETENCIÓN DEL SEMEN:

1· CLARIDAD MENTAL, SIN DESORDEN MENTAL

2· MEJOR RESISTENCIA + POTENCIA EN EL GIMNASIO

3· AUSENCIA DE DEPRESIÓN

4· MEJOR MEMORIA A CORTO PLAZO, CAPTACIÓN CONVERSACIONES, MENTE AGUDA Y CLARA

5) EL PELO CRECE MÁS GRUESO

6) ESTAR TRANQUILO EN SITUACIONES INCÓMODAS

7) SENSACIÓN DE ESTAR REALMENTE VIVO Y DE TENER/SER UN ESPÍRITU PODEROSO

8) PIEL DE LA CARA MÁS SANA

9) APRECIACIÓN Y ADMIRACIÓN DE LA BELLEZA INTERIOR Y EXTERIOR DE LA MUJER

10) SE NECESITA DORMIR MENOS PARA SENTIRSE DESCANSADO + MAYOR FACILIDAD PARA LEVANTARSE POR LA MAÑANA

11) MEJOR RECUERDO DE LOS SUEÑOS

12) GANAS DE EXPANDIR LA MENTE

13) AUMENTO DE LOS NIVELES DE ENERGÍA Y TESTOSTERONA DESPUÉS DE SÓLO UNA SEMANA SIN MASTURBACIÓN/SEXO TU CEREBRO AUMENTA LOS NIVELES DE TESTOSTERONA HASTA UN 45%!

S E X

SAGRaDa   **ENERGÍa**   **EXTRa**

SS
E3

LA LETRA "S" ES REPRESENTATIVA DE LA SERPIENTE, UN SÍMBOLO A MENUDO ASOCIADO CON LA KUNDALINI Y LA ENERGÍA SEXUAL. ESTA CONEXIÓN SE REFLEJA EN PALABRAS COMO "SEXO", DONDE LA LETRA "S" SIRVE DE VÍNCULO SIMBÓLICO CON LA SERPIENTE Y LAS PROFUNDAS ENERGÍAS ASOCIADAS A LA KUNDALINI Y LA SEXUALIDAD. LAS SERPIENTES HACEN UN **SONIDO** SIMILAR A LA PRONUNCIACIÓN DE LA LETRA "S". EN EFECTO, LAS SERPIENTES PRODUCEN UN SILBIDO QUE SE ASEMEJA A LA PRONUNCIACIÓN DE LA LETRA "S". ESTA CONEXIÓN AUDITIVA PUEDE CONTRIBUIR AÚN MÁS A LA ASOCIACIÓN SIMBÓLICA ENTRE LAS SERPIENTES Y LA LETRA "S", REFORZANDO EL VÍNCULO ENTRE LA SERPIENTE COMO SÍMBOLO DE LA KUNDALINI Y LA ENERGÍA SEXUAL.

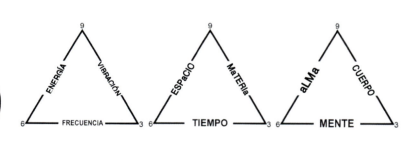

EL SIMBOLISMO DE LA LETRA "E" ADQUIERE UNA PERSPECTIVA ÚNICA CUANDO SE CONSIDERA COMO EL REFLEJO VISUAL DEL NÚMERO 3. REFLEJADA, LA "E" SE ASEMEJA AL NÚMERO 3, UNA REPRESENTACIÓN A MENUDO ASOCIADA A LA TRINIDAD DE LA CREACION. EN ESTA INTERPRETACION, LA SIMETRIA VISUAL ENTRE LA "E" Y EL 3 CREA UN VÍNCULO SIMBÓLICO CON EL CONCEPTO DE TRÍADA, INVOCANDO NOCIONES DE CREACIÓN Y ARMONÍA DENTRO DE LA TRINIDAD DE LA EXISTENCIA".

FEMENINO

COMBINADOS

MASCULINO

4+8=12   1+2=3
MADRE+PADRE=HIJO

"SEX" TIENE 3 LETRAS QUE SIMBOLIZAN LOS TRES ASPECTOS DE LA CREACIÓN

DIVINO MASCULINO

EQUILIBRADO
LÓGICO
CENTRADO
RESISTENTE
DISCIPLINADO
ANALÍTICO
RESPONSABLE
VALIENTE

DESEQUILIBRADO
PERTURBADOR
CONTROLADOR
ABUSIVO
INCOHERENTE
INVALIDANTE
CRÍTICO
AGRESIVO

DIVINO FEMENINO

EQUILIBRADA
NUTRICIÓN
CREATIVA
SENTIMIENTO
SABIDURIA
CONECTADA
CONSCIENTE
RECEPTIVA

DESEQUILIBRADA
VICTIMIZADA
EGOÍSTA
CODEPENDIENTE
MANIPULADORA
INSEGURA
CELOSA
MEZQUINA

 **FUEGO**

 **AGUA**

EL DIVINO MASCULINO ESTÁ SIMBOLIZADO POR EL ELEMENTO FUEGO, CARACTERIZADO POR SU FUERZA ROBUSTA Y SU NATURALEZA PROACTIVA. REPRESENTA UNA ENERGÍA PODEROSA Y ORIENTADA A LA ACCIÓN.

POR OTRO LADO, LA DIVINIDAD FEMENINA SE ASOCIA A MENUDO CON EL ELEMENTO AGUA, QUE ENCARNA CUALIDADES DE TRANQUILIDAD, CRIANZA Y CUIDADO. EN ESTE MARCO, EL AGUA SIMBOLIZA UNA ENERGÍA REPOSADA Y COMPASIVA.

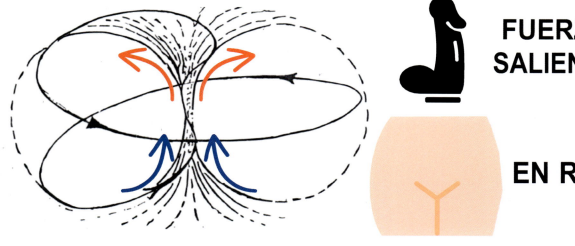

FUERZA SALIENTE

EN REPOSO

OBSÉRVESE LA CORRELACIÓN ENTRE EL CAMPO TOROIDAL Y LOS ÓRGANOS REPRODUCTORES DE AMBOS SEXOS. EL APARATO REPRODUCTOR MASCULINO, ASOCIADO AL DESPLAZAMIENTO AL ROJO, ENCARNA UNA FUERZA EXPLOSIVA Y PENETRANTE QUE EMERGE DEL CONTRAESPACIO Y CULMINA EN LA MANIFESTACIÓN DEL PENE MASCULINO. ESTE ÓRGANO SIMBOLIZA LA FUERZA ACTIVA DEL MAGNETISMO.

A LA INVERSA, EL DESPLAZAMIENTO AZUL DEL CAMPO ELECTROMAGNÉTICO SIGNIFICA UNA FASE EN LA QUE LA ENERGÍA, HABIENDO PERDIDO SU PRESIÓN Y SU FUERZA, BUSCA MAGNÉTICAMENTE EL REPOSO Y REGRESA AL CONTRAESPACIO. EL SISTEMA REPRODUCTOR FEMENINO, EN PARTICULAR LA VAGINA, ES UNA PARTE INTERNA DEL CUERPO QUE REFLEJA EL MOVIMIENTO DE ESTA ENERGÍA DE DESPLAZAMIENTO AZUL, REFLEJANDO LA TENDENCIA A BUSCAR EL REPOSO Y VOLVER A UN ESTADO DE EQUILIBRIO.

LEY DE LA VIBRACIÓN

LA LEY DE LA VIBRACIÓN ES UN PRINCIPIO QUE AFIRMA QUE TODO EN EL UNIVERSO SE ENCUENTRA EN UN ESTADO CONSTANTE DE MOVIMIENTO Y VIBRACIÓN. ESTA LEY POSTULA QUE EN EL NÚCLEO DE TODA MATERIA Y ENERGÍA EXISTE UNA FRECUENCIA VIBRATORIA QUE DETERMINA SU NATURALEZA Y CARACTERÍSTICAS. EN ESENCIA, SUGIERE QUE INCLUSO LOS OBJETOS APARENTEMENTE SÓLIDOS ESTÁN COMPUESTOS DE ÁTOMOS Y PARTÍCULAS EN PERPETUO MOVIMIENTO, QUE EMITEN ONDAS DE ENERGÍA A FRECUENCIAS ESPECÍFICAS. ESTE CONCEPTO SE EXTIENDE MÁS ALLÁ DEL ÁMBITO FÍSICO Y ENCUENTRA APLICACIÓN EN DIVERSOS ASPECTOS DE LA VIDA, INCLUIDO EL ÁMBITO DE LA ESPIRITUALIDAD Y LA CONCIENCIA. LA LEY DE LA VIBRACIÓN SUBRAYA LA INTERCONEXIÓN DE TODAS LAS COSAS Y DESEMPEÑA UN PAPEL CRUCIAL EN LA MANIFESTACIÓN DE NUESTROS PENSAMIENTOS Y DESEOS. COMPRENDER Y APROVECHAR ESTA LEY PUEDE AYUDAR A LAS PERSONAS A ALINEARSE CON LAS FRECUENCIAS VIBRATORIAS QUE RESUENAN CON SUS INTENCIONES Y OBJETIVOS.

LEY DE CORRESPONDENCIA

LA LEY DE CORRESPONDENCIA ES UN PRINCIPIO CLAVE. POSTULA QUE EXISTE UNA CORRESPONDENCIA O CONEXIÓN ENTRE LOS DIFERENTES NIVELES DE EXISTENCIA, COMO EL FÍSICO, EL ETÉRICO, EL ASTRAL Y EL MENTAL. ESTA LEY SUGIERE QUE LO QUE OCURRE EN UN NIVEL DE LA REALIDAD SE REFLEJA EN OTRO. DE AQUÍ VIENE EL TÉRMINO "COMO ES ARRIBA ES ABAJO". EN TÉRMINOS MÁS SENCILLOS, IMPLICA QUE LOS PATRONES, EXPERIENCIAS Y ACONTECIMIENTOS DE NUESTRO MUNDO FÍSICO A MENUDO PUEDEN ENTENDERSE Y EXPLICARSE OBSERVANDO LAS DIMENSIONES ETÉRICA, ASTRAL O MENTAL.

LEY DEL MENTALISMO

EL TODO ES MENTE, EL UNIVERSO ES MENTAL. AFIRMA QUE LA MENTE ES LA REALIDAD FUNDAMENTAL, Y TODO LO QUE EXISTE EN EL UNIVERSO ES UNA CREACIÓN MENTAL O MANIFESTACIÓN DE LA MENTE UNICA DE DIOS. EN TÉRMINOS MÁS SENCILLOS, ESTA LEY SUGIERE QUE LOS PENSAMIENTOS Y LA CONCIENCIA DE LOS INDIVIDUOS DESEMPEÑAN UN PAPEL CENTRAL EN LA CONFIGURACIÓN DE SU REALIDAD. ENFATIZA EL PODER DE LA MENTE PARA CREAR, INFLUIR Y DAR FORMA AL MUNDO QUE NOS RODEA. ESENCIALMENTE, LA LEY DEL MENTALISMO DESTACA LA IDEA DE QUE NUESTROS PENSAMIENTOS Y CREENCIAS TIENEN UN PROFUNDO IMPACTO EN NUESTRAS EXPERIENCIAS Y EN LAS CIRCUNSTANCIAS CON LAS QUE NOS ENCONTRAMOS. POR ESO ES TAN IMPORTANTE CREAR PATRONES DE PENSAMIENTO POSITIVOS, YA QUE NUESTROS PENSAMIENTOS AFECTAN A NUESTRA REALIDAD.

LEY DE LA POLARIDAD

LA LEY DE LA POLARIDAD AFIRMA QUE TODO EN EL UNIVERSO TIENE SU OPUESTO. EN OTRAS PALABRAS, HAY DUALIDADES O PARES DE OPUESTOS EN LA EXISTENCIA, COMO LA LUZ Y LA OSCURIDAD, EL FRÍO Y EL CALOR, EL AMOR Y EL ODIO, ETCÉTERA. ESTA LEY SUGIERE QUE ESTAS POLARIDADES ESTÁN INTERCONECTADAS Y SON INTERDEPENDIENTES, Y AYUDAN A DEFINIR Y DAR SENTIDO A LAS DEMÁS. TAMBIÉN PONE DE RELIEVE QUE CUALQUIER SITUACIÓN O EXPERIENCIA PUEDE TENER ASPECTOS POSITIVOS Y NEGATIVOS. COMPRENDER LA LEY DE LA POLARIDAD PUEDE CONDUCIR A UN MAYOR EQUILIBRIO, ACEPTACIÓN Y PERSPECTIVA EN LA VIDA, YA QUE NOS RECUERDA QUE LAS OPORTUNIDADES DE CRECIMIENTO Y TRANSFORMACIÓN SUELEN ACOMPAÑAR A LOS RETOS Y LAS DIFICULTADES.

LEY DEL GÉNERO

ESTA LEY POSTULA QUE EXISTE UN GÉNERO O DUALIDAD PARA TODO EN EL UNIVERSO, NO SÓLO EN TÉRMINOS DE MASCULINO Y FEMENINO, SINO TAMBIÉN EN TÉRMINOS DE ENERGÍAS O PRINCIPIOS MASCULINOS Y FEMENINOS. ESTOS ASPECTOS DE GÉNERO NO SE LIMITAN A LAS CARACTERÍSTICAS FÍSICAS, SINO QUE SE APLICAN A LAS CUALIDADES, RASGOS Y ENERGÍAS ASOCIADOS A CADA GÉNERO. ESTA LEY SUGIERE QUE ESTAS ENERGÍAS DE GÉNERO EXISTEN DENTRO DE TODOS LOS INDIVIDUOS, Y QUE ES NECESARIO UN EQUILIBRIO ENTRE ELLAS PARA EL CRECIMIENTO PERSONAL Y ESPIRITUAL. COMPRENDER Y ARMONIZAR LOS ASPECTOS MASCULINOS Y FEMENINOS DENTRO DE UNO MISMO PUEDE CONDUCIR A UN MAYOR EQUILIBRIO, CREATIVIDAD Y PLENITUD.

LEY DE CAUSA Y EFECTO

AFIRMA QUE TODO ACONTECIMIENTO O FENÓMENO TIENE UNA CAUSA, Y TODA CAUSA PRODUCE UN EFECTO. EN OTRAS PALABRAS, EXISTE UNA RELACIÓN ENTRE ACCIONES O ACONTECIMIENTOS EN LA QUE UNA COSA LLEVA A OTRA O INFLUYE EN ELLA (EFECTO MARIPOSA). ESTE PRINCIPIO MUESTRA CÓMO FUNCIONA EL MUNDO, YA QUE SUGIERE QUE NADA OCURRE POR CASUALIDAD Y QUE HAY RAZONES DETRÁS DE CADA RESULTADO. TODA ACCIÓN TIENE UNA REACCIÓN IGUAL Y OPUESTA.

LEY DEL RITMO

LA LEY DEL RITMO SUGIERE QUE TODO EN EL UNIVERSO SIGUE UN PATRÓN O CICLO NATURAL DE RITMOS. ESTOS RITMOS PUEDEN OBSERVARSE EN DIVERSOS ASPECTOS DE LA VIDA, COMO LA NATURALEZA, EL COMPORTAMIENTO HUMANO Y EL COSMOS. LA LEY DEL RITMO IMPLICA QUE EN TODAS LAS COSAS HAY ALTIBAJOS, CICLOS DE CRECIMIENTO Y DECADENCIA Y PERIODOS DE EXPANSIÓN Y CONTRACCIÓN. TODO ES RÍTMICO PORQUE ES UN UNIVERSO DE ONDAS DE LUZ.

QUERIDO LECTOR, PRESTA ATENCIÓN A MIS PALABRAS DE SABIDURÍA, OH! ALMA RADIANTE. NO ERES ÚNICAMENTE DE ORIGEN TERRENAL, AUNQUE TERRENAL EN ESENCIA, DENTRO DE LAS CÁMARAS DE TU CUERPO YACE UNA INFINITA CHISPA CÓSMICA DE LUZ. NO TE CONFUNDAS CON LA OSCURIDAD DE LA FORMA FÍSICA; TU VERDADERA LUZ IRRADIA A TRAVÉS DE LAS SOMBRAS DEL CUERPO. PLANTEA LA PREGUNTA: SI ÉSTE ES MI CUERPO, ¿QUIÉN SOY YO? BUSCA Y DESCUBRIRÁS.

NO TE IDENTIFIQUES CON EL CUERPO, OH! ALMA DE LUZ. SI LO HACES ENTONCES TU MENTE NUNCA SERÁ LIBRE. EL HOMBRE ES MENTE Y SIN MENTE LA CREACIÓN DEJARÍA DE EXISTIR.

TE SOMETES VOLUNTARIAMENTE A QUIENES OCUPAN POSICIONES DE PODER, RINDIÉNDOTE A LOS CONFINES DE LA FORMA FÍSICA Y RECONOCIENDO LA AUTORIDAD DE UN CERTIFICADO DE NACIMIENTO. ESTA SUMISIÓN PROVIENE DE LA FALTA DE COMPRENSIÓN DE TU VERDADERA NATURALEZA: UN SER ETERNO DE LUZ. LOS CERTIFICADOS DE NACIMIENTO PERDERÍAN SU FUERZA SI NOS IDENTIFICÁRAMOS CON EL ESPÍRITU Y NO CON EL CUERPO TERRENAL. LA TIERRA SE HA TRANSFORMADO EN UN REINO QUE ENCARCELA TU MENTE Y TU ALMA, CON TU CUERPO SIRVIENDO DE CELDA. LIBÉRATE DE LAS ATADURAS DEL CUERPO, OH! ALMA LUMINOSA, Y EMPRENDE UN VIAJE A LOS REINOS TRASCENDENTALES ENTRE LAS ESTRELLAS.

EL CONOCIMIENTO ENCARNA LA SABIDURÍA, Y LA SABIDURÍA EJERCE EL PODER. ESFUÉRZATE POR ADQUIRIRLA Y PRESERVARLA PARA LAS EDADES VENIDERAS. NUTRE TU MENTE CON POSITIVIDAD, AMOR Y SABIDURÍA, PERMITIENDO QUE EL AMOR SEA EL ALFA Y EL OMEGA DE TU CORAZÓN. UNA VEZ QUE ABRACES ESTO, OH! ALMA RADIANTE, TE BAÑARÁS ETERNAMENTE EN LOS EFECTOS ESPLENDENTES DE TUS CAUSAS PERFECTAS.

CUANDO LA HUMANIDAD DOMINE LA HABILIDAD DE DESCIFRAR SÍMBOLOS Y DESCUBRIR LOS AUTÉNTICOS SIGNIFICADOS DETRÁS DE LAS PALABRAS Y LOS TÉRMINOS, COMENZAREMOS A PENETRAR EL VELO QUE HA OSCURECIDO LA COMPRENSIÓN DE LAS MASAS DURANTE DÉCADAS.

SU PARTIDA DE NACIMIENTO NO LE DEFINE A USTED, SINO QUE REPRESENTA A LA EMPRESA ASOCIADA A USTED. AL IDENTIFICARSE VOLUNTARIAMENTE CON SU NOMBRE LEGAL, QUE ES TAMBIÉN EL NOMBRE DE SU CORPORACIÓN, USTED SE SOMETE A LA AUTORIDAD DE LA CORPORACIÓN. SU NOMBRE ESCRITO EN MAYÚSCULAS NO ES SU NOMBRE LEGAL; ES LA DESIGNACIÓN DE LA CORPORACIÓN.

CUANDO SU CUERPO FÍSICO DEJA DE FUNCIONAR, SE LE DENOMINA CADÁVER, LO QUE SUBRAYA EL RECONOCIMIENTO DE QUE USTED, COMO INDIVIDUO, ESTÁ VINCULADO A UNA CORPORACIÓN.

LOS ESTADOS UNIDOS, EL REINO UNIDO Y ENTIDADES SIMILARES SON, DE HECHO, CORPORACIONES; SON CORPORACIONES DE PROPIEDAD PRIVADA. EL TÉRMINO "PRESIDENTE" SE EMPLEA EN EL ÁMBITO EMPRESARIAL, YA QUE TODAS LAS EMPRESAS, BANCOS Y NEGOCIOS TIENEN UN PRESIDENTE. EL PRESIDENTE NO ES ÚNICAMENTE EL LÍDER DE U.S.a; MÁS BIEN, OCUPAN LA POSICIÓN COMO LA CABEZA DE LA CORPORACIÓN DE PROPIEDAD PRIVADA CONOCIDA COMO LOS ESTADOS UNIDOS.

USTED ES UNA PILA ELECTROMAGNÉTICA, POR LO QUE LOS PROCEDIMIENTOS LEGALES LE COBRAN. UNA VEZ QUE TE SOMETES AL PROCESO DE IMPUTACIÓN, TE ENCUENTRAS CONFINADO EN UNA CELDA DE PRISIÓN, ESENCIALMENTE UNA CELDA PARECIDA A UNA PILA DE BATERÍA.

CRÉDITOS PaRa:

SaNTOS BONaCCI
DIvINE BEING
BRO. SaNCHEZ
waLTER RUSSEL
KEN wHEELER
DR. JOE DISPENZa

Made in the USA
Middletown, DE
07 September 2025

17273396R00071